笃行汉语·专业汉语系列

刘华　苏宝华　编著

汉语现代教育技术

暨南大學出版社
JINAN UNIVERSITY PRESS
中国·广州

图书在版编目（CIP）数据

汉语现代教育技术／刘华，苏宝华编著．——广州：暨南大学出版社，2015.12
（笃行汉语·专业汉语系列）
ISBN 978-7-5668-1597-2

Ⅰ.①汉… Ⅱ.①刘…②苏… Ⅲ.①教育技术学—应用—汉语—对外汉语教学—教材 Ⅳ.①H195.4②G40-057

中国版本图书馆 CIP 数据核字（2015）第 193306 号

出版发行：暨南大学出版社

地 址：中国广州暨南大学
电 话：总编室（8620）85221601
营销部（8620）85225284 85228291 85228292（邮购）
传 真：（8620）85221583（办公室） 85223774（营销部）
邮 编：510630
网 址：http：//www.jnupress.com http：//press.jnu.edu.cn

排 版：广州良弓广告有限公司
印 刷：佛山市浩文彩色印刷有限公司

开 本：787mm×1092mm 1/16
印 张：15.25
字 数：280 千
版 次：2015 年 12 月第 1 版
印 次：2015 年 12 月第 1 次

定 价：39.80 元

总　序

“笃行”一词见于《礼记·中庸》：“博学之，审问之，慎思之，明辨之，笃行之。”作为治学或者学习活动的最后一个阶段，“笃行”意味着只有知识付诸实践才是一次学习活动的真正完成，也只有能够付诸实践的知识才是真正的知识。本书系命名为“笃行汉语”，兼有上述两种意思。

就作为第二语言的汉语教学而言，它的直接目的是学生汉语综合能力的养成和提高。服务于这个目标，我们一方面重视教材、教法的实践性，另一方面也充分认识到，在学习活动中，知识内化为能力和自觉的意识是一个复杂的、多重因素共同作用的过程。而且，越是到高级阶段，所需仰赖的纯语言学意义的知识的比例便越小。因此，本书系拟分为两大类四个系列。其中，语言技能系列、专业汉语系列旨在培养学生的基本汉语技能以及在某一领域（譬如商务活动、酒店旅游、汉语教学等）内运用汉语的能力；文学文化系列、课外读物系列主要针对中高级汉语程度的学生，强化其在跨文化交际活动中以文化行事的能力。就后一大类而言，它和坊间同类书籍的最大区别在于，它尤为重视培养学生的文化能力或以文化行事的能力，而不是单纯的知识学习、文化体验。

“忠信笃敬”是暨南大学所恪守的校训，“笃行”之意包含于其中；“忠信笃敬、知行合一、自强不息、和而不同”的暨南精神，更说明了暨南人对科学的实践精神的自觉承担。华文学院是暨南大学面向海外及港、澳、台地区开展华文教育、对外汉语教学和预科教育的国际化专门学院。学院师资力量雄厚，人才培养体系完善，学习条件优越，生活环境舒适。半个世纪以来，华文学院共培养了十万余名学子，遍及全球五大洲，桃李满天下。目前，华文学院已经成为位于中国南方的，集科学研究、教材研发、人才培养、师资培训于一体，在国内外享有盛誉的华文教育及对外汉语教学重镇，每年都有来自全球几十个国家和地区的数千名学生入读华文学院。2012 年，暨南大学华文教育研究院的成立，标志着华文学院的发展跨上了新的台阶。目前，华文教育研究院正在研发的华文水平测试、华文教师资格认证，以及各国别华文本土化教材的编写，都将为世界华文教育事业、汉语国际推广事业做出重要贡献。

笃行汉语书系以华文学院强大的师资力量、完善的课程体系和丰厚的教学实践经验为依托，所收入教材都是编写者在自身所承担课程的多轮讲授过程中积累、酝酿而出的。可以说，它出自经验丰富、学养深厚的一线教师之手，是华文学院汉语教学类课程建设的有机组成，具有极强的实战性、针对性，因此也必将对汉语学习者语言能力的提高有所助益。

暨南大学出版社是国务院侨务办公室主管、暨南大学主办的综合性大学出版社，多年来坚持“为教学科研服务，为侨务工作服务”的出版宗旨，尤其注重华文教育和传统文化类图书的开发，其中由暨南大学华文学院主编的《中文》和由北京华文学院主编的《汉语》教材全球发行量已超一千万册，是海外发行量最大的华文教材，受到海内外华文学习者的广泛赞誉。笃行汉语书系是华文学院与暨南大学出版社的又一次合作。我们相信，在双方的共同努力下，笃行汉语书系一定能够坚定地、持续地走下去，走出属于自己的一片天地！

笃行汉语书系编委会

2013 年 5 月于暨南园

前　言

随着网络及通信时代的来临，新知识的增长速率已经远远超出我们的想象，传统的教学方式不再是传递知识的唯一方式，甚至可以说，传统的教学方式在某种程度上已经跟不上信息变化的速度。因此，如何利用现代教育技术和数字学习方法来提升教与学的效率已经成为当前重要的课题。

本书面向汉语国际教育，结合目前主流使用的应用软件，运用大量案例，从理论、技术、资源三大方向讲述了教育技术在汉语教学中的应用。通过对本教材的学习，学习者能够在理论素养、技术运用、资源应用等方面得到较大的提高，大大提高汉语教与学的现代教育技能。本书适合汉语国际教育、华文教育、非计算机专业等本科与硕士研究生作为教材或自学用书。

本书共分为三大篇、十二章。

理论篇共有两章：

第一章为现代教育技术概述，介绍现代教育与教育信息化的现状和发展，讲述现代教育技术的理论基础。

第二章介绍计算机辅助汉语教学的理论基础，结合数字化学习、多媒体辅助汉语教学、信息科技在教学活动中的应用等内容进行阐述。

技术篇共有六章：

第三章介绍文字、图片、声音、视频等多媒体素材的采集方法。

第四章结合案例，使用多种软件介绍汉语教学多媒体素材的处理，包括影视频素材的处理、笔顺动画、生字卡片、汉语教学图片的制作与设计。

第五章介绍汉字拼音、音标、部件的输入和造字方法。

第六章介绍如何使用 Word 高级功能辅助汉语教学，包括汉语教学的设计、作业批改等。

第七章结合案例，介绍如何使用 PowerPoint 设计华文多媒体课件。

第八章介绍 Excel 和电子化教学管理的应用。

资源篇共有四章：

第九章介绍汉字资源与辅助汉字教学的多种方法与案例。

第十章介绍网络在线学习词典“中文助手”的应用。

第十一章介绍网络多媒体课程的示例：《中文》教材。

第十二章介绍其他网络多媒体资源与辅助汉语教学，包括绕口令、儿歌童谣、童话故事与国学经典等。

本书在案例操作后均配有相关的实践练习，以强化对知识的理解与巩固。

本书主要由暨南大学华文学院刘华教授、苏宝华老师编写。暨南大学华文学院的贾世国老师和硕士研究生陈财财、叶婉君参与了部分校对工作；同时，本书的编写得到了暨南大学外招生本科教材资助计划的支持；暨南大学华文学院莫海斌副院长、暨南大学出版社杜小陆老师一直关心和支持本书的编写工作，在此一并表示感谢。

由于编者水平有限，时间仓促，尽管我们尽了最大的努力，但书中仍难免有不妥和错误之处，恳请读者批评指正。

编著者

2015 年 10 月

目　录

理论篇

第一章　现代教育技术概述

【学习目标】

1. 了解教育信息化与现代教育的基本特征。
2. 了解现代教育技术的定义与思想。
3. 了解现代教育技术的理论基础。

第一节　现代教育与教育信息化

一、现代教育的特征

现代教育是指与当代社会的政治经济和科技文化发展水平相适应的教育体系。它体现了社会现代化过程中教育呈现出的新特点和新特质，是现代经济发展和科学技术发展的产物，为现代社会发展服务。

进入21世纪，人类迎来了一个崭新的信息时代，信息化、现代化、全球化已经成为当代社会发展的主题，也成为制约现代教育发展的决定性因素。

现代教育的本质特征集中体现在教育的全民化、终身化、个性化、国际化和信息化等方面。其中，教育的信息化是实现教育全民化、终身化、个性化和国际化的重要支柱。

二、现代教育观

现代社会的经济、政治、文化、科学全面发展，赋予了现代教育新的生机和活力，促进了教育在教育思想、教育观念、教学模式等方面的全面革新。

（一）新世纪的素质教育观

素质教育重在培养学生的主体精神、科学素养、人文素养、创新精神和实践能力。受教育者必须学会认知（Learning to know）、学会做事（Learning to do）、学会合作（Learning to live together）、学会生存（Learning to be）。

（二）现代终身教育观

信息时代也是知识爆炸时代，除了在受教育年龄接受学校的学历教育外，每个人为了更新知识，迎接新的挑战，还要接受继续教育、终身教育，正所谓活到老，学到老。

（三）信息时代的师生观

信息时代中，教师应该由处于支配地位的知识传授者转变为学生学习的指导者、帮助者、促进者。学生则由被动接受者转变为主动参与者，成为知识的探究者和意义建构的主体；学生应该是知识的主人，而不是知识的奴隶。

（四）信息时代的教学观

教学方向应该由向学生传授知识的内容转变为培养学生的学习能力、实践能力和创新能力。教学方法由原来单纯的基于归纳或演绎的讲解转变为基于“情境创设”、“主动探究”、“协作学习”和“意义建构”等多种新型教学方法的综合运用。教学媒体既作为感知的对象，又作为认识的手段由原来的教师讲解的演示工具转变为帮助学生学习的认知工具。教材由教师传授知识的内容转变为意义建构的对象，除了文字教材外，还有电子教材（如录音带、录像带、光盘）与网上教材。

（五）现代知识质量观

传统教育把知识作为既定的、永恒的结论传授给学生，要求学生被动地记忆、机械地模仿，并以既定知识的考试成绩作为评定学生质量的最终标准。新教学理念下的“知识质量观”提出了新的见解：强调知识的发现过程，更关注学生发现知识能力的培养，而不是现成结论的记忆；重视培养学生独立自主的思维能力、学习能力、发现问题和解决问题的能力、处理与社会和自然关系的能力，以及适应未来社会需求的能力等。

（六）现代教学模式

在现代教育思想指导下，重视信息技术与课程整合，充分运用现代科学技术手段和方法，构建新的教学环境，探索与实践新的教学模式。新的教学模式与传统教学模式的差异如表1-1所示：

表1-1 新的教学模式与传统教学模式的差异

传统教学模式	新的教学模式
教师讲授为主	启发学生探究为主
说教式教学	交互式学习
分科定时教学	真实的多学科交叉的问题解决式学习
集体化、无个性的个体学习行为	多样化、个性化的合作式学习
教师作为知识的垄断者和布施者	教师作为学习的指导者和帮促者
学生按年龄和成绩分组	学生混合编组
对学习结果进行评价	对学习过程进行评价

现代教育技术的应用，还产生了许多新的教学方式，如：以音像技术为基础的课堂多媒体组合教学；基于卫星电视广播的远距离教学；基于多媒体计算机的个别化学习；基于因特网的远程通信教学；虚拟现实仿真教学等。

三、教育信息化

教育的发展与科学技术的发展密切相关。英国人阿什比在《科技发达时代的大学教育》一书中指出，人类教育史上经历过“四次教育革命”：第一次革命是专门教育机构的出现；第二次革命是采用文字作为教育工具；第三次革命是印刷术在教育中的应用；第四次革命是光、电子技术在教育中的应用。由此可见，在人类历史上，科学发展水平决定教育发展水平。科学技术一旦有了新的发展，教育就会发生相应的变革。

信息技术一般是指信息的获取、处理、传输、存储和应用的科学技术。应用在教育领域的现代信息技术主要包括数字音像技术、卫星电视广播技术、多媒体计算机技术、人工智能技术、计算机局域网络技术、因特网络技术和虚拟现实仿真技术等。其中多媒体与网络技术在教育领域中已得到广泛应用。信息化的实质就是人们追求或推动一个系统中信息资源利用和信息技术应用的过程。

教育信息化是指在教育与教学的各个领域中，积极开发并充分应用信息技术和信息资源，以培养适应信息社会需求的人才，促进教育现代化的过程。其内涵为用现代信息技术构造一个网络化、数字化和智能化有机结合的教育环境，所有的教育资源将在这个环境中得到沟通和交流，新的教学模式也将在这个环境中产生和运行。教育信息化的过程不仅是信息媒体和信息技术的引入过程，而且是教育思想、教育观念大转变的过程，是以信息的观点对教育系统进行分析和认识的过程。

从技术层面上看，教育信息化的基本特征是数字化、网络化、智能化和多媒体化。从教育层面上看，教育信息化的基本特征是教育的开放性、资源的共享性、学习的交互性、任务的协作性。

信息技术为教学提供了强大的发展空间，现代教学媒体的运用使过去以教科书为主的文字教材转变为包括视听教材在内的立体教材，使单一媒体的教学方式转变为采用现代化手段的多媒体教学方式，大大地丰富了教学内容，增加了教学手段。

在外语教学中，关于信息技术有三个基本观点：

（一）信息技术是传递教学信息的设备

传递信息设备的技术是指使用两种或多种设备来呈现材料，即通过物质体系传递信息（如计算机屏幕、扬声器、投影器、录像、黑板等），这些设备甚至可以进一步切分，如把计算机屏幕的视窗和说话者的声道切分为分立的传递设备。例如，当我们在多媒体教室进行讲座时，通过投影器和演讲者的声音呈现材料。从技术上看，这种观点最为准确，因为它的关注点是用技术来传递信息。这种观点所强调的是呈现信息的设备，把设备作为教学的决定因素，认为只要学生拥有先进的设备，学习就是水到渠成的事情了。然而，我们都知道，决定学习的主要因素不是技术，而是使用技术的人，因此必须加强学习方法的研究。只有明白了学习的性质，学生才能学得更好。

（二）信息技术是呈现教学信息的主要方式

呈现教学信息的主要方式的信息技术是指通过两种或多种方式呈现材料，强调材料的呈现方式（如语言和图像呈现）。例如，当我们使用多媒体授课时，可以通过屏幕文本或描述文字呈现材料，也可通过静态图表或动画片等图像呈现信息。这是以学习者为中心的观点，我们知道学习者能够使用不同的编码系统来表征知识，图像可以转换成文字，文字也可以转换成图像，但心理表征的研究表明，表征知识的语言方式与表征知识的图像方式在性质方面是有区别的。有些知识适合于用文字来表征，有些知识用图像来表征更容易理解。因此，教师在呈现教学信息时必须充分考虑各种因素，切实做到有的放矢地使用信息技术，否则就会弄巧成拙，反而会干扰学习者的学习进度。

（三）信息技术是接收教学信息的感知系统

接收教学信息的感知系统的信息技术是指应用涉及学习者的两种或多种感知体

系，其重点不是放在学习者信息加工体系中用以表征知识的编码上，而是放在学生用来接收输入材料的感知接收器（如眼睛和耳朵）上。例如，在多媒体学习环境中，动画片是用视觉接收的，而描述是用听觉接收的。在授课时，演讲者的声音是通过听觉通道加工的，而投影图像则是通过视觉通道加工的。信息技术的应用目的之一就是要充分调动学习者的感知体系，培养学生听觉和视觉的感知能力，通过听觉和视觉的亲身体验，实现对语言的感知和理解。这也是一种以学习者为中心的观点，因为学习者的信息加工活动，并不是被动地接受多媒体所呈现的信息，而是主动地利用不同的感知体系来加工视觉图像和听觉声音。

第二节　现代教育技术

一、教育技术的定义

从世界范围看，美国教育技术的发展一直代表着当今世界教育技术的发展水平。教育技术自20世纪初诞生以来，美国学术界从20世纪60年代至90年代的30年间先后给出了多个不同的定义。下面介绍1994年的官方定义：

"教育技术是关于学习过程与学习资源的设计、开发、利用、管理和评价的理论与实践。"

上述定义表明，教育技术的研究对象是学习过程和学习资源，基本内容是设计、开发、利用、管理和评价五个方面的理论和实践。每个研究领域的具体内容如下：

（一）学习过程和学习资源的设计

这是指为达到预定的教学目标，首先要进行学习者的特征分析和教学策略的制定，在此基础上进行教学系统及教学信息的设计，其中包括教学内容的确定、教学媒体的选择、教学信息与反馈信息呈现方式的设计等。

例如，对于华文教育的学习对象，我们需要详细分析其学习者的个性特征：

华裔学生一般为二语学习者，即母语非华语的学习者。当然，还需细分，马来西亚的学生为一语学习者，新加坡和菲律宾的学生介于二者之间。教学时需要我们详细针对这些学习者的特点，具体设计教学系统。

（二）学习过程和学习资源的开发

这是指对音像技术、电子出版技术、计算机辅助教学技术等应用于教育教学过程的开发研究，也可以说，开发是对教学设计结果的"物化"或"产品化"，是教学设计的具体应用。开发领域的范围可以是一节课、一个新的改进措施，也可以是一个大系统工程的具体规划和实施。

（三）学习过程和学习资源的利用

这是指对新兴技术、各相关学科的最新研究成果，以及各种信息资源的有效利用，并加以制度化、规范化，以支持教育技术手段的不断革新。

（四）学习过程和学习资源的管理

这是指对所有学习资源和学习过程进行计划、组织、指挥、协调和控制。具体包括教学系统管理、教育信息及资源管理、教学研究及开发管理等。“管理出效益”，科学管理是有效运用教育技术、优化教学过程的保证。

（五）学习过程和学习资源的评价

这是指对教育技术领域中的计划、产品、项目、过程、目标或课程的质量、有效性进行价值判断，为此，应及时对教育教学过程中存在的问题进行分析，并参照规范要求（标准）进行定量的测量与评价，向学习者提供有关学习进步的信息，以便及时调整学习步调，提高学习效率。

二、现代教育技术

现代教育技术是指以计算机为核心的现代信息技术在教育、教学领域的运用。

“现代教育技术”是相对“传统教育技术”而言的，任何时代、任何形式的“教育”都有其“教育技术”，只是“技术”的含量和水平不同而已。教育技术不仅包含物化的媒体技术，也包括非物化的教育规划与开发技术、教学设计与组合技术、教学策略与方法技术、教学信息传播与交互技术、教学测量与评价技术、教学管理与控制技术。随着现代教育思想、理论的发展，以及信息技术（尤其是计算机技术、通信技术的发展及其在教育中的应用），教育技术也进入了一个新的阶段。为了强调教育技术理论和实践在现阶段要融合和运用更多的现代媒体、现代学与教的基本理论、现代方法论去解决教育教学问题，就冠以“现代教育技术”之称，而定义仍沿用美国教育传播与技术学会（AECT）1994 年对教育技术所下的定义。

三、现代教育技术的思想

美国 AECT 1994 年给教育技术所下的定义对推动我国教育技术工作的发展提供了理论的借鉴。但根据我国的具体情况，为了更好地结合我国的国情，深刻理解教育技术的内涵，正确应用现代教育技术，我们认为有必要对如下几方面加以关注和强调：

首先，现代教育技术应用必须重视现代先进的教育思想和教育理论的指导作用。牢固树立素质教育的观念，重点培养学生的创新精神和实践能力，重视运用现代认知心理学理论和人本主义理论指导教学过程和教学资源的设计、开发、利用、管理与评价。

其次，现代教育技术的发展与科学技术的进步紧密相连。在信息时代必须重视新兴技术在教育中的应用，要充分利用和发挥多媒体与网络技术的优势，形成以多媒体和网络技术为基础的信息化环境和数字化的教学资源。

再次，现代教育技术在教育和教学领域中的应用，不仅只为辅助教师的教学，更重要的是支持学生的自主学习。因此，教育技术应用中要充分发挥现代信息技术作为教学的辅助工具和学生学习的认知工具的作用，强调发挥教师的指导作用和学习者的主体地位。

最后，现代教育技术研究和应用的目的，不仅仅是硬件环境的建设和软件的开发，更重要的是通过运用系统科学方法、现代教育理论和现代信息技术来优化教学资源，探索并建构信息化环境下新型的教学模式，以达到高效地培养高质量人才的目的。

第三节　现代教育技术的理论基础

现代教育技术是一门综合性的应用学科，它涉及许多学科，这些学科的理论相互交叉、相互渗透。教育技术的最终目标是要提高教学效率，为此，教育技术在实践活动中必须接受多方面相关学科理论的指导。本节将简要介绍对教育技术发展影响较大的几个主要理论。

一、视听教学论

视听教学理论指出了各种视听教学媒体在教学中的地位与作用，也是教育技术必须遵循的重要规律与所依据的基础理论。在视听教学的实践与研究中，美国爱德加·戴尔（Edgar Dale）于1946年在其著作《教学中的视听方法》（*Audio-Visual Methods in Teaching*）中，提出了以“经验之塔”（Cone of Experience）为核心的视听教学理论。戴尔认为，人们学习知识的途径有两种，一是由自己的直接经验获得，二是通过间接经验获得。当学习是通过由直接到间接、由具体到抽象的过程时，获得知识就比较容易。戴尔的“经验之塔”如图 1－1 所示，他把人们获得知识与能力所依赖的各种经验，按照它们的抽象程度分为三大类十个层次，形成了一个金字塔结构。

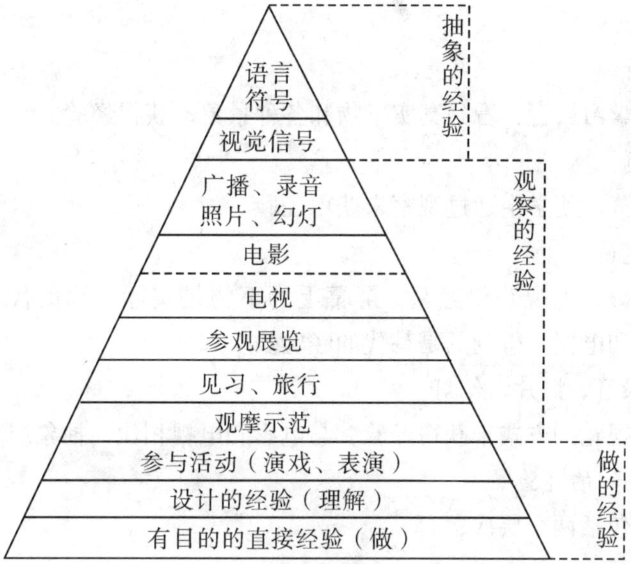

图 1－1　经验之塔

（一）“做”的经验

做的经验，位于塔基的三个层次中，都含有亲自的“活动”。在这三种方式中，学习者不仅仅是活动的旁观者，更是活动的参与者，故称为“做”的经验。所以说获得的是直接做的经验。

1. 有目的的直接经验

指直接与真实事物本身接触而获取的经验，是通过对真实事物的直接感知（即看、听、尝、嗅、触、做）取得的最丰富的具体经验。

2. 设计的经验

指通过模型、标本等间接材料的学习获取的经验。模型、标本是通过人工设计、仿造的事物，多与真实事物的大小和复杂程度有所不同，它是“真实的改编”，这种改编，可以让人们更容易理解和领会真实的事物。

3. 演戏的经验

指让学生在戏剧中扮演某一角色，使他们在尽可能真实的情境中获得经验。通过演戏、表演，感受那些在正常情形下无法获得的感情体验和观念体验。

（二）“观察”的经验

观察的经验包括五个层次：

1. 观摩示范

通过看别人怎么做，使学生知道一件事是怎样做成的，以后就可以动手模仿着去做。

2. 见习旅行

通过野外的学习旅行，看到真实事物和各种景象，获得经验。

3. 参观展览

通过参观展览，使学生通过观察来获得经验。

4. 电影和电视

通过观看电影、电视获得经验，屏幕上的事物是实际事物的代表，而不是它本身。通过看电影和电视，得到的是替代的经验。

5. 广播、录音、照片、幻灯

通过听觉或视觉的方式来获得经验，与电影和电视相比，抽象层次要高。

（三）“抽象”的经验

抽象的经验包括两个层次：

1. 视觉符号

主要指表达一定含义的图表、地图等抽象符号，它们已看不到事物的实在形态，是一种抽象的代表。如地图上的曲线代表河流，线条代表铁路等。

2. 言语符号

包括口头语言和书面语言（文字符号）两种，是事物抽象化了的代表或观念的符号。

二、学习理论

教育技术的目的是促进学习者的学习，而学习者的学习涉及教师如何有效地教，学生如何有效地学习。因此，教育技术工作要取得成效，就需要对教和学两方面的情况有比较深入的了解，学习理论和教学理论就成为教育技术的主要理论基础。而学习理论和教学理论的发展还会对教育技术的理论和实践产生深远的影响。教育技术的很多重要理论，特别是各种形式的教学设计理论，都要反映出一定的学习理论和教学理论的基础。

学习理论要提供学习领域的知识，以及分析、探讨和从事学习研究的途径和方法，从而为教育工作者提供一个研究学习的框架，把注意力集中在最值得研究的问题上；学习理论是对有关学习法则的大量知识加以概括，使其系统化和条理化，以便让人们更容易掌握；学习理论要说明学习是怎样发生的，以及为什么有的学习有效，有的学习无效，即解释“为什么”要这样学习，从而为人们提供对学习的基本理解力。

学习理论是揭示人类学习活动的本质和规律，解释和说明学习过程的心理机制，指导人类学习，特别是指导学生的学习和教师的课堂教学的心理学原理或学说。

学习理论是探究人类学习的本质及其形成机制的心理学理论。教育技术学的研究目的是优化学习过程，提高学习的效果和效率，因而教育技术学必须要广泛了解学习及人类行为，以学习理论为其理论基础。影响教育技术的学习理论主要有四种：行为主义学习理论、认知主义学习理论、人本主义学习理论和建构主义学习理论。

（一）行为主义学习理论

20 世纪 20 年代，华生（J. B. Watson）创立了行为主义学说。该理论认为，人类的一切行为，其构成的基本要素是反应，一切行为表现只是多种反应的组合；而反应中，除少数是与生俱来的反应之外，其他均是个体在适应环境时，与其环境中各个刺激之间的关系，经由经典条件作用的学习过程所形成的。因此，只要能了解环境刺激与个体的关系，就可以设计并控制刺激，经由条件作用的方法，搭建起所要建立的反应，从而促使目标进行预期的复杂行为；也可根据条件作用法则（指削弱），消除个体已有的行为。

行为主义理论又称刺激—反应（S－R）理论，是当今学习理论的主要流派之一。行为主义学习理论认为，人类的思维是与外界环境相互作用的结果，即“刺激—反应”，刺激和反应之间的联结叫做强化。通过对环境的“操作”和对行为的“积极强化”，任何行为都能被创造、设计、塑造和改变。在教学中，对学生理想的行为要给予表彰和鼓励，还要尽量少采取惩罚的消极强化手段。只有强化正确的“反应”，消退错误的“反应”，才能取得预期的效果。行为主义学习理论把“强化”看作程序教学的核心，认为只有通过强化，才能形成最佳的学习环境，才能增强学生的学习动力。

行为主义心理学及程序教学理论在历史上有很大影响，对帮助教师克服当时教学中缺乏的强化（反馈），忽视学生个体特点等弊病起着积极的作用。程序教学理论同其他理论一样，不可能没有缺点和局限性，它的主要问题在于所依据的行为心理学原理没有考虑动物和人类学习的本质区别。此外，这种教学方式刻板、缺乏灵活性，不利于学生提高独立思考和独立解决问题的能力。它的“小步子原则”容易使学生厌倦，也不利于学生从整体上认识事物。特别在当今的信息时代，更暴露了行为学习理论的局限性，但它的积极反应、及时反馈等原则至今仍被计算机辅助教学所采用。

（二）认知主义学习理论

该理论的主要代表人物有：托尔曼（E. C. Tolman，1866—1959）、皮亚杰（J. Piaget，1896—1980）、布鲁纳（J. S. Bruner，1915— ）和奥苏伯尔（D. P. Ausubel，1918—2008）等。

认知主义学习理论认为：学习是学习者内部心理结构的形成和改组，而不是刺激与反应联结的形成或行为习惯的加强或改变。它关注学习者认知结构的组织和重新组织，通过对学习者认知结构所作的假说来解释和说明学习过程，强调学习内容的逻辑结构与学习者已有的认知结构之间的联系和相互作用。其基本观点有：

（1）学习不是机械的、被动的刺激—反应过程；学习是个体作用于环境，而不是环境引起人的行为。环境只是提供潜在刺激，至于这些刺激是否受到注意或被加工，取决于学习者内部的认知结构（所谓认知结构，是指学习者知觉和概括自然、社会和思维的方式。认知结构是以符号表征的形式存在的）。当新的经验改变了学习者原有的认知结构时，学习就发生了。

（2）学习是凭借智力与理解进行有意义的发现和认知的过程，绝非盲目的尝试。

（3）重视内在动机与学习活动本身带来的内在强化作用。外在强化不是学习产生的必要因素，没有外在强化学习也会发生。

这种学习理论的突出特点是强调智能的培养，重视内部心理活动的研究。在教学实践中，强调应根据学生已有的心理结构，提供适当的问题情境，在解决问题的过程中掌握一般的原理，以便能把所学知识运用于新问题的解决上。

认知主义学习理论流派众多，其中颇具影响力的三种理论流派为布鲁纳的认知结构学习理论、奥苏伯尔的认知同化学习理论和加涅的信息加工学习学习理论。

（三）人本主义学习理论

人本主义心理学是20世纪五六十年代在美国兴起的一种心理学思潮，其主要代表人物是马斯洛（A. Maslow）和罗杰斯（C. R. Rogers）。人本主义心理学家认为，要理解人的行为，就必须理解行为者所知觉的世界，即要从行为者的角度来看待事物。在了解人的行为时，重要的不是外部事实，而是事实对行为者的意义。如果要改变一个人的行为，首先必须改变他的信念和知觉。以下是罗杰斯的一些观点。

1. 提出了意义学习的学习观

罗杰斯把学习分为两类，一类是无意义学习，一类是意义学习。他认为对学习者有真正价值的是意义学习。它是指一种使个体的行为态度、个性以及在未来选择行为方针时发生重大变化的学习。

2. 人类生来就有学习的潜能，教育应以学习者为中心，充分发挥他们的潜在能力

教师应充分地信任学生能够发展自己的潜在能力，教育的目标应当以学习者为中心，充分发挥每个学生的潜在能力，使他们能够愉快、创造性地学习和工作。

3. 提供学习资源，创造良好学习氛围

所谓学习资源，是指有助于学生获得学习经验的资源，不仅包括书籍、杂志、实验设备等物质资源，而且包括人力资源——学生感兴趣并且可能有助于学生学习的人，主要指教师。罗杰斯认为教师是学生最重要的资源。在他看来，如果我们不是把时间花在计划规定的课程、讲解和考试上，而是放在提供大量的学习资源上，那就能提供各种新的学习方式，使学生处于一种他们可以选择的、最能满足他们需求的学习环境。罗杰斯认为还应为学生创造良好的学习氛围，使学生在教学情景中感到自信、轻松和安全，这是实现以学习者为中心的教学的前提。

4. 构建真实的问题情境，提倡从做中学，鼓励学生自由探索

罗杰斯认为要使学生全身心地投入学习活动，就必须让学生面临他们个人的意义的或有关的问题。罗杰斯提出要构建一种让每个学生都面临非常真实的问题情境来引发学生的动机，让他们意识到真实的挑战。他极力提倡学生学习方法是从做中学，是让学生直接体验到实际问题、社会问题、伦理和哲学问题、个人问题并最终解决这些问题的有效方法。

5. 强调学习过程中学生的主体地位，教师是学生学习的促进者

罗杰斯始终强调应以学习者为中心，教学过程应真正体现出学生的主体地位，教师是学生学习的促进者，是“助产士”和“催化剂”。他高度重视学生的主体地位和学生内部需要、动机、兴趣、能力、知识经验等方面，并认为学生有自己制定学习方案的权利和义务，同时也有自我探究、自我发现、自我创造、自我评价的权力。

6. 强调学习过程不仅是学习者获得知识的过程，而且是学习方法和健全人格的培养过程

罗杰斯反对把学习过程简单地理解为学生获得某一知识的过程，认为学习过程应是学生获得相应学习方法、促进其健全人格形成的过程。

（四）建构主义学习理论

建构主义是认知结构学习理论在当代的发展，它强调学生的巨大潜能，认为教学要把学生现有的知识经验作为新知识的生长点，引导他们从原有的知识经验中“生

长”出新的知识经验。建构主义认为，学习是在社会文化背景下，通过人际的协作活动而实现的意义建构的过程。

1. 知识观

建构主义者强调，知识并不是对现实的准确表征，它只是一种解释、一种假设，并不是问题的最终答案。学生对知识的“接受”只能靠自己的建构来完成，以自己的经验、信念为背景来分析知识的合理性。学生的学习不仅是对新知识的理解，而且是对新知识的分析、检验和批判。

2. 学习观

建构主义者认为，知识不是通过教师的传授获得的，而是学习者在一定的情境即社会文化背景下，借助他人（包括教师和学习伙伴）的帮助，利用必要的学习资料，通过意义建构的方式获得的。学习是个体建构自己知识的过程，这意味着学习是主动的，学生不是被动的刺激接受者，他要对外部信息进行主动的选择和加工，因而不是行为主义所描述的刺激—反应过程。学习过程并不是简单的信息输入、存储和提取，而是新旧经验之间双向的相互作用过程。

3. 课程观

建构主义者强调，用情节真实、复杂的故事呈现问题、营造解决问题的环境，以帮助学生在解决问题的过程中活化知识，变事实性知识为解决问题的工具；主张用发生于真实背景中的问题启发学生思维，并以此支撑和鼓励学生专心于解决问题的学习、基于案例和项目的学习，进而以此方式参与课程的设计与编制；主张课程既要基于学科，又要超越学科，面向真实世界，从而使教学始于课堂，走出课堂，融于社会。

4. 教学观

建构主义者强调，教学通过设计重大的任务或问题以引导学习和支撑学习的积极性，帮助学习者成为学习主体。建构主义学习环境由情境、协作、会话和意义建构四个要素构成。其中，情境是意义建构的基本条件，教师与学生之间、学生与学生之间的协作，以及会话是意义建构的过程，而意义建构则是建构主义学习的目的。

5. 学生观

建构主义者强调，学生并不是空着脑袋走进教室的。在日常生活中，在以往的学习中，他们已经形成了丰富的经验，往往会依靠他们的认知能力，形成对问题的某种解释。所以，教学要把学生现有的知识经验作为新知识的生长点，引导学生从原有的知识经验中“生长”出新的知识经验。

6. 教学模式

基于建构主义教学观的理论，产生了一系列不同于以往的教学模式，如支架式教学、抛锚式教学、随机进入式教学等。

【练习与实践】

1. 说说你对现代教育技术的理解。
2. 现代教育技术中的视听教学论有什么特点?
3. 现代教育技术中的学习理论有哪些，各自有什么特点?

第二章　计算机辅助汉语教学理论基础

【学习目标】

1. 了解数字化学习的特点。
2. 了解多媒体及多媒体辅助汉语教学的特点。
3. 了解信息科技在教学活动中的应用。
4. 了解计算机辅助汉语教学的理论基础。

第一节　数字化学习

随着网络及通信时代的来临，新知识的成长速率已经远超出我们的想象。传统的教学方式不再是传递知识的唯一方式。甚至可以说，传统的教学方式在某种程度上已经跟不上信息变动的速度。因此，如何利用数字学习来提升教学环境与效率已经成为当前重要的课题。

一、国内外数字学习概况

2000 年下半年开始，由于企业对于知识管理议题发烧及台湾地区 E-Learning 环境逐渐成熟，许多业者纷纷宣布进军 E-Learning。一时之间，E-Learning 成了众人瞩目的焦点。如果以业者提供的产品与服务来看，可将 E-Learning 业者区分成三类：工具提供者（Tool Provider）、内容提供者（Content Provider）及服务提供者（Service Provider）。

（一）工具提供者

提供课程制作、传送、管理之软硬件系统及工具，可说是 E-Learning 产业的军火商。

（二）内容提供者

课程内容可概分成五大类：IT 技能、企业技能、生活形态、学校课程、量身订制。课程内容可以是自行开发、制作的，如出版社；也可以是其他机构授权使用，如学术机构授权。

（三）服务提供者

提供与线上学习有关的服务，如课程代制，学习入口网站（e-Portal，e-Hub），提供 E-Learning 软件及课程的学习服务供应商（Learning Service Provider；LSP），E-Learning 建置，咨询顾问服务等。

大部分国家对于促进 E-Learning 产业及应用发展皆不遗余力。其中包括美国、加拿大、挪威、中国大陆、荷兰、新西兰、澳大利亚等政府所主导的计划，还有 MIT、IBM、Softbank（日本）等企业或学校提出的相关研究。

2014 年初，欧洲知名 e-learning 公司 Docebo 发布了 2014—2016 年的全球 e-learning 市场趋势展望与预测，研究收集了来自 IDC、福瑞斯特、ASTD、TechCrunch 等多方数据，描述了 e-Learning 的市场规模以及全球分布，并对未来整个市场规模以及方向进行了预测，从数据中可以发现在 e-learning 的细分领域，移动学习将迎来新的契机。在企业培训领域，培训预算的限制催生了 e-learning 市场的蓬勃发展，尤其是对于员工分布于各地的培训来说，高性价比、高效率的特点使 e-learning 模式在企业培训中扮演了重要的角色。服务产品中无论是内容、平台还是创作工具均呈现出积极的增长态势。

二、数字学习的特点

数字学习具有许多传统教学方式没有的优点，因此在现今信息爆炸的时代更显示出它的重要性。数字化资料的主要特点有：

（1）数字化资料可轻易复制、更改，再次利用。

（2）透过资料检索相关技术，可搜寻特定主题的信息。

（3）可完整记录学习的过程，达到个别化学习。

（4）透过网络，学习者不再受限于特定的时间与地点。

第二节　多媒体辅助汉语教学

如果针对语言教学，传统语言教学大部分以文字教材为主，语音教材为辅。在语言学习的四个面向中，分别发展出相对应的教学模式：

（1）听的方面：利用录音带、录影带反复练习。

（2）说的方面：会话练习。

（3）读的方面：阅读课文、书报。

（4）写的方面：撰写文章，教师批阅。

然而，在这种教学模式中，有许多问题将影响到教学的品质与学习的效率。例如，在语言教学中常用的录音带就面临语音教材不易被再次利用、更改不易与随机存取不易的问题。而静态的文字教材则常常无法呈现出多样性的教学效果。甚者，在学习的过程中，教师或学生难以追踪及记录学习进度与成果。这些问题都让我们更加肯定多媒体教材可以有效地辅助传统教学。

在多媒体语言教学中，听的方面已有许多软硬件设备来辅助。例如数码录音笔可直接将类比讯号储存成数码资料，各种数码格式的声音档案与播放软件使得数码语音更加普及。在说的方面，语音辨识系统逐渐成熟，将可以用来辅助发音练习。在读的方面，数码相机与摄影机让我们可以轻易地制作数码教材。结合声音信息，我们可以提供有别于传统静态文字的多样性教材。在写的方面，除了传统的文字输入，我们还可以发展相关的软件来辅助汉字笔画及其他相关特性。

以下，我们就各种性质殊异的媒体作简单的介绍。

一、多媒体简介

（一）文字（Text）

文字资料是最常见、最方便且最单纯的资料形态。它通常存在于文档（ *. txt）或网页（ *. html）中。其优点在于容易制作与修改，许多软件工具都有文字的处理功能，如记事本、Word、UltraEdit 等。另一个优点是它的资料量小，适合当作网络频宽较小时的教材媒体。其缺点是它为静态的资料，与传统教学中的课本教材并无二致。

（二）图片（Image）

图片资料常见于网页及各种静态资料中，常见的档案格式有 *. jpg、 *. png、 *. bmp、 *. tif等。我们通常用分辨率来描述图片的细致程度。分辨率的大小只影响到信息量的多寡，在一定大小范围内若能产生更多的像素，代表画质越细密。

图片教材可以提高学习的乐趣，而且可以呈现出许多文字无法表达的效果。相对而言，它的资料量比文字大，但比声音与影片小，是目前网页教材中最常见的媒体之一。影像处理的相关软件有：Photoshop，Photoimpact 及 Windows 内附的小画家等。

（三）动画（Animation）

动画的形成是由连续显示数张图片所造的视觉效果，其原理与卡通影片是一样的。我们可以设定每张图片所停滞的时间，而造成不同的动画显示速度。常见的动画格式有 *. gif 和 flash 等。动画教材的优点是可达到静态图片与文字无法达到的效果，也可增加学习的乐趣。对教师而言，其缺点是制作较费时，而且通常需要较强的美术基础才能制作出有用的教材。

在 flash 动画中我们可以加进互动效果，制作简单的测验题。但如同前面所述，制作动画较为耗时。

（四）声音（Sound）

语音教材在语言教学中是不可或缺的，目前已有许多软硬件设备压缩/传输技术来进行声音的录制、散播与播放。声音资料的资料量远远超出上述三种媒体。因此，我们在使用时需要考虑到网络频宽与声音品质等因素，来选择适当的语音格式。常见的语音格式有 *. wav、*. ra、*. wmv、*. mp3 等。在制作与修改语音资料时，较知名的播放软件有 Real Player 和 Media Player 等。音讯处理软件则有 Goldwave 等。

此种教材是进行语言教学最直接的方式。其缺点是档案通常较大，需要较多的硬盘空间与较大的网络频宽来储存与传送。

（五）影片（Video）

跟动画一样，影片的形成是由连续显示数张图片所造的视觉效果。通常我们看的电影每秒钟需要显现 24 ~ 30 张画面（Frames）。因此，我们可以把影片想象成许多图片在不同时间点叠在一起的效果。由此可想而知，影片资料的资料量远远超过前述的静态资料，而这正是我们在使用这类媒体时最需要考虑的地方。影片资料的最大优点是它可以整合多项媒体，以最丰富的方式来呈现教材。然而，制作影片资料需要较多的时间与成本，而且影片的后期制作（如剪接与特效）需要较多的电脑操作训练。

二、多媒体辅助教学的优点与限制

（一）优点

（1）扩充感官知觉，提高学习兴趣。

（2）教材多样化，促进学习效果。

（3）便于学生自学。

（4）教材可透过网络传播，不受时空限制。

（5）教材便于重复利用。

（二）限制

（1）多媒体资源的需求，如电脑处理能力、网络频宽问题等。

（2）多媒体应用人才训练不足，如需美工以及信息人员的辅助。

（3）多媒体的应用与教学原理的配合。

第三节　信息科技在教学活动中的应用

目前信息科技在教学中的应用可依教学模式的不同而分为：个人电脑、电脑教室广播教学、区域网络教学和网际网络教学。

1．个人电脑

在个人电脑中，我们可利用视听媒体软件来进行学习。此种方式的教学通常是播放事先制作好的影音教材（可能是通过档案传输或读取光盘），或者是观看图片或网页等静态媒体。在目前的软硬件环境中，几乎所有的个人电脑都能提供多样化的媒体呈现方式，而在个人电脑上可用来制作各类教材的软件工具有：

（1）简报软件：Powerpoint 等。

（2）影像处理软件：Photoshop，Photoimpact 等。

（3）音讯处理软件：Goldwave 等。

（4）视讯处理软件：Premiere 等。

2．电脑教室广播教学

这是目前大部分学校教授电脑相关课程时的主要教学方式。它的特性有：

（1）将老师画面广播给全体学生。

（2）将学生作业的画面广播给全体师生。

（3）自动轮流或特定监看学生画面。

（4）教师与学生键盘，鼠标双向互控。

（5）分组讨论声音传递功能。

广播教学的优点是可以让教师轻易地将操作过程与说明广播给学生端。而且在此种架构下，师生之间的互动性高，兼具传统教学与数码教学的特性。然而，此种教学模式只能在特定时间且局限于这个教室中才能发挥功用。

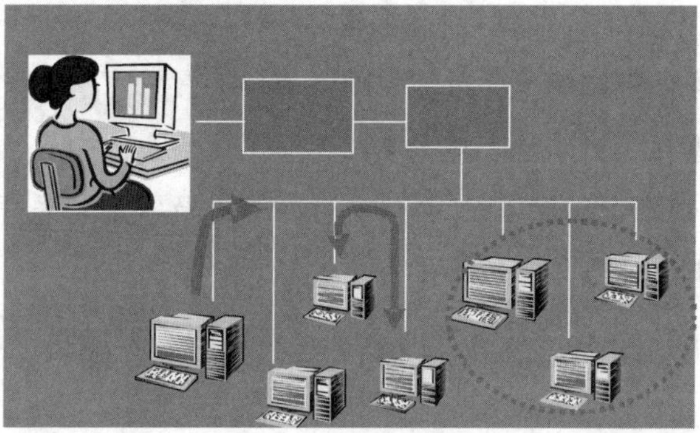

图 2－1　广播教学系统

图 2－2　视听教室

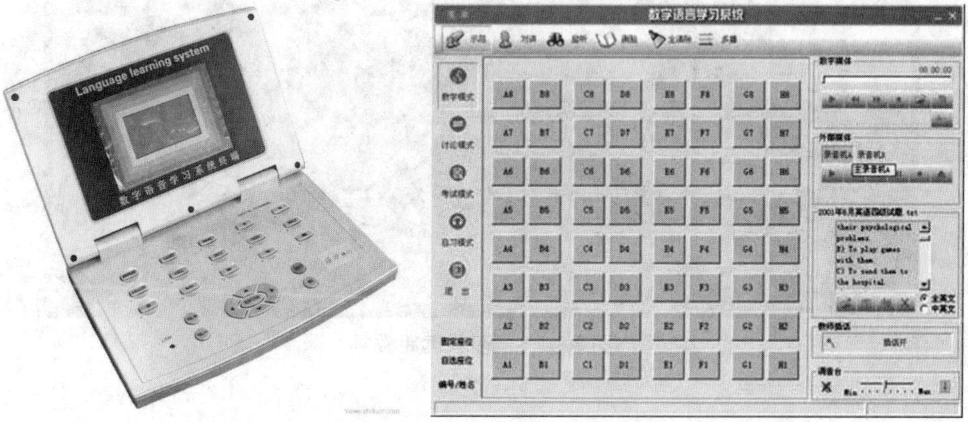

图 2－3　学生端和教师端

3. 区域网络教学

另一个较不受空间限制的是透过区域网络来传输教材，学生在校园内可连上网络的地方都可以进行学习。目前已有许多学校建立了网络媒体中心，采用随选视讯系统功能，使校园内的软件或影音教材达到最有效的管理及应用。透过区域网络将校园内信息设备连接在一起，达到信息软硬件资源共享。

此种教学模式适用于资料量较大的影音教材，因为在区域网络内网络传输速度较快。

4. 网际网络教学

透过网际网络可将教学的范围扩大到世界各地，达到真正远距离教学的效果。网际网络教学可分成两大类：同步式教学与异步式教学。

同步式教学通常是透过网络专线连接两地，将教师授课的情况即时传输至远方的学生。“同步式”的意义在于教学端与接收端是“即时”通信的，其优点是互动性高，其教学模式是师生较熟悉的面对面的方式。此方式的缺点是网络的状况难以预测，且画面经过大量压缩导致教材模糊不清。

异步式教学是指教师预录好教材，学生可在任何时间任何地点存取教材，通常以随选视讯（Video-on-Demand）或随选教材（Lecture-on-Demand）的模式来进行教学。其主要优点是不受时空限制，配合软件系统研发，可发展各式各样的教材与教学模式。其缺点是互动性低，而且影音资料的使用可能因为网络频宽而受到限制。

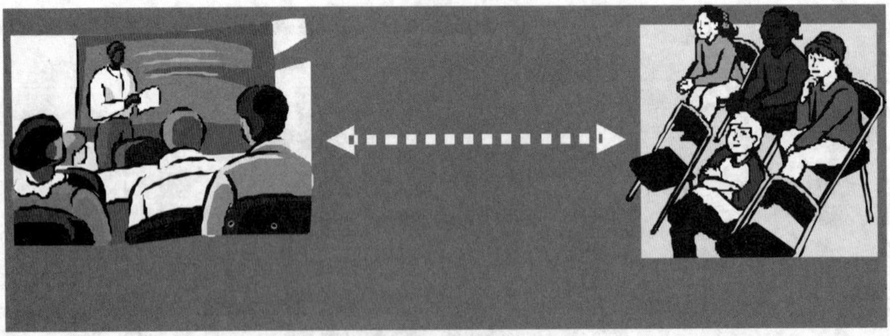

图 2-4　同步式远距教学

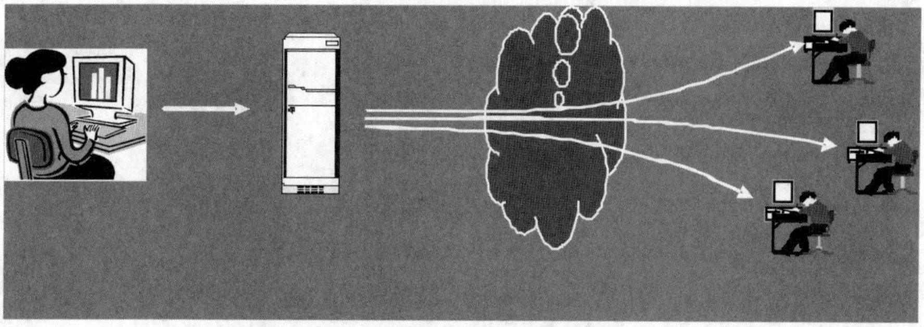

图 2－5　异步式远距教学

【练习与实践】

1. 简述多媒体及多媒体辅助汉语教学的特点。
2. 请详细介绍计算机辅助汉语教学的理论基础。

技术篇

第三章　多媒体素材的采集

【学习目标】

1. 了解文字、图片、声音、视频等多媒体素材的来源及采集方法。
2. 了解各种多媒体素材最常用的网站名称和地址。

多媒体素材是指多媒体课件以及多媒体相关工程设计中所用到的各种听觉和视觉工具材料。多媒体素材是多媒体课件的基本组成元素，是承载教学信息的基本单位。它包括文本、图形、图像、动画、视频、音频等。素材的准备包括采集制作，是课件制作中耗费时间、精力最多的工作。

第一节　文字素材的采集

文字是多媒体课件中的最主要成分，文本是指带特点格式的文字。文字的输入可以直接用计算机键盘输入，也可以采用语音输入、手写输入等辅助输入方法，大量的文字材料还可以利用扫描仪附带的文字识别（OCR）软件通过扫描转换输入。我们可以根据文件名的后缀来区别文本的不同格式，文本的常见格式有：*. txt 文件、*. oct 文件、*. rtf 文件、*. wps 文件等。我们可以通过以下方法进行文本素材的搜索和积累。

一、搜索特定内容的网页

著名的搜索网站有：百度（http：//www. baidu. com）。

著名的门户网有：新浪网（http：//www. sina. com. cn），搜狐网（http：//www. sohu. com），网易（http：//www. 163. com），中华网（http：//www. china. com）。

二、流行报纸网站

国内流行报纸网站有：中国青年报（http：//www. cyol. net），南方周末（http：//www. infzm. com），人民日报（http：//www. people. com. cn），新民晚报（http：//xmwb. news365. com. cn），搜报网（http：//www. soubaoad. com）。

第二节　图片素材的采集

图像文件的格式非常多，在多媒体软件中常见的有 *. bmp、*. jpg、*. gif，还有 *. dib、*. tif、*. tga、*. pic 等格式。同一内容的素材，采用不同的格式，其形成的文件的大小和质量有很大的差别。如一幅 640 × 480 采用 24 位颜色深度的图像，如果采用 bmp 格式，则这个图像的文件大小为 921 KB，若转用 jpg 格式（一种应用图像压缩技术处理的文件格式），则该图像文件的大小只有 35 KB 左右。在考虑到文件的传送或储存方便时有时候要选用文件较小的格式，如网页制作时一般都不采用 bmp 格式，而用 jpg 或 gif 格式。搜索图片素材的方法图 3 – 1 所示：

图 3 – 1　搜索图片

第三节　声音素材的采集

声音文件常用的有 *. wav 文件和 *. mid 文件。*. wav 文件（WAVE 声音波形文件）是直接由音频输入转换成的文件，它可以为各种声音的素材所采用。*.wav 文件的数据比较庞大，如果不经过压缩处理，一分钟的录音所形成的文件就超过 8 MB。近年来，采用压缩技术可以将声音文件的大小压缩 10 倍以上，采用这种技术的声音文件是*.mp3 文件。*.mid 文件又称为 MIDI（乐器数字化接口）文件，它是一种电子乐器（如电子琴、电子合成器）通用的音乐数据文件，MIDI 只能模拟乐器的发声，只能用来播放音乐，不能用来播放语音或带人声的歌曲。但 MIDI 文件非常小，一首乐曲只有十几 KB，如用 WAV 文件则要 20～30 MB。所以 MIDI 文件常用作多媒体的背景音乐。

一、音乐

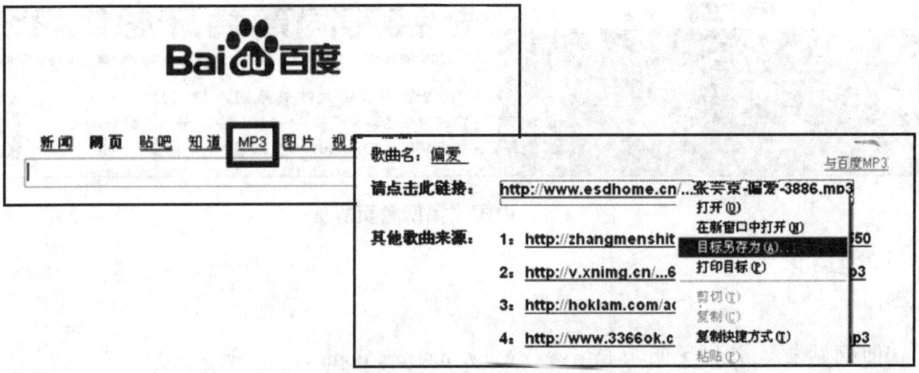

图 3－2　搜索及存储音乐

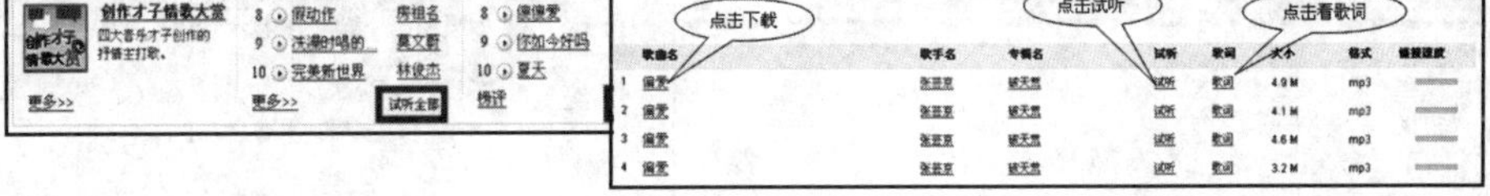

图 3－3　百度音乐

二、广播

著名的广播网站有：中国广播网（http：//www. cnr. cn），北京广播网（http：//www. rbc. cn/）。

图 3－4　中国广播网首页界面

三、其他

其他网站有：静雅思听（http：//www. justing. com. cn/）等。

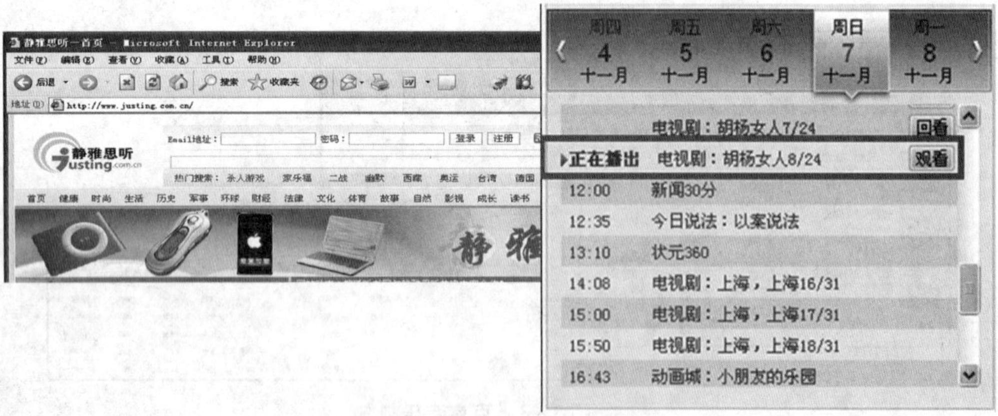

图 3－5　静雅思听首页界面

第四节　视频素材的采集

视频文件是视频信号经过数字化处理的文件，它往往带有伴音，也有用计算机动画技术生成的影像文件。常见的视频文件有＊. avi 文件、＊. dat 文件、＊. mov 文件、＊. mpg 文件、＊. mpeg 文件等格式，视频文件也是十分庞大的，其中后两种文件是采用了压缩技术处理的文件（即 VCD 影碟的文件）。

一、在线直播

在线直播网站有：中国网络电视台（http：//www. cntv. cn），优酷（http：//www. youku. com）等。

图 3－6　优酷首页

二、在线点播

国内在线点播网站有：中国网络电视台（http：//www. cntv. cn），优酷（http：//www. youku. com），土豆网（http：//www. tudou. com），酷6，迅雷看看，新浪，56. com 等。

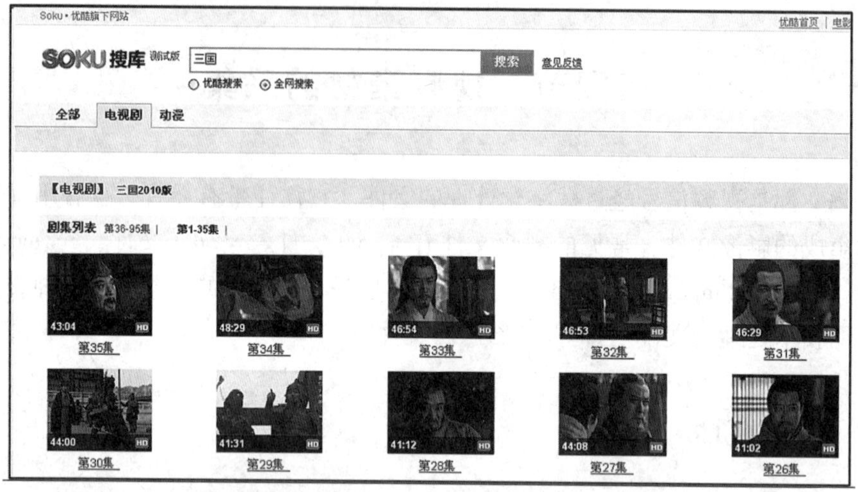

图 3－7　搜库“三国”搜索界面

三、下载

较为有名的下载网站有：VeryCD（http：//www. verycd. com）等。

图 3－8　VeryCD 首页界面

【练习与实践】

1. 从网络下载故宫的图片及文字介绍。
2. 从网络下载某一天新闻联播的音频。

第四章　汉语教学多媒体素材处理

【学习目标】

1. 了解汉语教学过程中常用的多媒体资源的处理与加工方法。

2. 掌握 Windows 录音机和 Adobe Audition 软件中声音素材的录制与编辑，以及汉语听力考试试卷的制作。

3. 掌握 Movie Maker 软件视频资源的处理与加工方法。

4. 掌握 PPT 中汉字笔顺动画的制作方法。

5. 掌握 Flash 软件中汉字笔顺动画的制作方法。

6. 掌握 Word 中制作米字格及字帖的方法。

7. 掌握 Word 中的汉字拆分功能，以及制作部件声韵母不同颜色生字卡片、汉字笔顺演示的技巧。

8. 掌握 Photoshop 软件中汉语教学图片素材处理的方法。

在汉语教学中，经常要用到各种多媒体技术。例如，汉字的笔顺动画演示，PowerPoint中文字与图片结合的制作、声音素材制作等。下面我们简要介绍制作和处理汉语教学多媒体素材的方法，限于篇幅，本书并不详细说明制作工具软件的安装和基本技能，只是利用典型案例做示范性的操作说明。

第一节　声音素材的录制与编辑

一、用 Windows 录音机录制和编辑声音素材

掌握多媒体课件声音素材的采集制作方法，学会在课件中使用声音，对课件的效果会起到积极的影响。例如，音乐最能激发和表现人们的情感，容易给人留下深刻的印象，也常常受到学生的喜爱。课件中恰当地选用声音素材，能使课件更富有真实感和感染力，有利于激发学生学习动机，调动学生学习的积极性。

用 Windows 录音机录制声音的步骤如下：

【步骤 1】录音前需要将麦克风（话筒）的插头插入到计算机声卡的 mic 插孔。

【步骤 2】用右键点击状态栏中的小喇叭图标，在弹出的快捷菜单中，选择“录音设备”，在弹出的“录制”对话框中，检查是否已显示“麦克风”启用状态，如无显示，在对话框中单击右键，选择“显示禁用设备”，并将麦克风设为“启用”状态（图 4－1）。

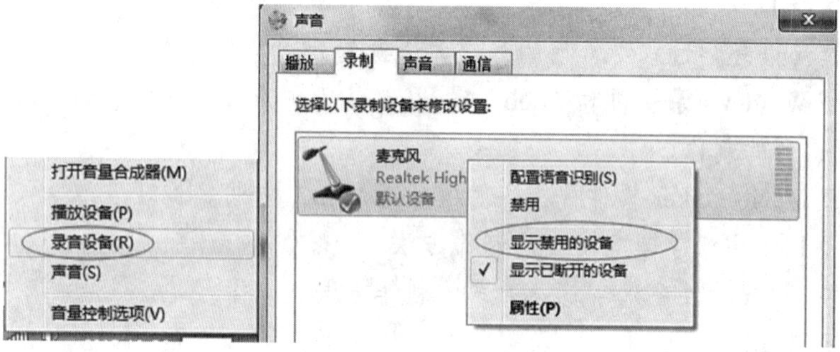

图 4－1　打开录音设备

【步骤 3】启动 Windows 系统，单击任务栏的“开始”按钮，依次选择“所有程序”—“附件”—“录音机”命令，进入录音机的操作界面（图 4－2）。

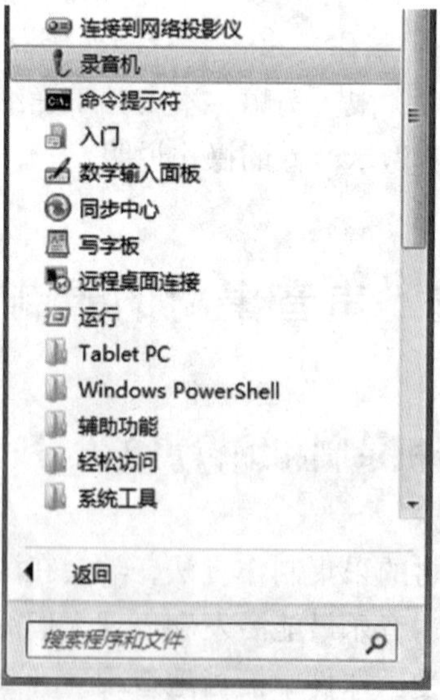

图 4－2　运行“录音机”程序

【步骤4】进入录音机界面后，用鼠标单击操作面板上的“录音”按钮，即可开始录制说话的声音或其他由麦克风（话筒）播出的声音（图4－3）。

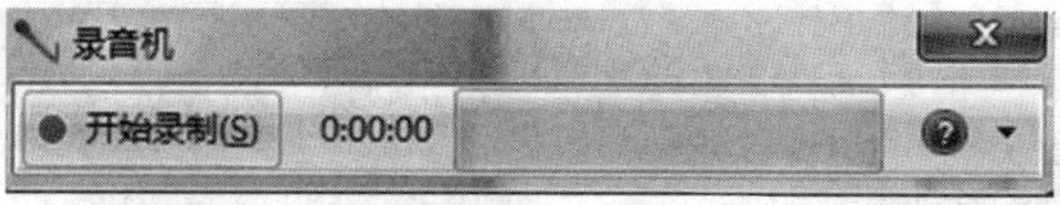

图4－3　开始录音

二、利用Adobe Audition处理汉语教学音频素材

（一）处理已有音频

1. 下载声音素材

【步骤1】在浏览器输入“http：//www. cnr. cn/”，进入“中国广播网”。

【步骤2】在首页或各栏目下载自己喜欢的声音片段，如下载“中国之声”频道2012年7月5日的“记录中国”（图4－4）。

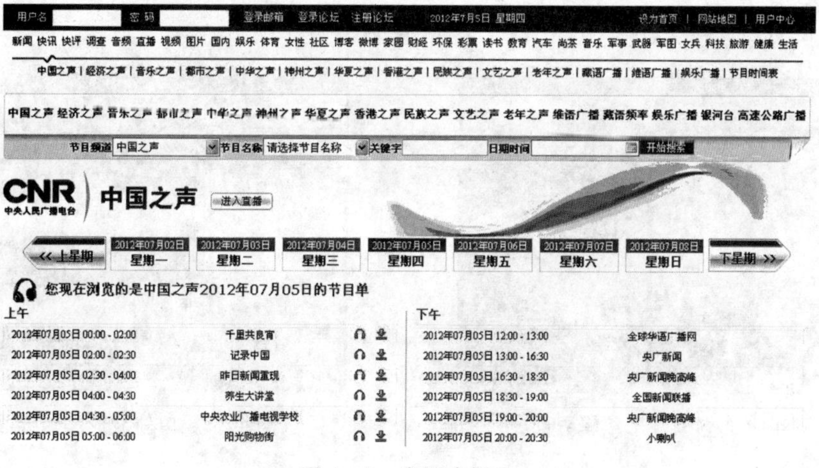

图4－4　中国广播网

【步骤3】点击，将声音片段保存到自己的电脑。

2. 处理已下载的声音素材

打开Adobe Audition软件，进行以下基本功能的操作：

【步骤1】打开文件，点击菜单栏“文件”—“打开”，选取刚才在“中国之声”

所下载的声音片段（图4－5）。

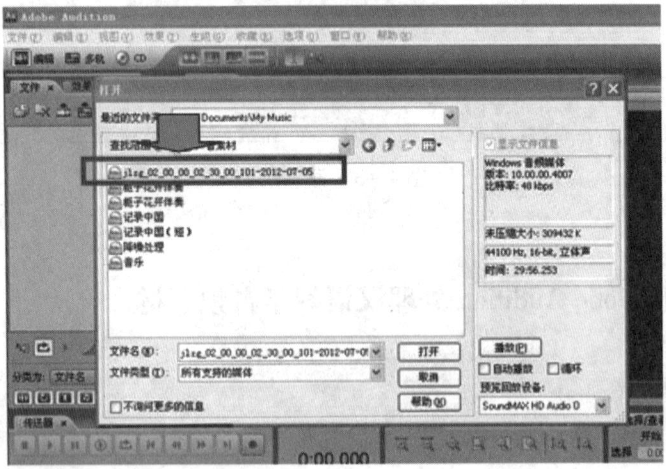

图4－5　打开声音文件

【步骤2】将声音编辑界面切换至“单轨波形编辑界面”，如已切换则不用选择（图4－6，图4－7）。

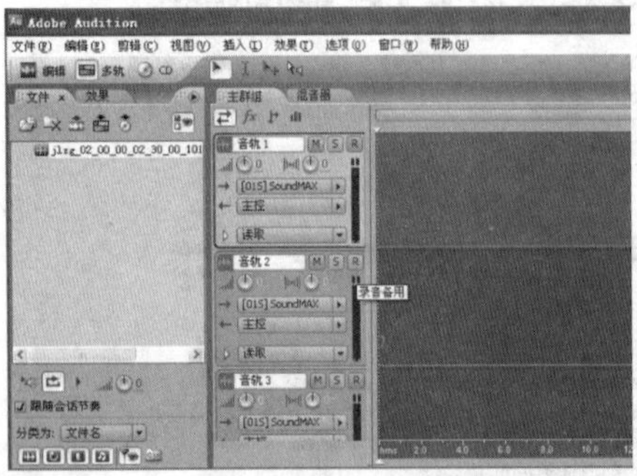

图4－6　多轨波形编辑界面

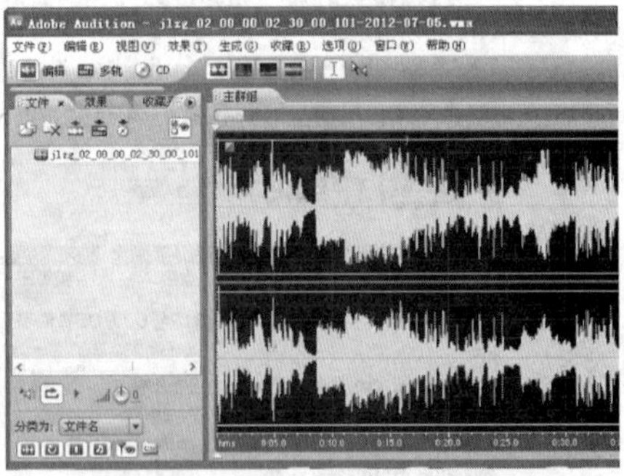

图4－7　单轨波形编辑界面

【步骤3】缩放波形。注：此缩放只是声音波形视图上的缩放，对声音大小无影响。

将波形文件缩小或者放大至合适状态（可清晰看到声音的波峰和波谷），如没有看到“波形缩放按钮”窗口，请点击菜单栏“查看”—“缩放按钮”，并勾选。

3. 声音文件的基本编辑

（1）提取声音片段。

例：提取片头声音“中国之声”4 字。

【步骤1】点击“走带按钮窗”  将声音转到开始处。（图 4－8）

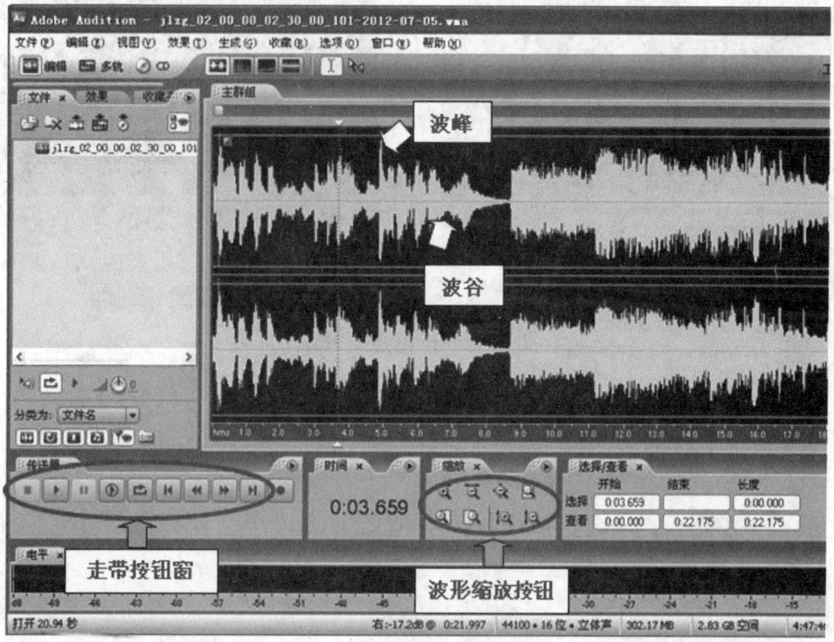

图 4－8　声音编辑操作窗口

【步骤2】点击“走带按钮窗”  播放声音，听到“中国之声”后点击“停止” ，拖动光标选取“中国之声”4 字的声音波形（选取部分为反白显示）（图 4－9）。

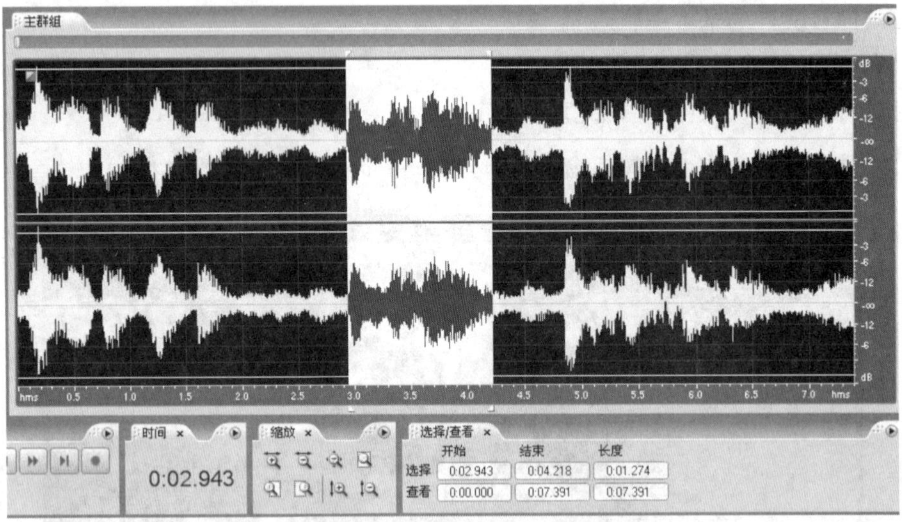

图 4－9　**提取声音片段**

【步骤 3】点击快捷菜单栏  或快捷键“Ctrl + C”复制此声音片段。

【步骤 4】新建一个文件，将声音波形粘贴至此文件。新建文件时应选择与原声音相同的设置（图 4－10）。

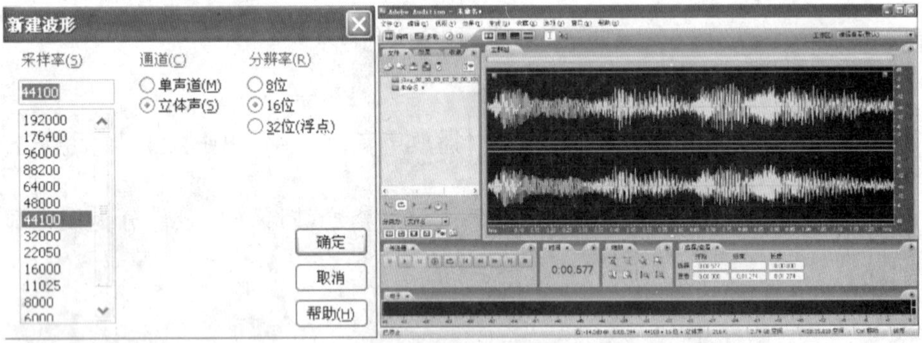

图 4－10　**新建波形**

【步骤 5】将新文件另存为新的声音片段。

（2）插入声音片段。

【步骤 1】打开需要插入的声音文件“音乐 . wma”，并将其全部选取并复制（图 4－11）。

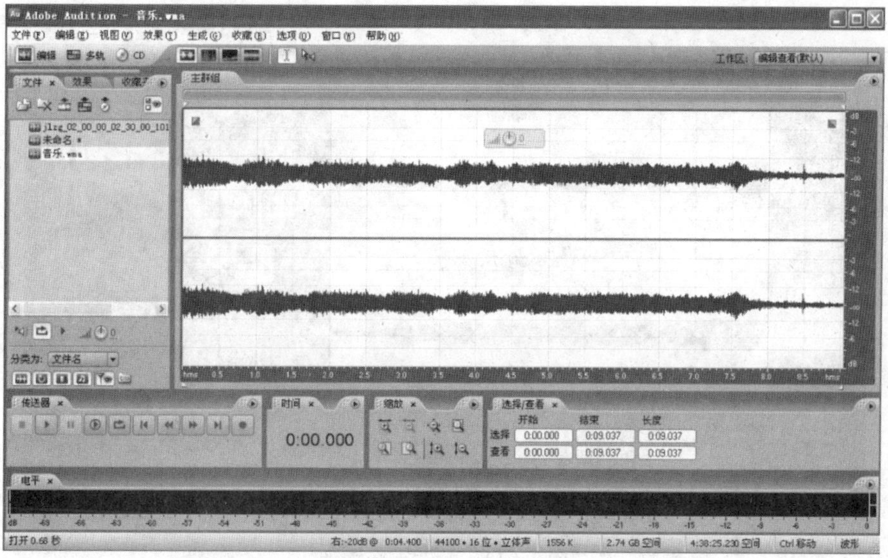

图 4－11　**复制声音文件**

【步骤2】打开需要被插入的文件“记录中国”，将光标定位至0：30. 500处（“中国人民的伟大领袖毛泽东”前），或在“选取/查看”窗口的开始时间输入“0：30. 500”（注意切换至英文标点符号）（图4－12）。

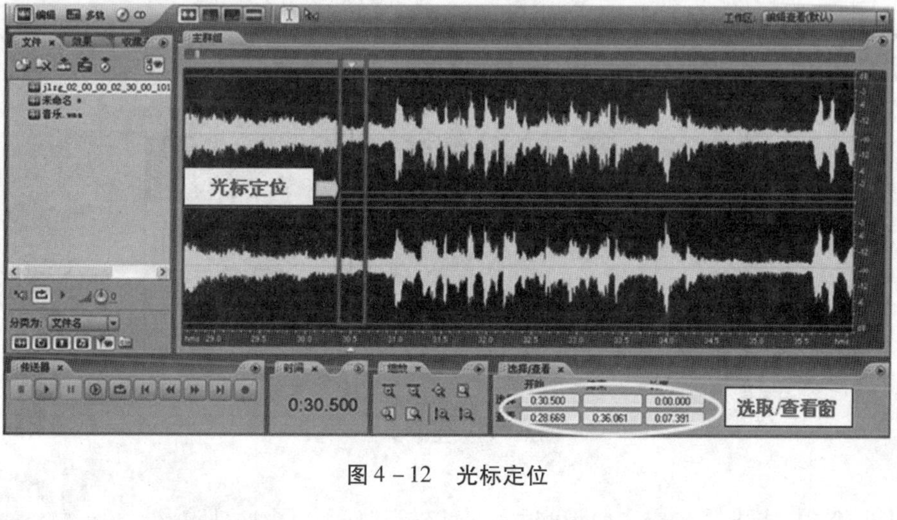

图 4－12　**光标定位**

【步骤3】按快捷键“Ctrl + V”或者点击菜单栏“编辑”—“粘贴”，将“音乐.wma”粘贴至光标定位处（粘贴部分为反白显示）(图4－13)。

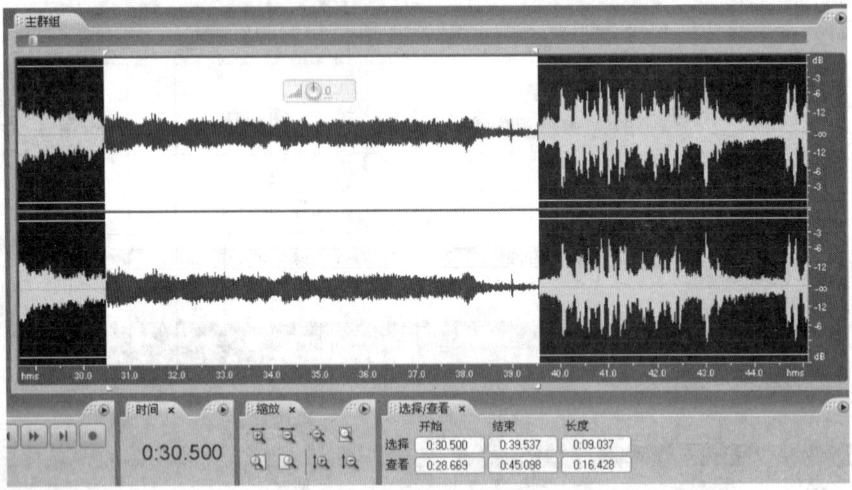

图4－13　粘贴声音文件

【步骤4】将光标定位至插入的声音片段前，检查声音是否衔接恰当。

【步骤5】将文件“另存为”新的文件。

(3) 插入静音。

【步骤1】打开“记录中国”声音文件。

【步骤2】将光标定位至需要插入静音处，如0：35.501（“我们不但有更多的飞机和大炮”前）。

【步骤3】点击菜单栏“生成”—“静音”，设置静音时间，如5秒（图4－14）。

图4－14　生成静音区

【步骤4】点击“确定”，即可插入5秒静音时间（图4－15）。

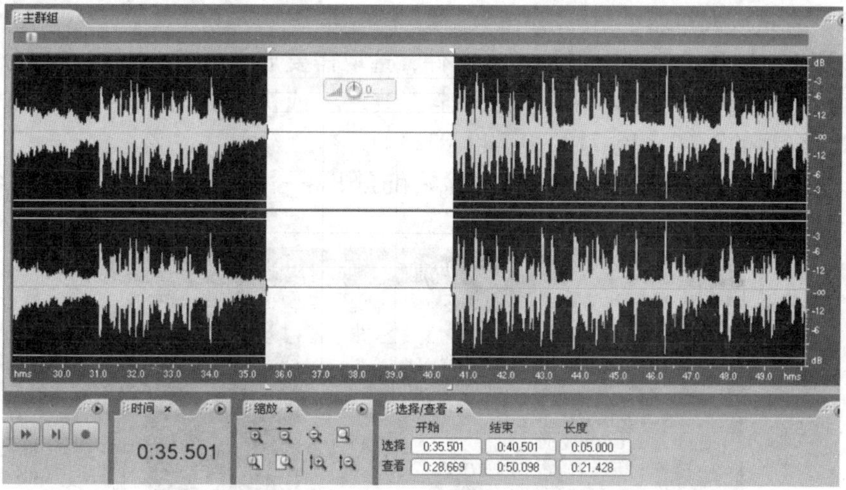

图 4－15　插入静音区

（4）删除声音片段。

【步骤 1】打开“记录中国”声音文件，拖动光标或在“选取/查看”窗口选取需要删除的声音部分，如选取“于是中国人民自力更生、发愤图强”（0：49.677～0：53.549）（图 4－16）。

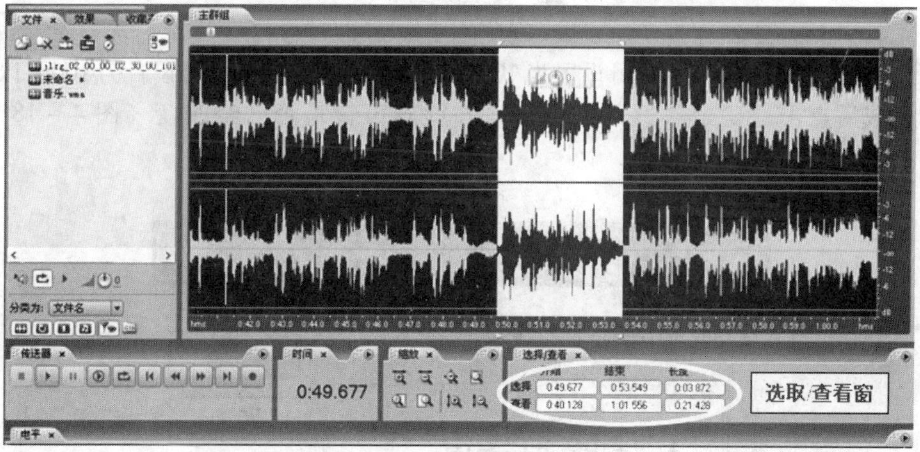

图 4－16　选取要删除的声音部分

【步骤 2】点击菜单栏“编辑”—“删除选取区域”或快捷键“Delete”，删除所选取的声音片段。

（5）音量放大与缩小。

【步骤1】打开“记录中国”声音文件，选取需要放大或缩小的声音部分，如选取全部可点击菜单栏“编辑”—“选取全部波形”或快捷键“Ctrl + A”，本例选取“这是决定命运的”（0：46.719 ~0：49.032）。

【步骤2】点击菜单栏“效果”—“振幅和压限”—“标准化（进程）”（图4－17）。

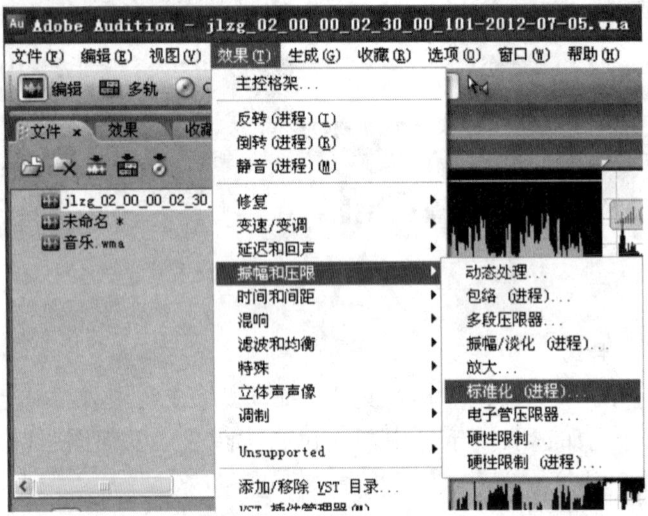

图4－17 设置菜单

【步骤3】如放大声音，可设置为100%以上；如缩小声音，可设置为100%以下。设置完成后点击“确定”返回编辑窗口并检查声音是否已经改变（图4－18，图4－19）。

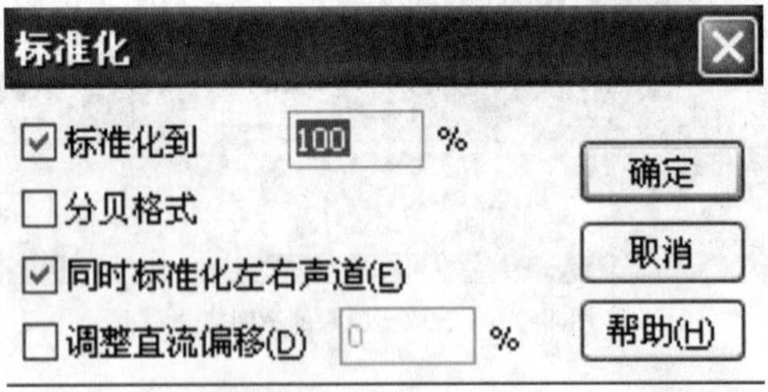

图4－18 “标准化”对话框

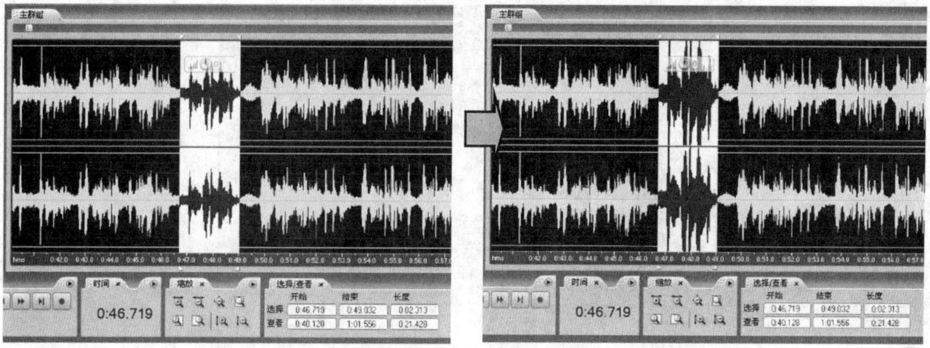

图 4-19　音量改变前后的波形变化

（二）录制声音

【步骤 1】录音前需要将麦克风（话筒）的插头插入计算机声卡的 mic 插孔。

【步骤 2】用右键点击状态栏中的小喇叭图标，在弹出的快捷菜单中，选择“录音设备”，在弹出的“录制”对话框中，检查是否已显示“麦克风”启用状态。如无显示，在对话框中单击右键，选择“显示禁用的设备”，并将麦克风设为“启用”状态（图 4-20）。

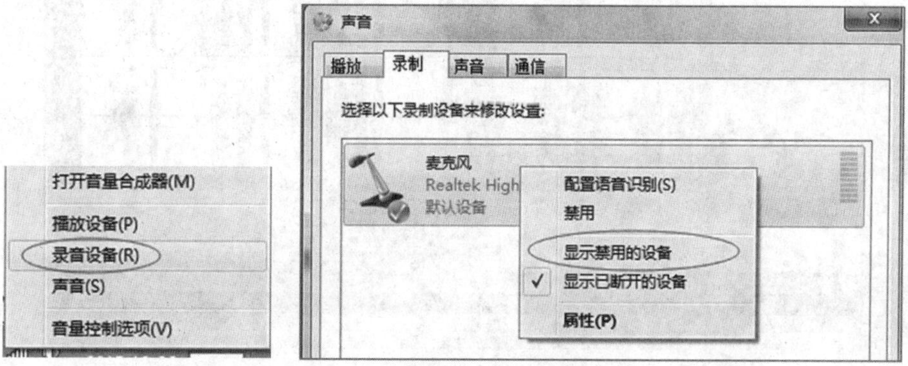

图 4-20　打开录音设备

【步骤 3】运行 Adobe Audition 软件。

【步骤 4】在左下角点击“传送器”面板的。

【步骤 5】设置录制声音的格式，比较适中的声音格式如图 4-21 设置（若之前已设置好声音格式则不会弹出此窗口）。

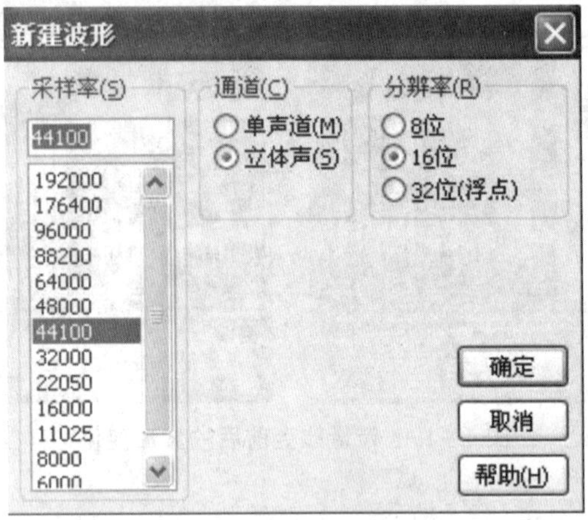

图 4－21　设置声音格式

【步骤 6】开始进行声音录制（图 4－22）。

图 4－22　开始录制声音

【步骤 7】保存声音文件（一般保存为 wav 或 mp3 格式）。
【步骤 8】可参照“插入声音片段”的方法将自己所录制的声音插入其他声音文件。

三、课堂实例——汉语听力试题的制作

【步骤 1】根据网上下载的一些场景声音片段先录制好引导语及相关的几个问题，

场景声音片段可分别命名为“片段1”、“片段2”，引导语及问题可录制在同一文件，命名为“听力试题”。

【步骤2】打开 Adobe Audition 软件并打开“听力试题”文件（图4－23）。

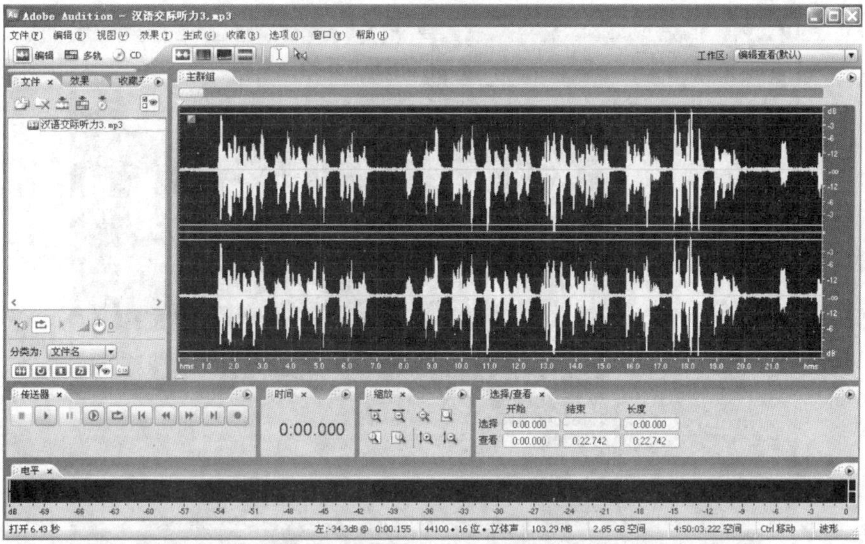

图4－23　打开音频文件

【步骤3】打开“片段1”音频文件，并按“Ctrl＋A”全选，按“Ctrl＋C”复制（图4－24）。

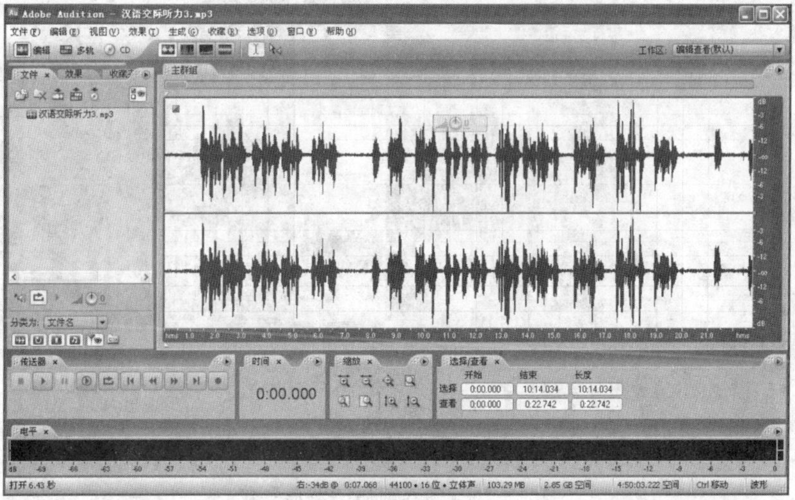

图4－24　复制“分段1”

【步骤 4】在声音编辑区的左边栏目点击“听力试题”，回到“听力试题”编辑窗口，点击“播放”按钮，找到“问题 1”的开始点，将鼠标定位在问题 1 前面，按“Ctrl + V”粘贴“片段 1”（图 4 – 25）。

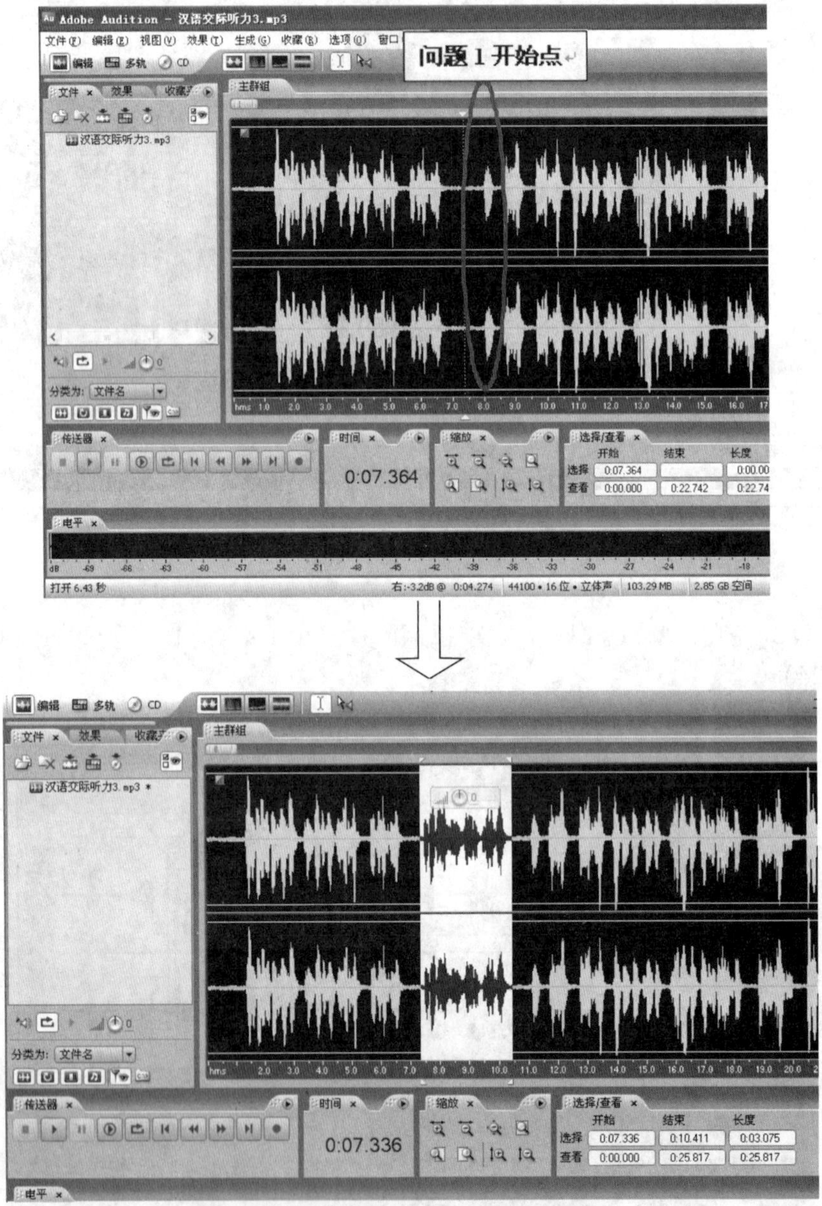

图 4 – 25　插入前后的波形变化

【步骤 5】在问题 1 后面添加静音：找到问题 1 的结束点，点击菜单栏“生成”—“静音区”，在弹出的对话框按考试要求设置问题间隔的时间（图 4－26）。

图 4－26　插入静音区并设置静音时间

【步骤 6】按照第 3～5 步骤插入片段 2、3 等文件，并保存文件。

第二节　视频剪辑、制作与自定义播放

一、视频的导入

【步骤 1】双击运行 Movie Maker，出现如图 4－27 所示界面：

图 4 – 27　运行 Movie Maker

【步骤 2】在屏幕的左上方“电影任务”可选择“导入视频”、“导入图片”，“导入音频或音乐”这三个选项。点击相应的项目，可导入相应类型的文件。如“导入视频”，选择文件点击“导入”即可（图 4 – 28）。

图 4 – 28　导入视频

点击屏幕中上部导入的视频，按住鼠标左键将所需片段（可按“Ctrl”键进行逐个选择或拖曳鼠标进行框选）拖到屏幕中下方的视频时间线（图 4－29）。

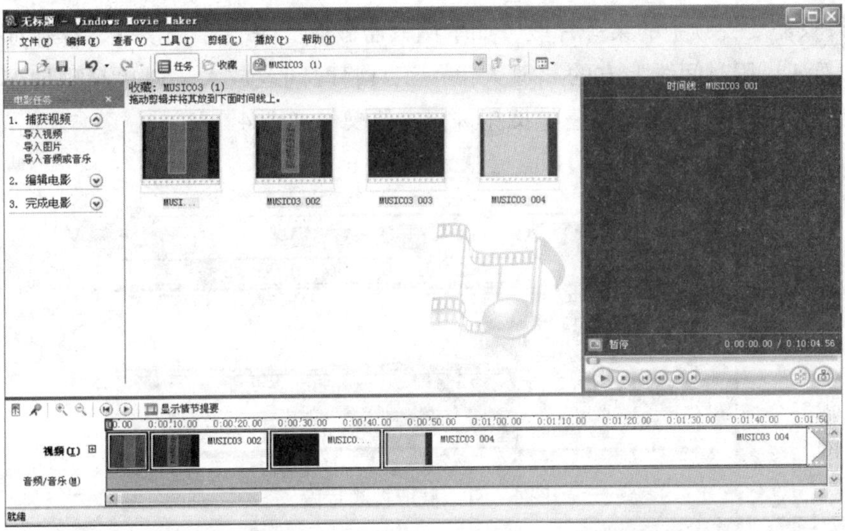

图 4－29　导入视频

如果需要删除某些已经拖入的视频，直接在时间轴上单击选择，然后按“Delete”键即可（图 4－30）。

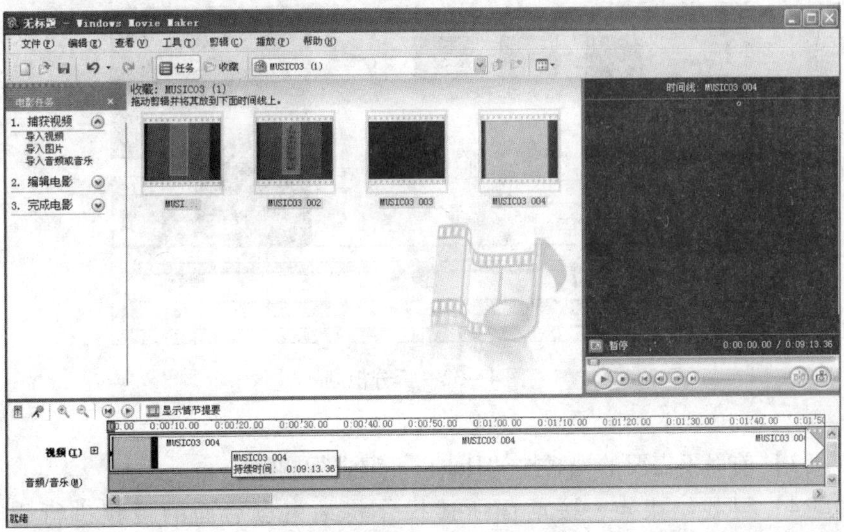

图 4－30　删除已导入视频

二、截取所需的视频片段

如果只需要视频中的某一片段，如本例只需截取“象”字的演变，操作如下：

【步骤1】用时间线上方的“放大镜”工具将时间线放大，以更精确地选取开始点和结束点。点击“播放/暂停”按钮进行定位操作（图4－31）。

图4－31　截取视频片段

【步骤2】选择开始点后，点击预览窗口右下方的“拆分”按钮，将当前视频拆分成两个视频（图4－32）。

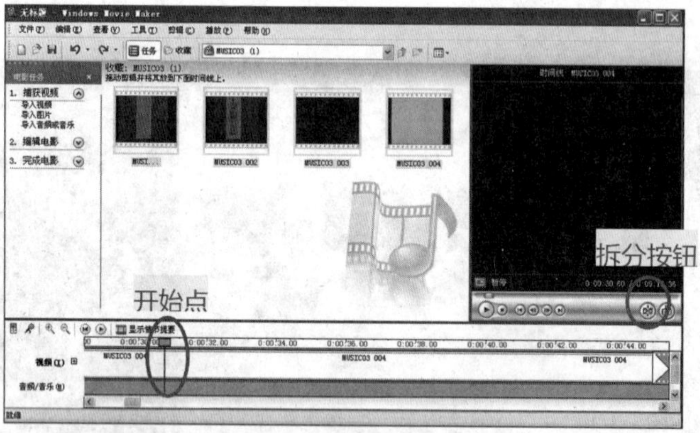

图4－32　拆分视频

【步骤3】前面不需要的视频按“Delete”键进行删除。

【步骤4】寻找结束点，按前面所述操作将结束点后面的视频进行删除（图4－33）。

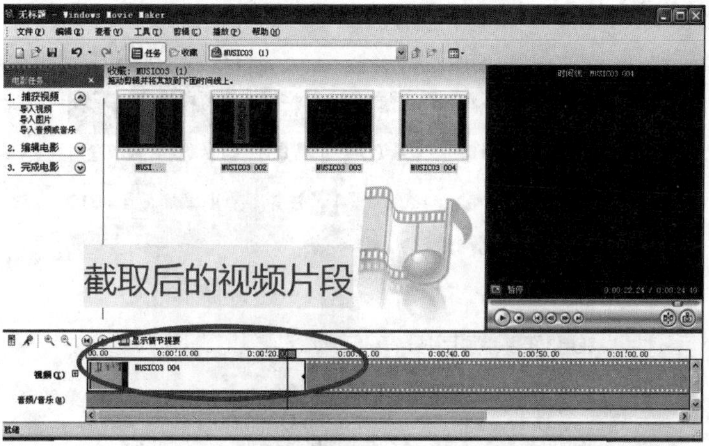

图 4－33　截取后的视频片段

三、添加片头、片尾

【步骤 1】选择需要添加片头处，在“工具”下拉菜单中选择“片头和片尾”选项（图 4－34）。

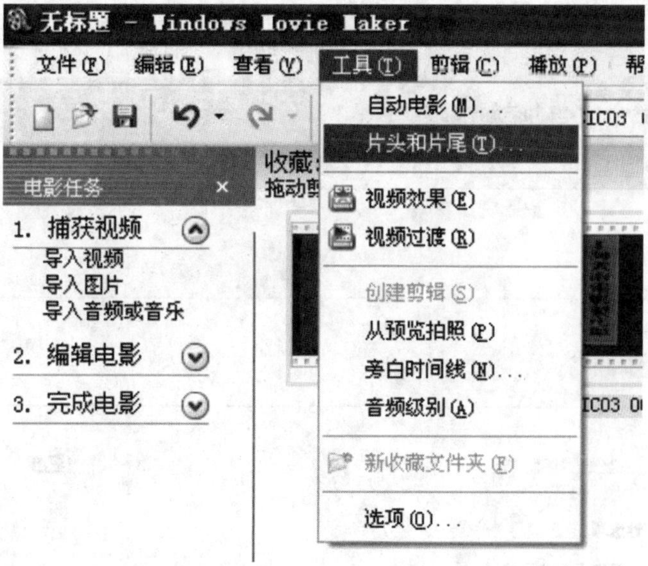

图 4－34　添加片头和片尾

【步骤2】在弹出的对话框选择所需的选项（图4－35）。

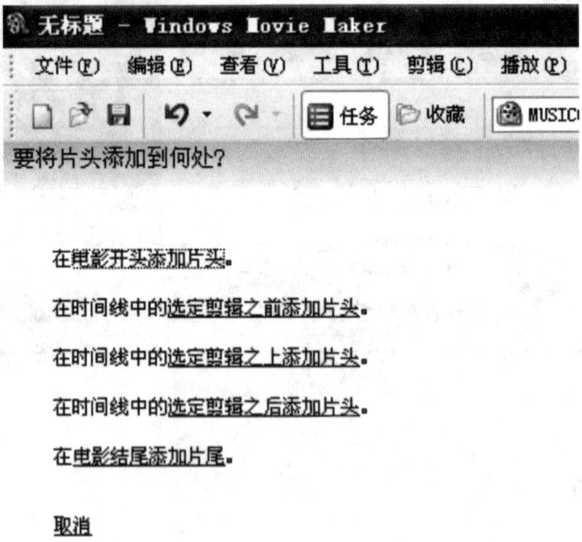

图4－35　选择添加项

【步骤3】如需在片头添加文本，可选择“在电影开头添加片头”，弹出“输入片头文本”对话框（图4－36）。

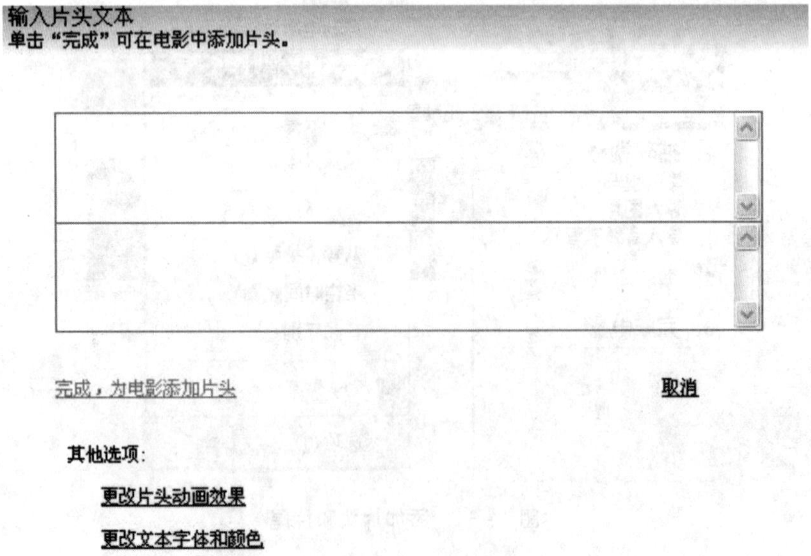

图4－36　在片头添加文本

【步骤4】在框中输入文字，上框文字为大标题，下框文字为小标题（图4－37）。

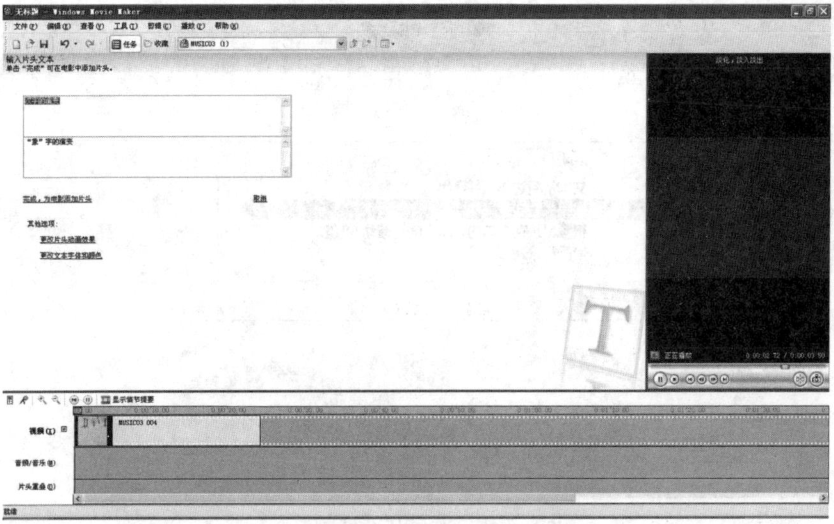

图4－37　输入文字

【步骤5】点击“更改片头动画效果”、“更改文本字体和颜色”的选项，根据需要更改相关设置（图4－38至图4－40）。

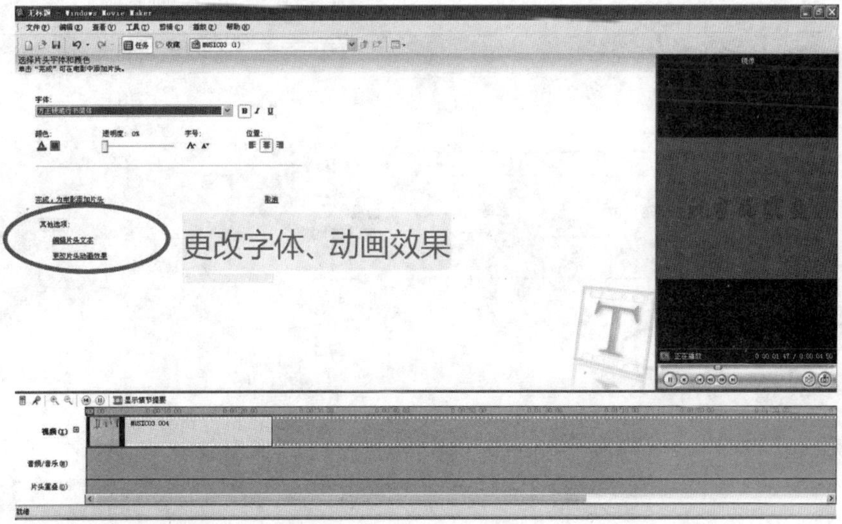

图4－38　设置片头效果

如点击“更改片头动画效果”，会出现如图 4－39 所示的对话框：

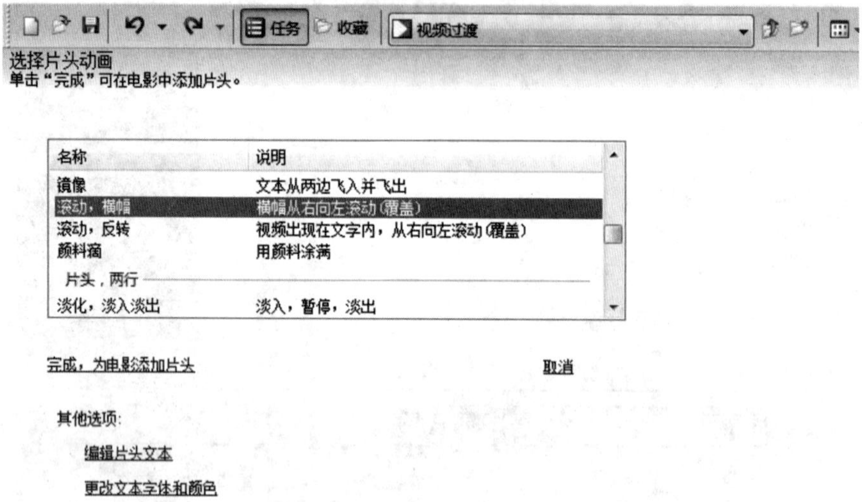

图 4－39　更改片头动画效果

注意：如果还要修改文本的字体和颜色等就先不要点击“完成，为电影添加片头”，应点击最下方的“更改文本字体和颜色”进行修改。

如点击“更改文本字体和颜色”，会出现如图 4－40 所示的对话框：

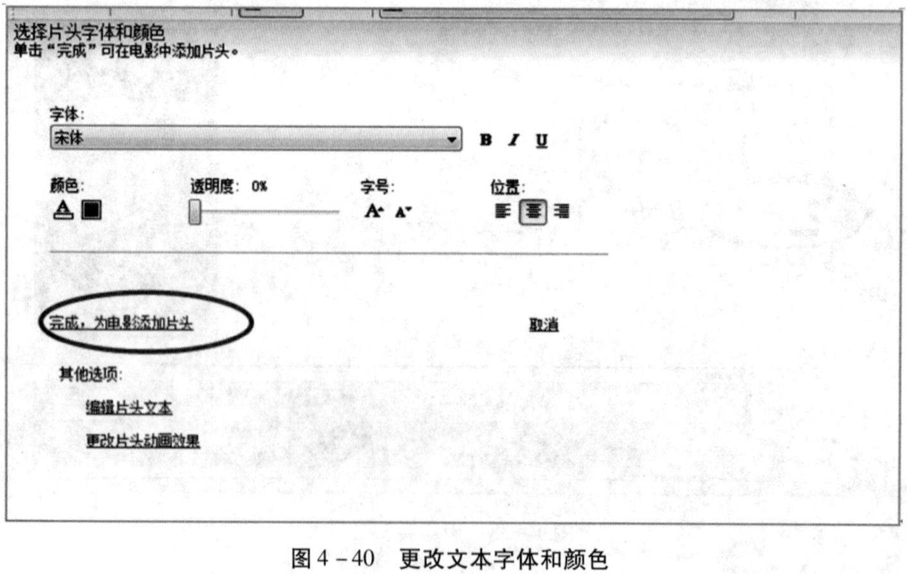

图 4－40　更改文本字体和颜色

完成设置以后点击“完成，为电影添加片头”。

添加“片尾”的操作与添加“片头”方法一致，可根据个人需要进行添加。

四、添加背景音乐

因本所导入的片头没有背景音乐，现为片头添加一段背景音乐。

【步骤1】点击屏幕左栏目“电影任务”的“导入音频或音乐”，将其拖入时间线的“音频/音乐”轨道（图4－41）。

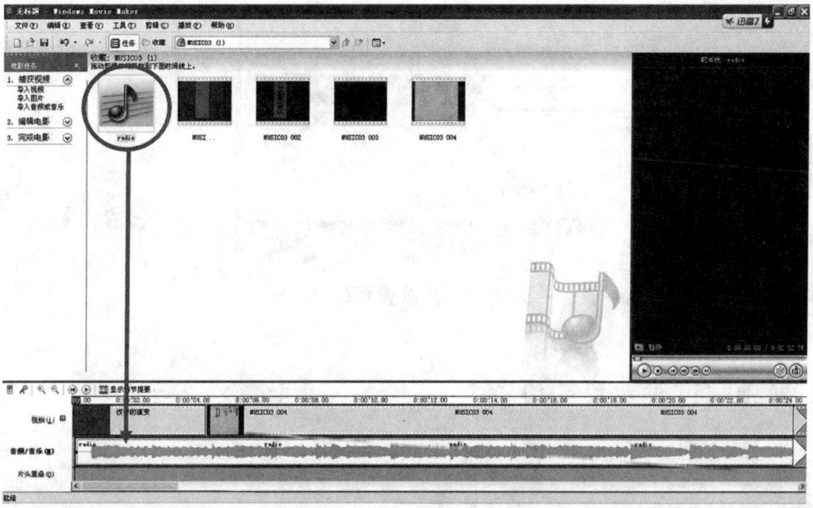

图4－41　导入音频或音乐

【步骤2】根据片头的长度截取需导入的音乐部分，操作方法与截取视频片段相同（图4－42）。

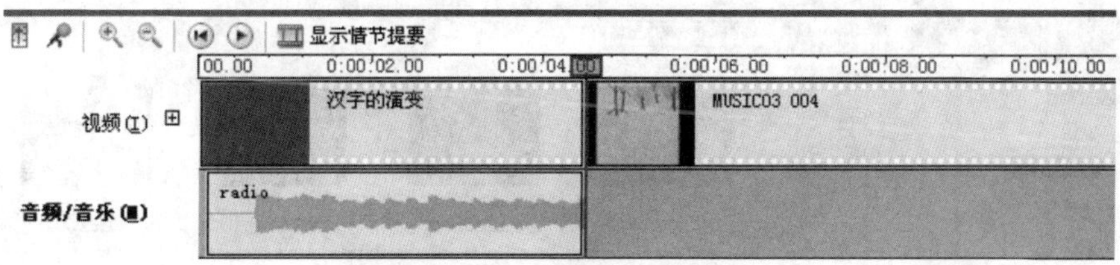

图4－42　截取音乐片段

【步骤3】为避免声音间衔接的突兀变化，选择时间线上的音乐轨道文件时，将鼠标移至要选择的文件上，单击右键，选择“淡出”，音乐文件结尾处音量将逐渐变小（图4－43）。

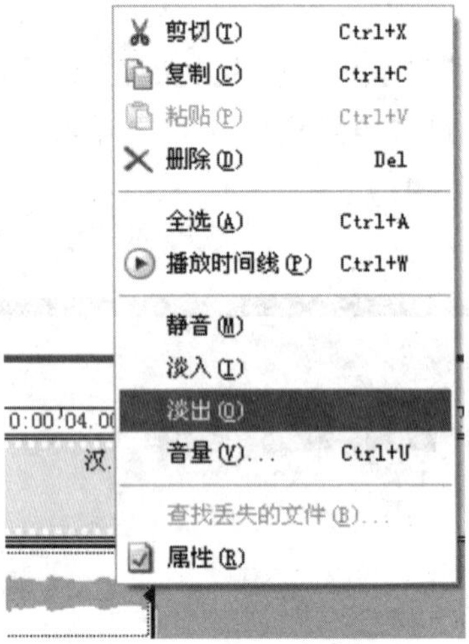

图4－43　设置音乐模式

五、视频间过渡效果的设置

（一）视频过渡的设置

【步骤1】点击菜单下工具栏的“收藏”，在左边栏目显示“视频效果”和“视频过渡”等设置（图4－44）。

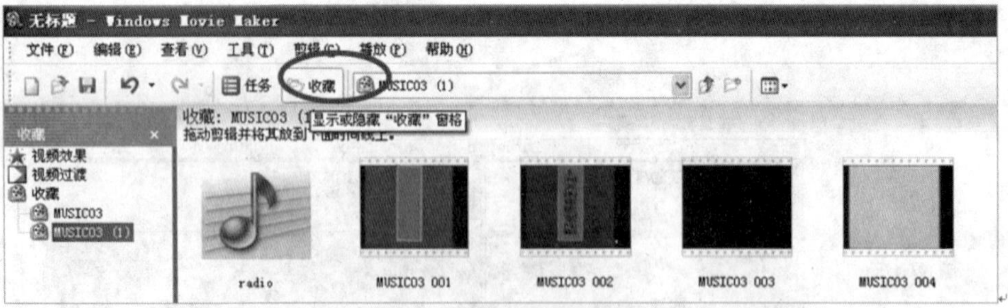

图4－44　设置视频过渡

【步骤2】点击“视频过渡”，出现多种视频过渡效果选项。

【步骤3】选择其中一种效果，将其拖曳至时间线上两个视频衔接处，点击“播放”按钮进行预览（图4-45）。

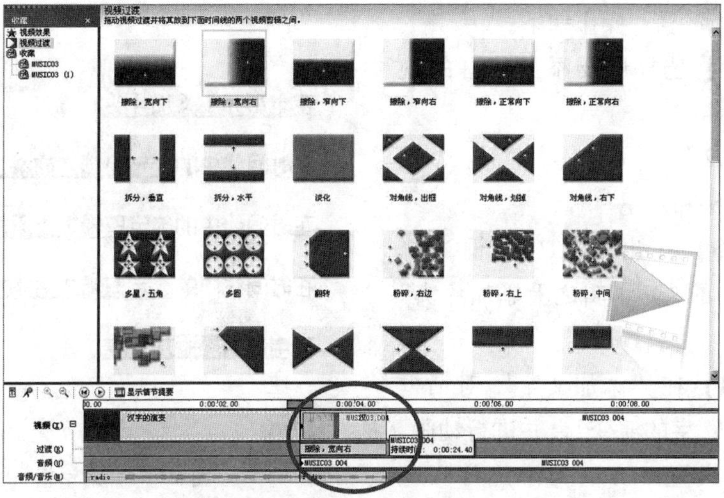

图4-45　选择视频过渡效果

（二）视频效果的设置

点击“收藏”的“视频效果”将会出现如图4-46所示的效果选项，选择所需效果将其拖曳至时间上的视频轨道，并进行效果预览。

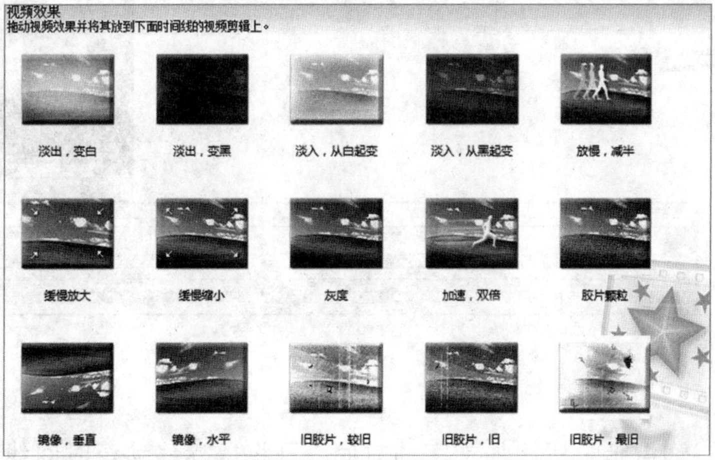

图4-46　设置视频效果

六、在视频上叠加字幕

如需在本例的视频片段中添加“‘象’字的演变”，操作如下：

【步骤1】选择所要添加字幕的视频开始点。

【步骤2】点击菜单栏的“工具”—“片头和片尾”。

【步骤3】在出现的对话框选择“在时间线中的选定剪辑之上添加片头”（图4－47）。

【步骤4】在“添加文字”对话框添加“‘象’字的演变”，并进行动画、字体效果的设置（方法与添加片头相同），并点击“完成”（图4－48）。

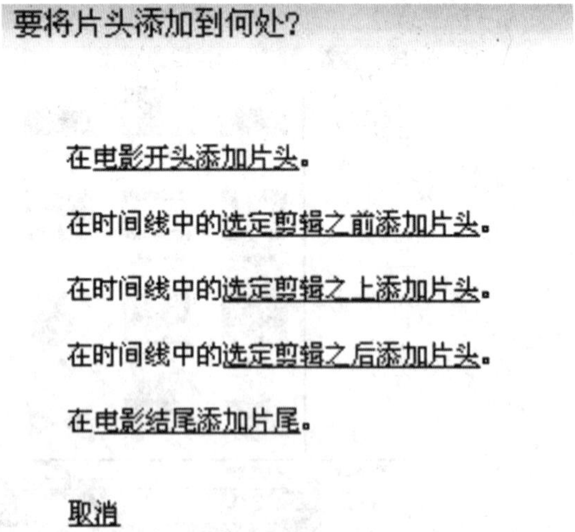

图4－47 对话框

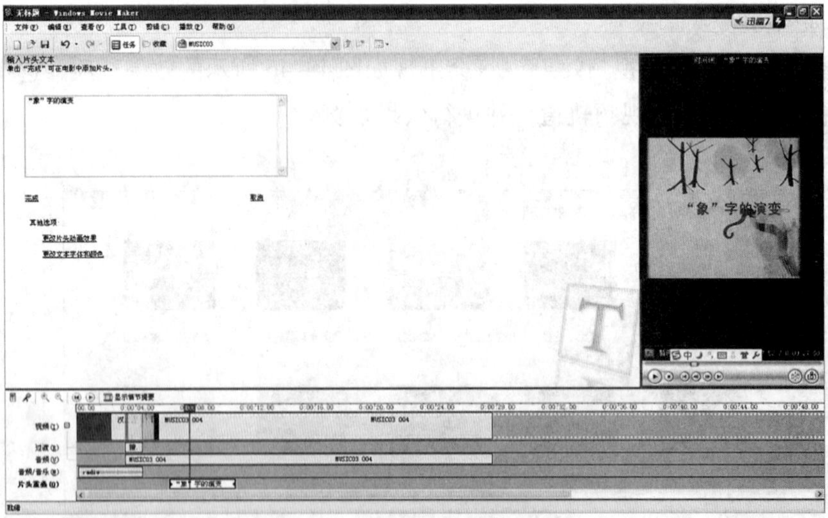

图4－48 叠加字幕

【步骤5】如需延长所添加文字的时间，可将鼠标移动至时间线上“片头重叠”—“‘象’字的演变”右边进行拉伸（图4－49）。

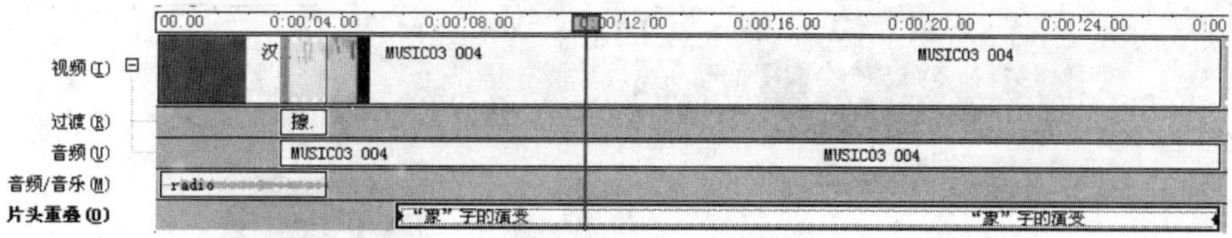

图4－49　调整时间

说明：因本软件只有片头、片尾的添加，文字均以居中方式排列，如需在屏幕其他位置进行字幕的添加，需使用其他视频软件进行编辑。

七、添加旁白

点击菜单栏“工具”—“旁白时间线”，可进行旁白的录制（图4－50）。

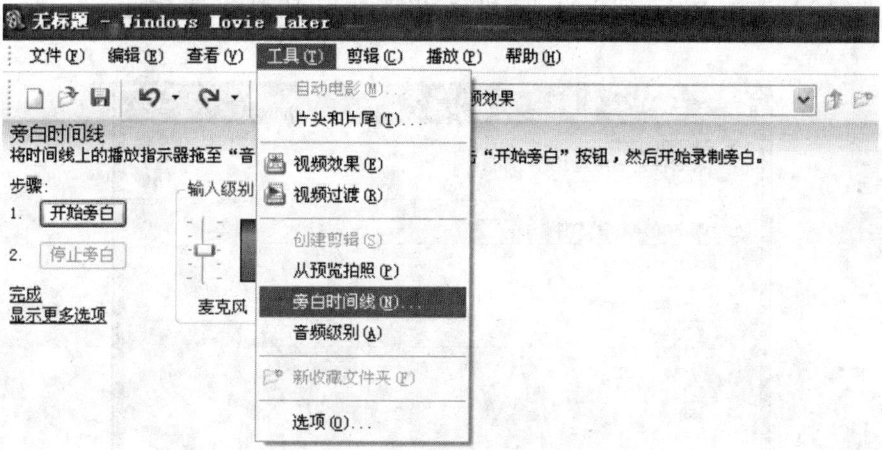

图4－50　添加旁白

八、输出视频

【步骤1】点击“任务”直至出现“电影任务”界面，选择“3. 完成电影”（图4－51）。

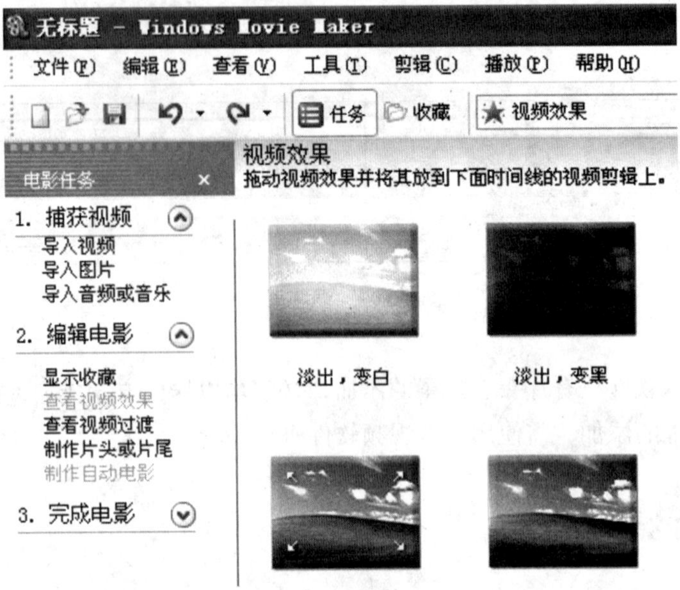

图 4－51　电影任务

【步骤 2】选择“保存到我的计算机”，出现图 4－52 所示对话框：

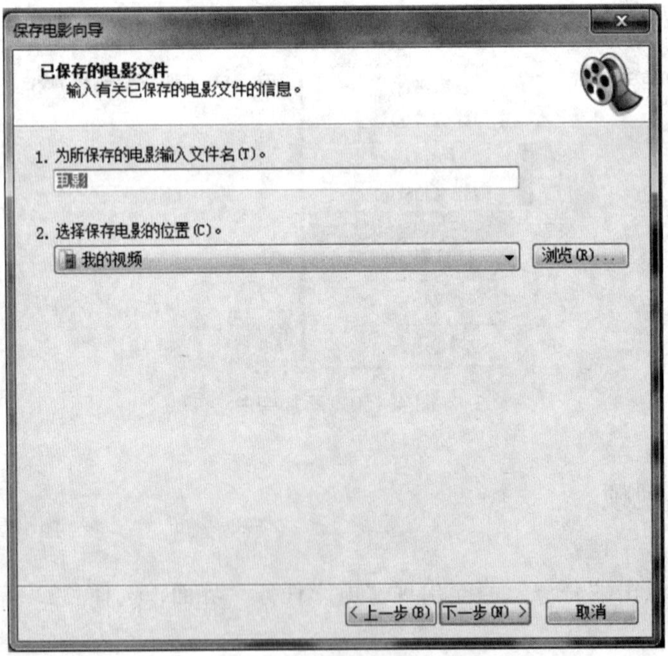

图 4－52　“保存电影向导”对话框

【步骤 3】修改电影名，选择保存位置，然后点击“下一步”（图 4－53）。

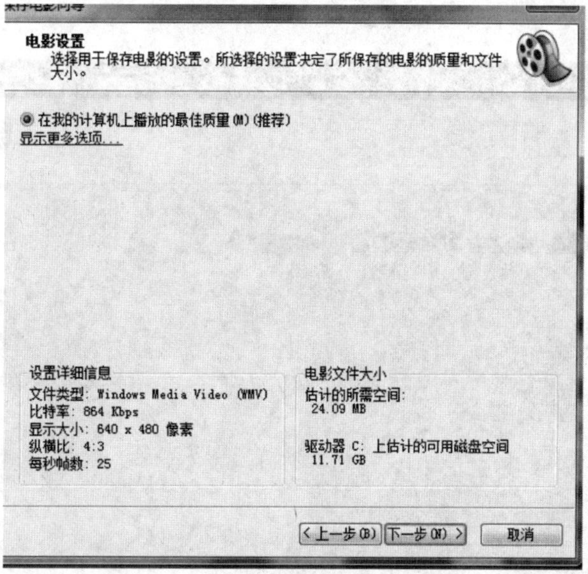

图 4－53　修改电影名

【步骤 4】单击“显示更多的选项”，出现图 4－54 所示界面，选择所需的输出模式，也可使用默认的推荐格式。

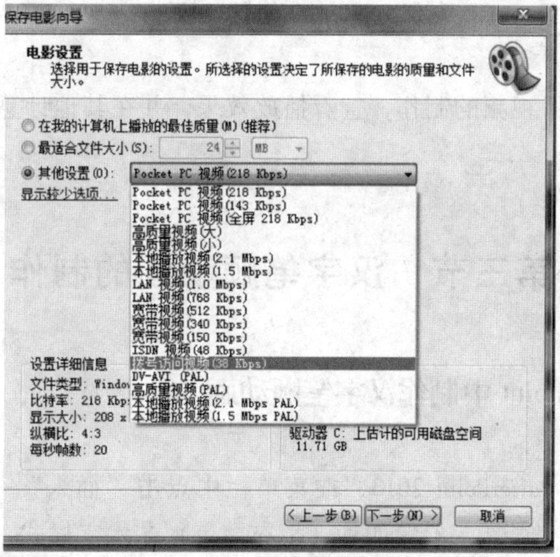

图 4－54　选择输出模式

【步骤5】点击“下一步”，开始输出视频片段，直至出现“完成”对话框（图4-55）。

图4-55 “完成”对话框

【步骤6】完成了视频的制作，查看播放效果，并在其他计算机上测试播放的效果及其兼容性。

第三节 汉字笔顺动画的制作

一、在PowerPoint中制作汉字笔顺动画

【步骤1】打开PowerPoint 2013，在菜单栏中点击“插入”—“艺术字”，打开“艺术字库”窗口，选择第一行第四种（填充白色）艺术字样式，输入欲演示笔顺的汉字，如“大”字，选择楷体，调整字号（图4-56至图4-58）。

图 4－56

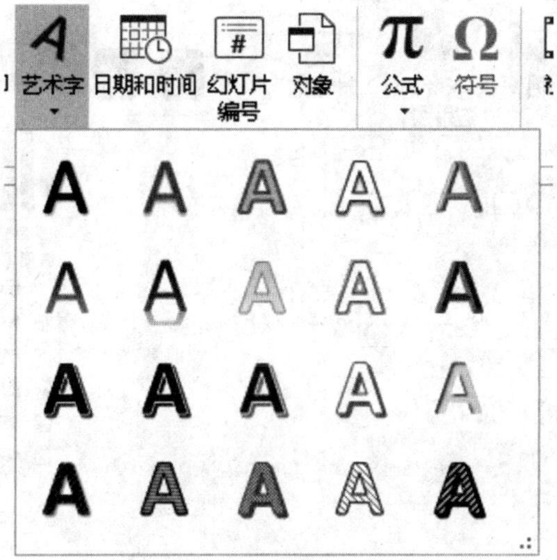

图 4－57

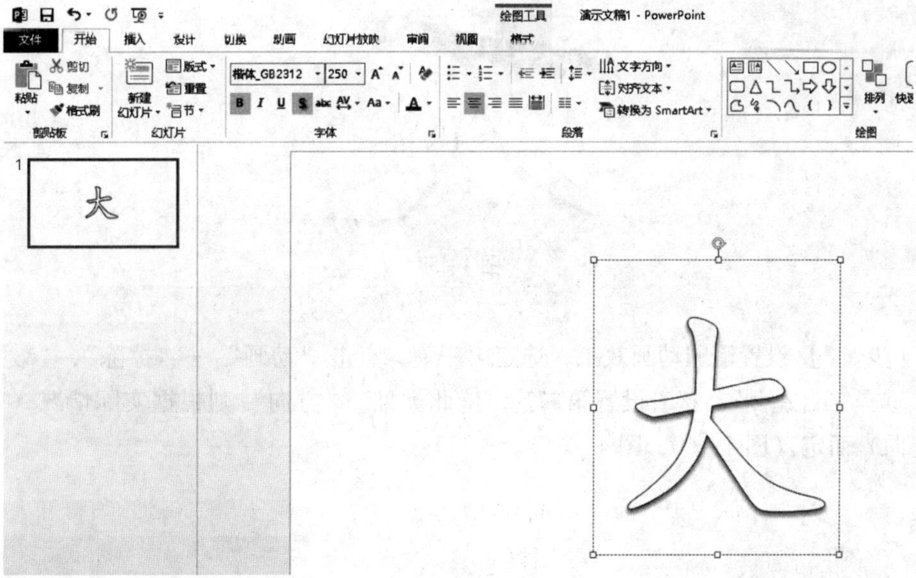

图 4－58

【步骤2】点击菜单栏“插入”—“形状”—“任意多边形”，按笔画顺序填充颜色（先描绘笔画，然后点击图中的油漆桶，选择一种你喜欢的颜色就行），然后用同样的方法给其他笔画填充颜色（图4－59）。

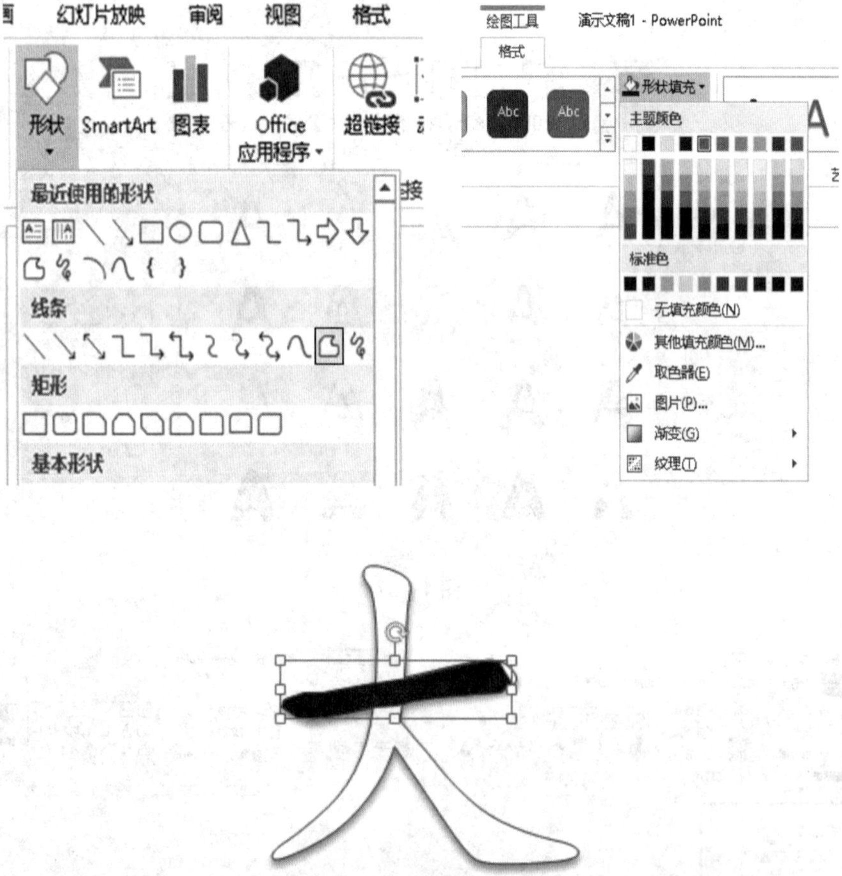

图4－59

【步骤3】设置笔顺动画效果，选定第一笔，点击“动画”—“擦除”，“效果选项”选择“自左侧”。接着设置第二笔，依此类推。“方向”则根据实际情况（笔画的走向）而定（图4－60，图4－61）。

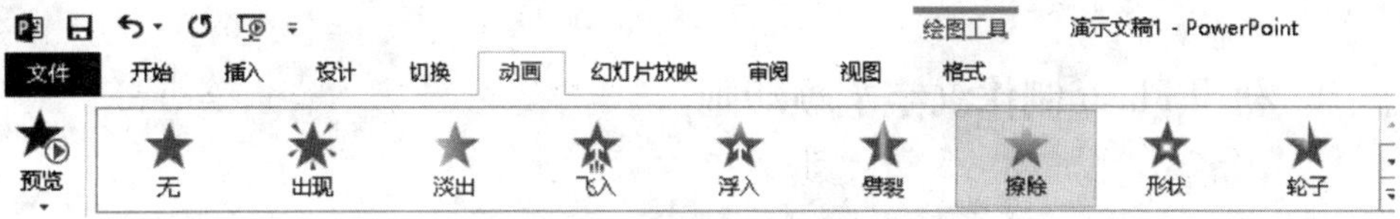

图 4－60

图 4－61

【步骤 4】设置笔画动画出现方式。动画出现有单击时、与上一动画同时、上一动画之后三种方式。如果你想点击一下鼠标出现一个笔画动作，保持默认的设置即可；如果你想要点击后生字动画连续出现，就选择“上一动画之后”（图 4－62）。

图 4－62

【步骤 5】弯折勾笔画的处理。如果汉字中笔画有弯折勾的情况，可以在笔画转弯处将笔画分成若干部分，每个部分按照上面的方法来处理即可。再将这些部分的动画方式设置为“开始”—“上一动画之后”，持续时间和延迟时间皆为 0。

二、利用 Flash 制作汉字笔顺动画

以“厂”字为例，制作笔顺动画。

【步骤 1】本例以 Adobe Flash CS4 版本为例，点击“文件”—“新建”—“flash 文档”（图 4－63）。

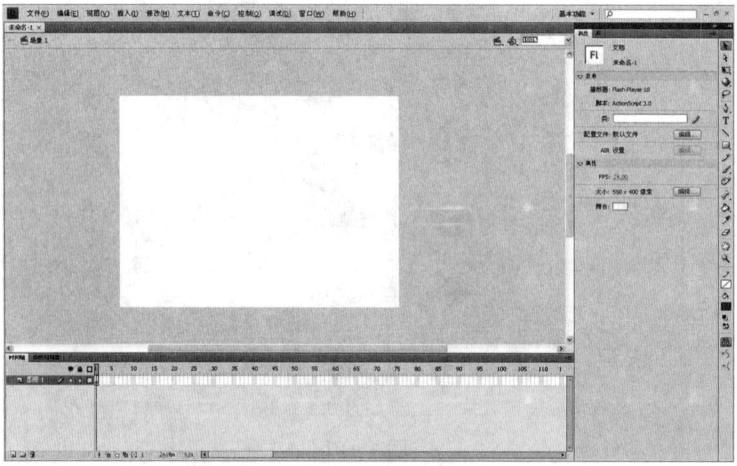

图 4－63

【步骤 2】点击“修改”—“文档”—“文档属性”，设置尺寸为宽 200、高 200 像素，背景颜色设为蓝色。（图 4－64）

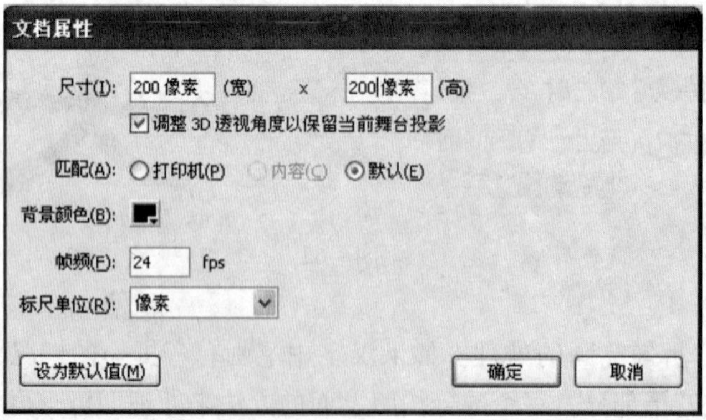

图 4－64

【步骤3】在工具栏中选择“文字工具”，设置字体为楷体，文字大小为180，颜色为白色，选中加粗（图4－65）。

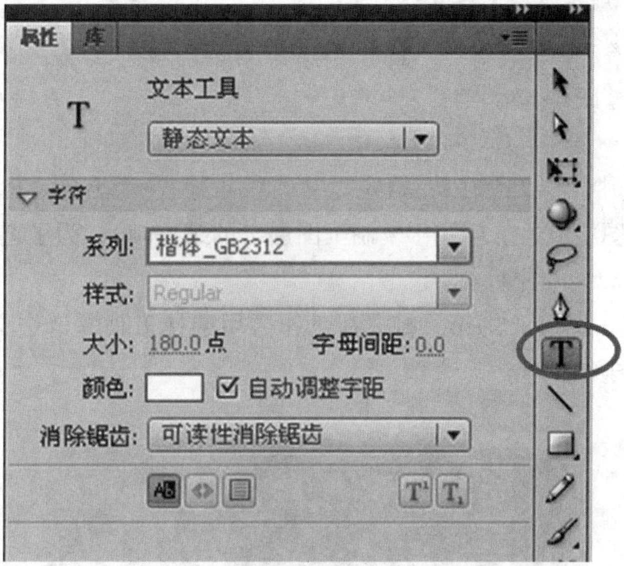

图4－65

【步骤4】输入文字“厂”，选中“选择工具”，在属性面板设置“厂”的位置设为X：7.0，Y：7.0（图4－66）。

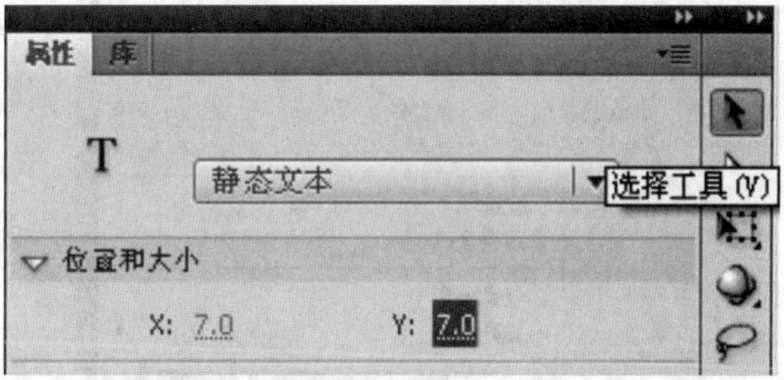

图4－66

【步骤5】新建图层2（图4－67）。

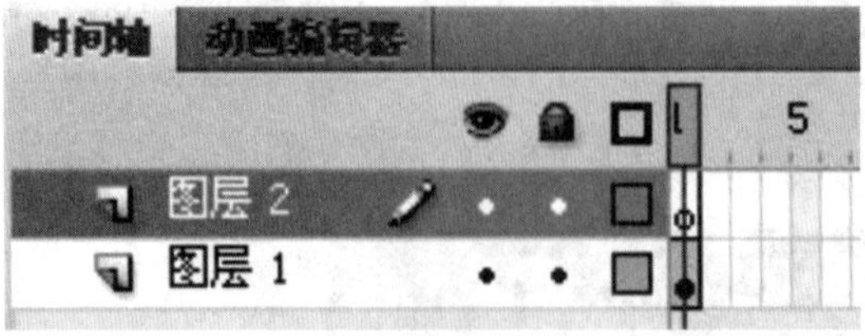

图 4－67

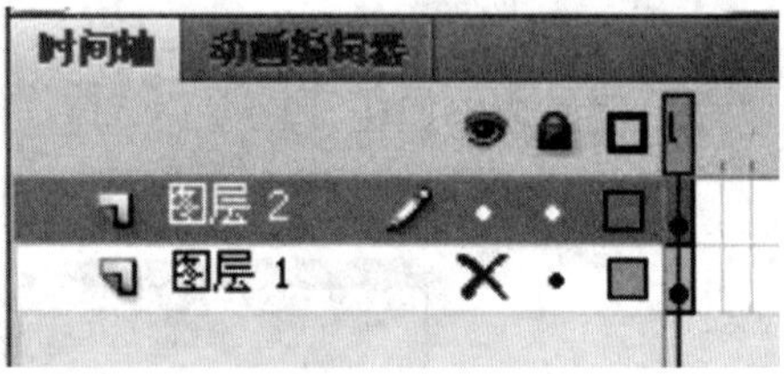

图 4－68

【步骤 6】选中图层 2，帧 1，输入文字“厂”，颜色为黑色，其他属性的设置与前一样（或者将图层 1 的“厂”字复制至图层 2 的第一帧）。为了避免错误操作，可以把图层 1 隐藏显示（图 4－68）。

【步骤 7】点击图层 2 的第一帧，在工作区用选择工具选中文字，点击右键，选择“分离”（图 4－69）。

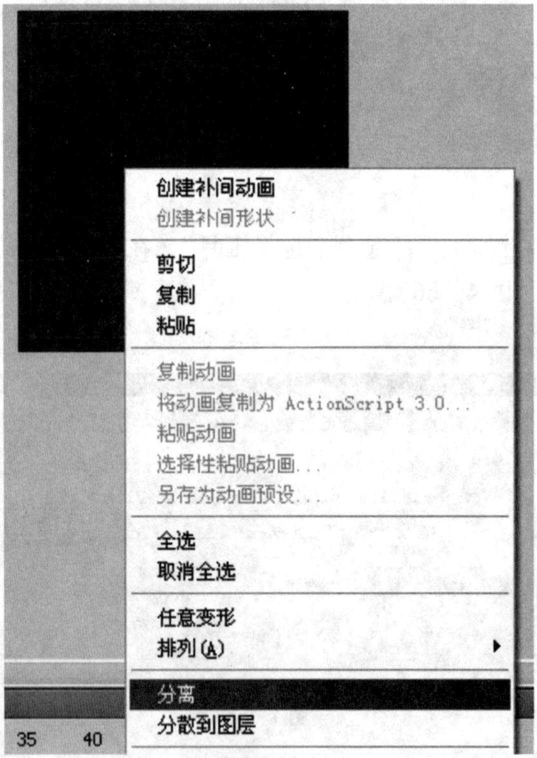

图 4－69

【步骤8】点击图层2的第一帧，用橡皮擦工具擦除“厂”的第一笔“一”的部分，注意只擦除一小部分，擦除越细，动画效果越明显（图4－70）。

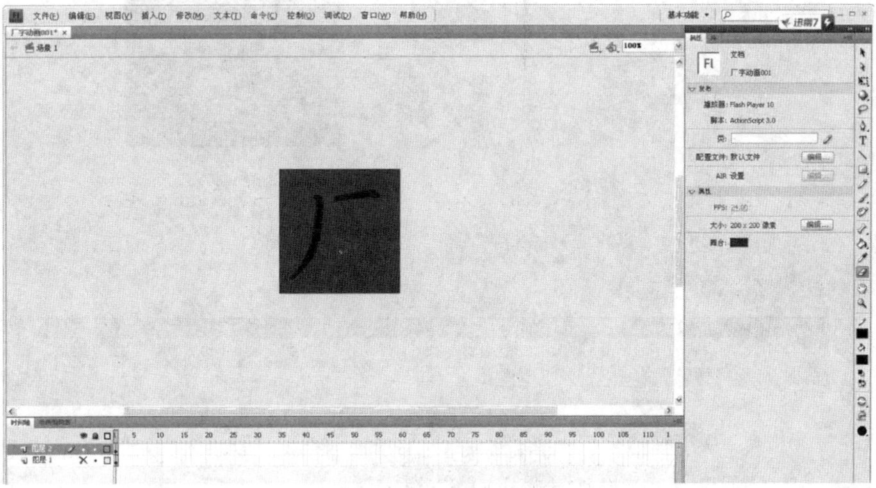

图4－70

【步骤9】选择图层2第4帧，插入关键帧（图4－71）。

注：两关键帧之间间隔多少帧由个人需要决定，间隔多速度慢，间隔少则速度快。

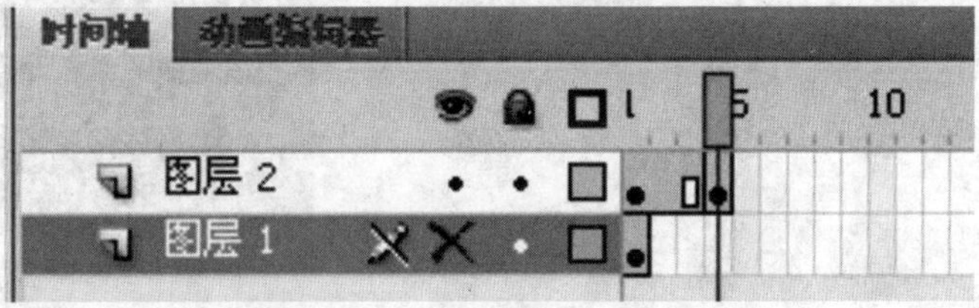

图4－71

【步骤10】选中图层2第4帧，用橡皮擦工具继续按顺序擦除“厂”的第一笔“一”剩余部分，在第9帧处插入关键帧，继续擦除和建立关键帧，直至擦除“一”完毕（图4－72）。

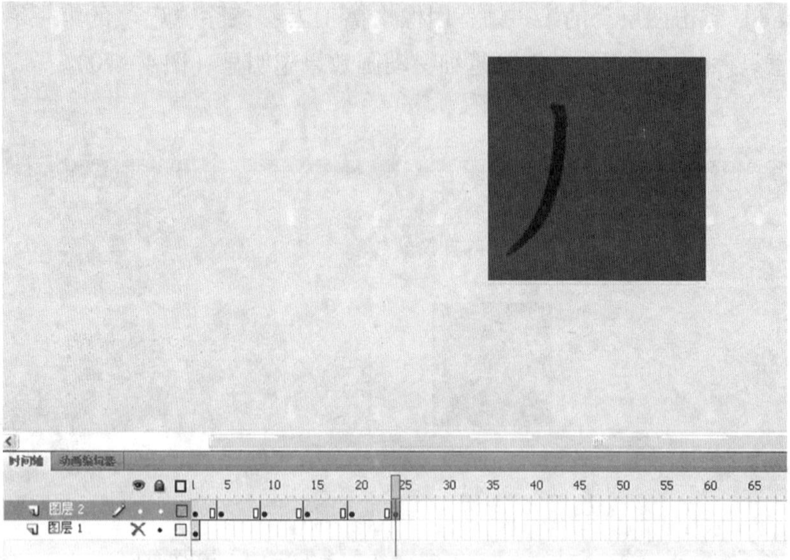

图 4－72

【步骤 11】按擦除“一”的方法继续擦除“丿”（图 4－73）。

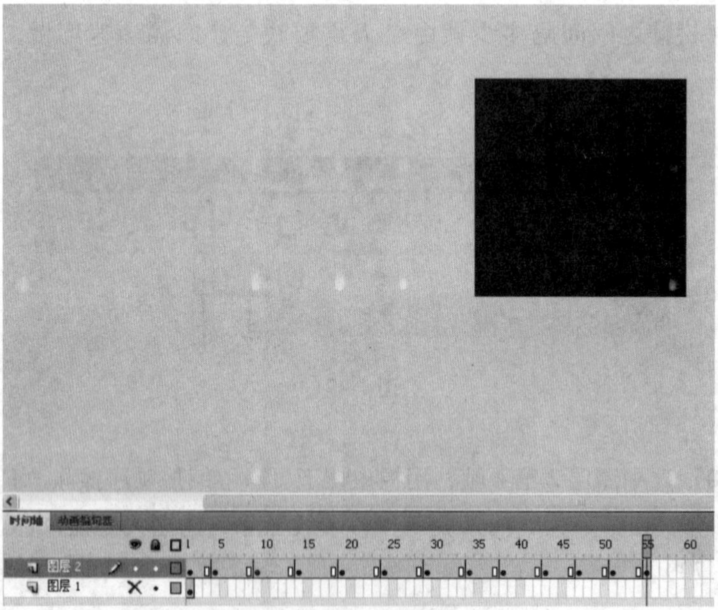

图 4－73

【步骤12】取消图层1文字的隐藏，并选择图层1第55帧（即与图层2的最后一帧对齐），点击右键选择“插入帧”（图4－74）。

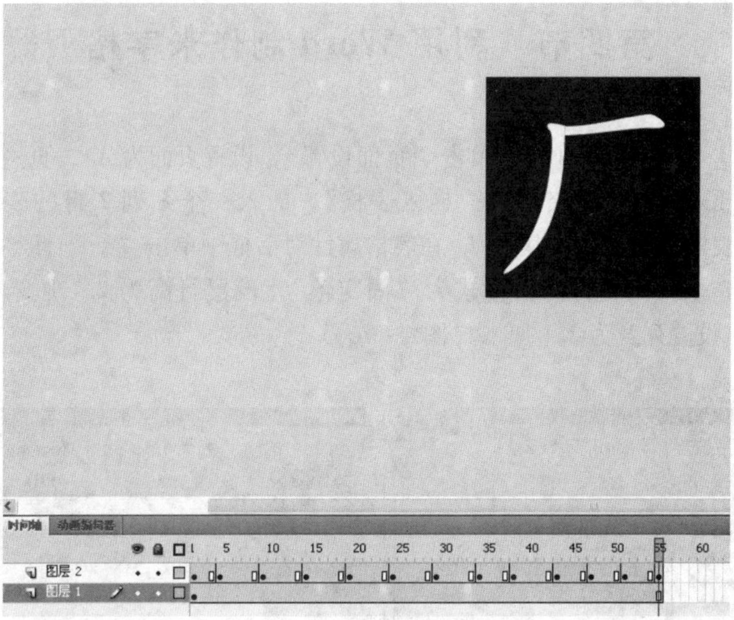

图4－74

【步骤13】按“Ctrl + Enter”进行播放预览（图4－75）。

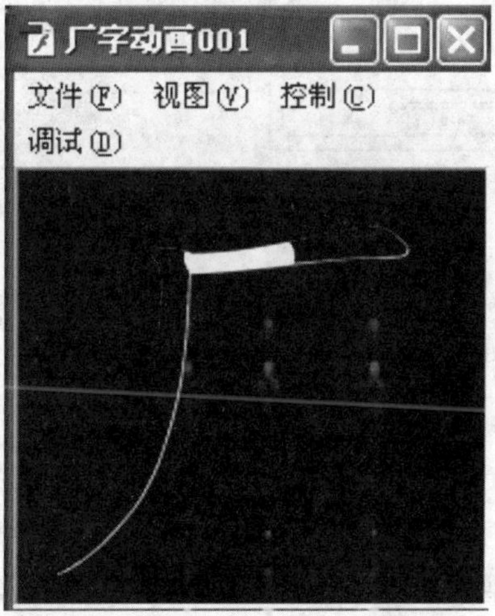

图4－75

【步骤 14】对文件进行保存，如需保存成 Flash 动画，点击“文件”—“导出”—“导出影片”，保存类型选择＊. SWF 格式。

第四节　利用 Word 制作米字格

【步骤1】启动 Word 2013，单击“页面设置”，设置页面为 A4，页边距均为 2 厘米，单击“插入”—“表格”—“插入表格”，插入一个 8 列 2 行的表格。选中表格，单击“表格”—“表格属性”，在表格属性对话框中单击“行”标签，选中“指定高度”复选框，设置行高值格式为“固定值”，设置行高为 2. 1 厘米；接着单击“列”标签，设置列宽为 2. 1 厘米（图 4－76）。

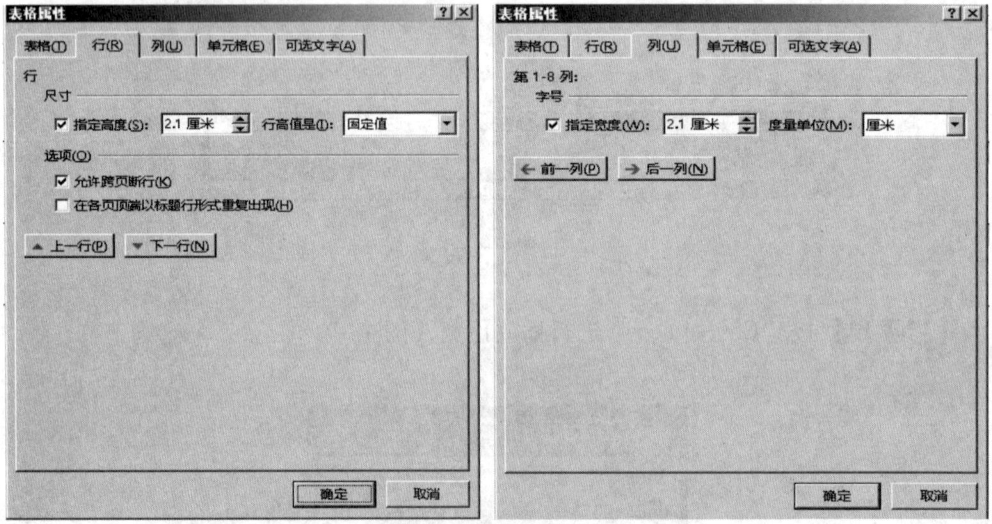

图 4－76　设置表格属性

【步骤2】此时这个 8 列 2 行的表格形成 4 个田字格。选择整个表格，点击“表格工具”—“设计”—“边框”，选择“内部横框线”、“内部竖框线”，将每个田字格内部的纵横线重绘为虚线。然后点击“插入”的“表格”，选择“绘制表格”画斜线。也可以选中表格，点击表格工具中的设计按钮，选中绘制表格根据按钮（有铅笔的），按住鼠标左键在框线上绘制。

注意：①选择选择线型列表的第 4 种线型绘制内部横竖线。②选择线型列表的第 2 种虚线型绘制斜线，绘制时应对每个田字格的 4 个小方格依次绘制，由田字格的四角朝中心绘制。如果绘制错误，可以选择擦除按钮，按住鼠标左键擦除（图 4－77 至图 4－79）。

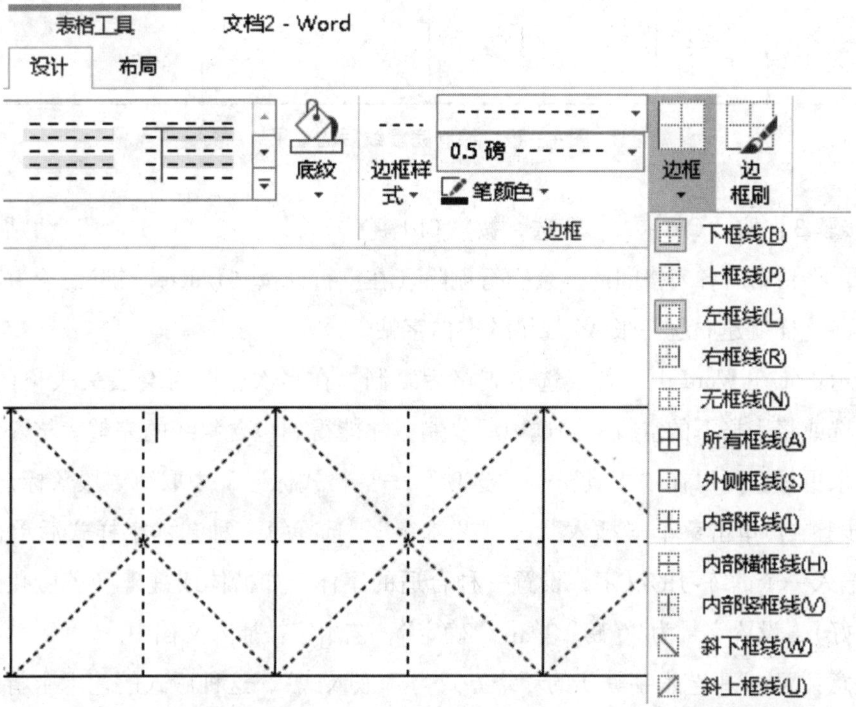

图 4－77

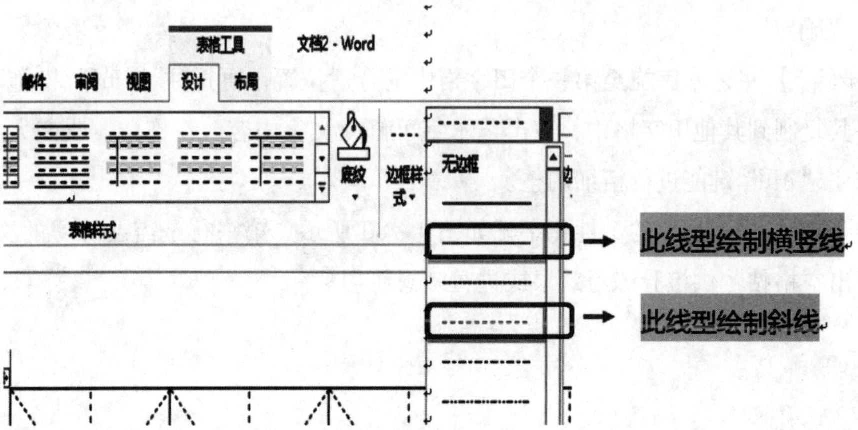

图 4－78

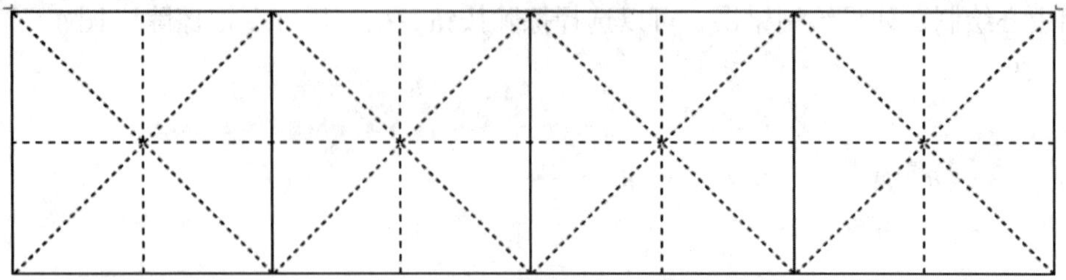

图4－79　绘制完虚线后的效果

【步骤3】按“Ctrl + A”全选，按“Ctrl + X”剪切，按“Ctrl + V”粘贴，共粘贴6次，将粘贴后各表格间的多余空行删除（在空行处按“Delete”键），合并为一个大表格，这样就建立起一张A4规格的空白字帖。

提示：①在Word中，若仅选中表格后复制，在多次粘贴时会丢失表格的斜线，只有全选或将表格下的空行一同选中后复制，才能得到包含斜线的完整表格。②为了显示效果更好，可以在“工具”—“选项”—“格式标记”中取消“段落标记”。

【步骤4】单击菜单“插入”—“艺术字”，选择第一种艺术字样式后单击“确定”，输入一个欲练习的汉字，设置一种合适的字体，如楷体或魏碑（若能找到毛笔字体更好），设置字号为96磅，单击“确定”，艺术字被插入文档中。

注意：Word中艺术字默认的环绕方式为“嵌入式”，这种版式的艺术字将改变表格的外观，且不能方便地移动、复制，因此应修改艺术字的版式效果。方法是：单击艺术字，选择菜单“格式”—“艺术字”，单击“版式”，选择“浮于文字上方”，最后单击“确定”。

【步骤5】将艺术字拖至第一个田字格中的合适位置，再按住“Ctrl”键拖动艺术字，将其复制到其他田字格中，双击艺术字可修改文字内容。在拖移、改变大小时若同时按住“Alt”键能进行精细调整。

【步骤6】最后制成的个性化字帖如图4－80所示。第一行是需要练习的文字帖，下面留出空格帖，供检验练习效果或进行随意练习。

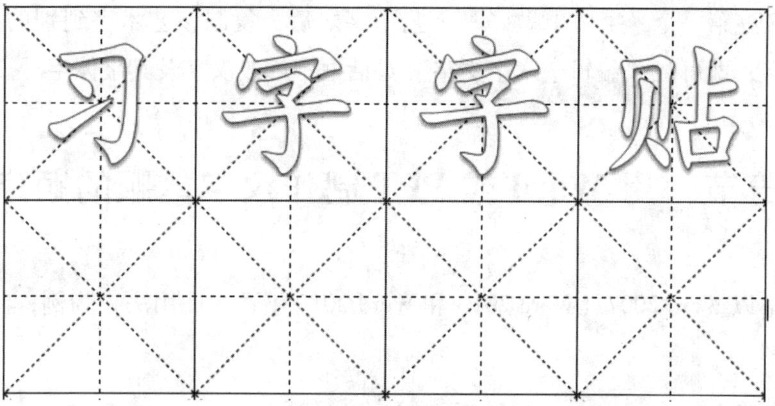

图 4－80　个性化字帖

也可以将艺术字设成不同的颜色。在“绘图工具”的“格式”工具栏中设置线条的颜色和虚实、粗细等。可以设置红色较细虚线，做成类似中国古代描红字帖的效果（图 4－81）。

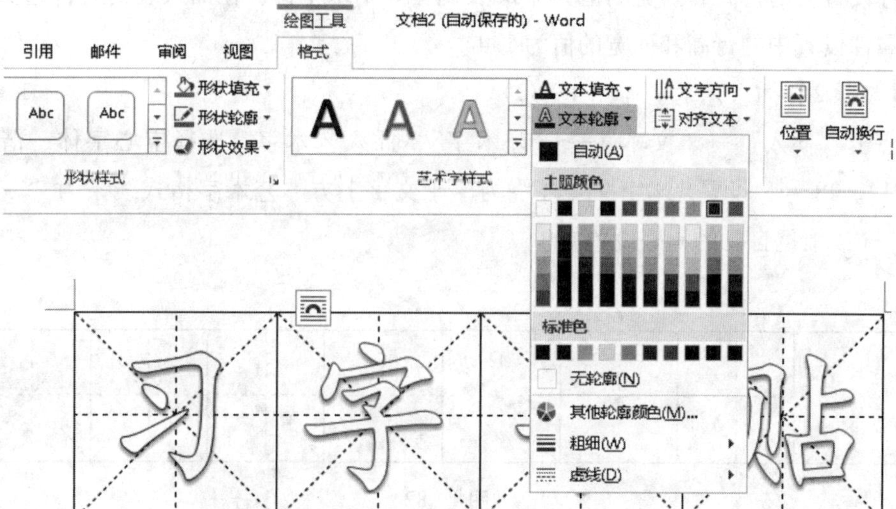

图 4－81

提示：①可以预先下载好各种书法字体，如魏碑体、柳体等书法字体。插入艺术字时，根据个人喜好，选择不同的书法字体，或者将字的线条设成浅红色，让使用者来描红。②在第一个米字格中做好一个艺术字之后，复制该艺术字到别的米字格中，双击该汉字，即可在“编辑艺术字文字”对话框中修改汉字及其字体字号。

第五节　用 Word 或 PPT 制作汉字笔顺的顺序图

本版本以 Word 2007（Word 2010 和 Word 2013 不适用此用法）为例，制作汉字笔顺的顺序图。

一、Word 中的制作步骤

【步骤 1】制作米字格。根据需要，制作一行 4 个或多个米字格，方法如前文所述。

提示：如果需要制作多个米字格，如 8 个米字格，在插入表格时，选 16 列，表格属性设置中的行高和列宽的值为 1.05；制作 6 个米字格，在插入表格时，选 12 列，表格属性设置中的行高和列宽的值为 1.4。

【步骤 2】插入艺术字（图 4－82）。

点击“插入”—“文本”—“艺术字”，插入艺术字，选择空心字体、楷体－GB2312、48 号，设置艺术字文字环绕为浮于文字上方、艺术字格式线条为“灰色－50%”（或根据自己的喜好设置）。

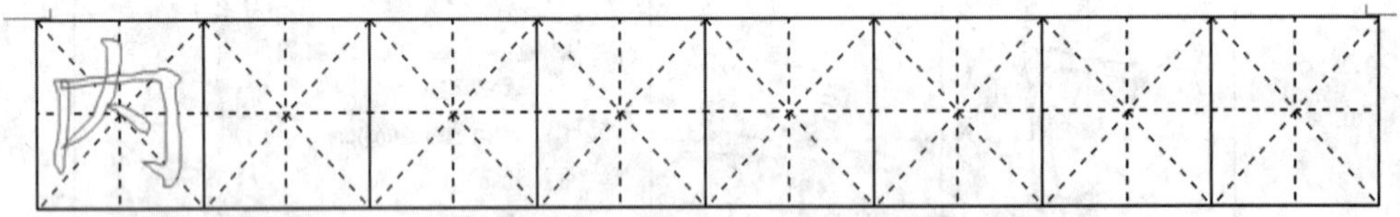

图 4－82

【步骤 3】拆分汉字（图 4－83）。

选中汉字，剪切，选择编辑中的选择性粘贴，在对话框中选择“图片（Windows 图元文件）”，点击“确定”；在汉字上单击右键，选择“编辑图片”或者“组合/取消组合”，点击“确定”。

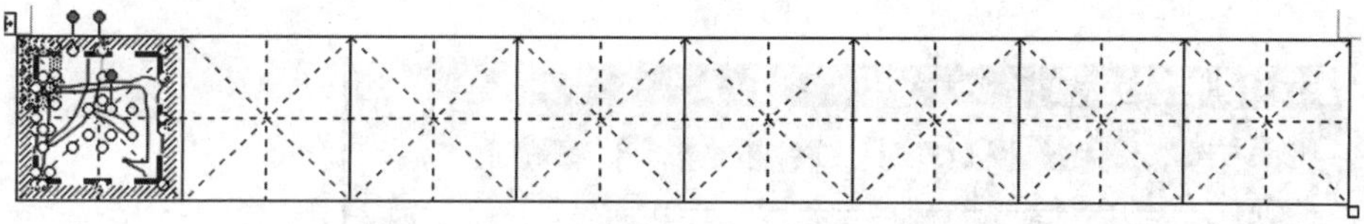

图 4－83

【步骤 4】按笔画描色，演示笔画顺序（图 4－84）。

单击汉字里面的第一笔，选中之后，双击，弹出“设置自选图形格式”对话框，设置颜色线条中的填充色、线条颜色皆为黑色。

单击第一个米字格中汉字外面的方框，选中后复制粘贴到第二个米字格中，选中第二笔画，设置填充色和线条颜色。

单击第二个米字格中汉字外面的方框，选中后复制粘贴到第三个米字格中，选中第三笔画，设置填充色和线条颜色。

提示：如果汉字笔画数比较多，比较难选中里面的某一笔画（如“、”），可以在“视图”—“显示比例”中设置显示比例为 200%。

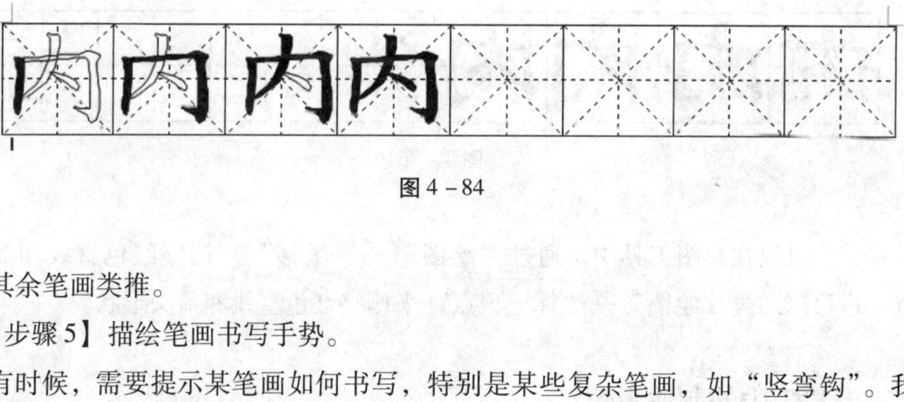

图 4－84

其余笔画类推。

【步骤 5】描绘笔画书写手势。

有时候，需要提示某笔画如何书写，特别是某些复杂笔画，如“竖弯钩”。我们可以采用绘图的方法来实现，方法如下：

调出绘图工具栏（视图—工具栏—绘图），选择“自选图形”—“线条”—“自由曲线”，按住鼠标左键，按住笔画运势，画出线条，双击线条，在“设置自选图形格式”对话框中，设置线条颜色为红色，线条粗细为 0. 25 磅，箭头中的末端样式为第二个，末端大小为第一个（图 4－85，图 4－86）。

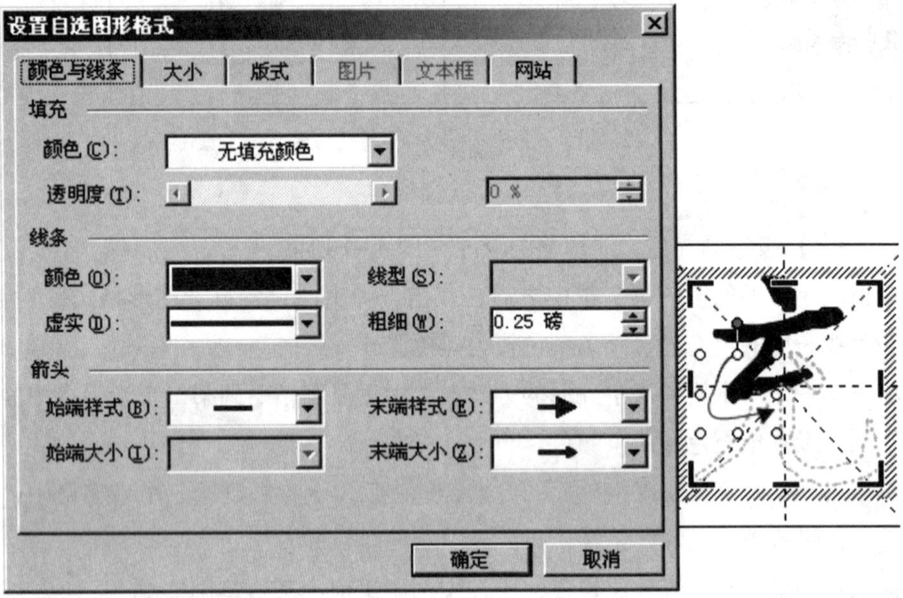

图4-85

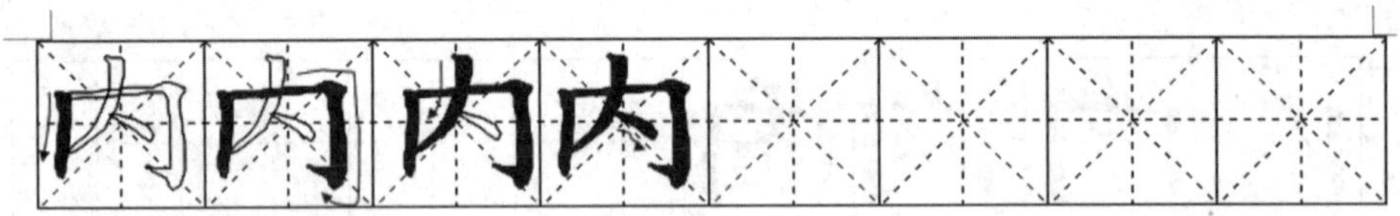

图4-86

提示：可以在绘图工具中，通过“绘图”—“微移”来调整红色直线和箭头的位置，也可以通过“绘图”—“标记顶点”来调整红色直线和箭头形状。

二、PPT中的制作步骤

在PPT中制作几个米字格，调整到适合的大小。或者直接将Word文档中的米字格复制过来。再按笔顺描红相应的笔画，放置到米字格中即可。简要顺序如下：

【步骤1】复制Word中的米字格到PPT中。

利用拷屏技术（Ctrl + PrintScreen）将米字格复制粘贴出来，利用“图片工具栏”中的“裁剪”将米字格四周的区域剪掉，只留下一个米字格。

【步骤2】根据需要复制若干个米字格到PPT中，调整位置大小。

【步骤3】在PPT中制作艺术字（图4-87）。

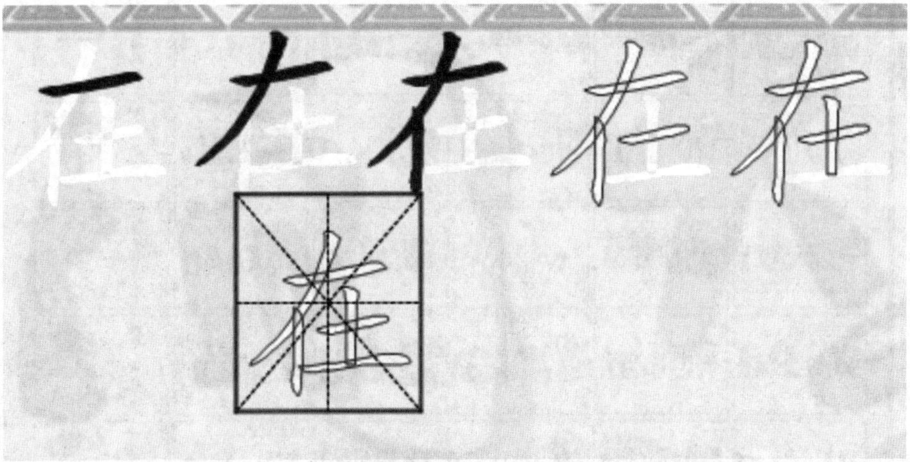

图4-87

第六节　制作偏旁部首、声母与韵母不同颜色的生字卡片

注：本版本以Word 2007为例，制作偏旁部首、声母与韵母有不同颜色的生字卡片。

【步骤1】打开一个Word空白文档，输入要制成卡片的汉字，调整大小并选中，再点“格式”中的“中文版式—拼音指南”，通过“拼音指南”功能注音以后点击“确定”，以图形形式插入带拼音的汉字（图4-88），执行剪切命令。

图4-88

【步骤2】点击“绘图”工具栏中的“插入艺术字”按钮，在弹出的“艺术字库”窗口中选择第一样式即默认的空心字（图4-89），按“Ctrl+V”复制到“编辑艺术字汉字”的窗口中，这时拼音与汉字是并排排列的，调整成拼音在汉字的上方格式（图4-90）。

图 4－89

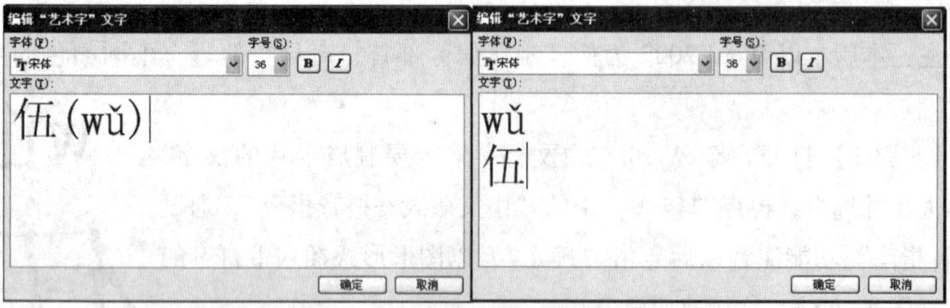

图 4－90

【步骤 3】剪切插入的艺术字（汉字和拼音）到剪贴板中。点击“编辑”菜单中的“选择性粘贴”，在弹出的对话框中，选择“图片（Windows 图元文件）”形式进行粘贴（图 4－91）。

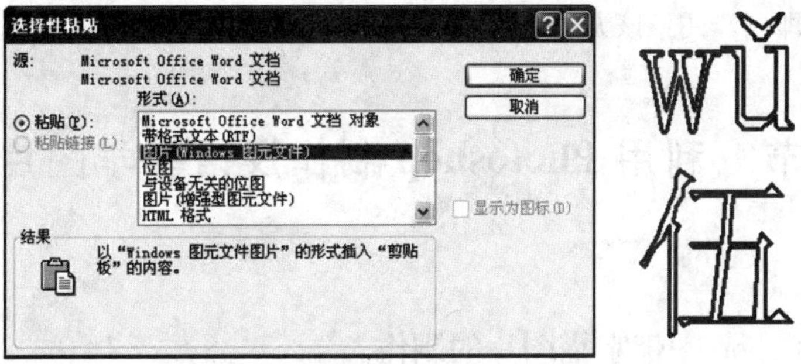

图 4－91

【步骤 4】选中图片并调整图片的大小。然后点击“绘图”工具栏中的“分解图片”按钮。如果没有“分解图片”按钮，可以通过菜单栏“工具”—“自定义”—“命令”，在左边“类别”选项列表中选择“绘图”，在右边“命令”选项列表中选中“分解图片”按钮，并将其拖放到“绘图”工具栏中（图 4－92）。

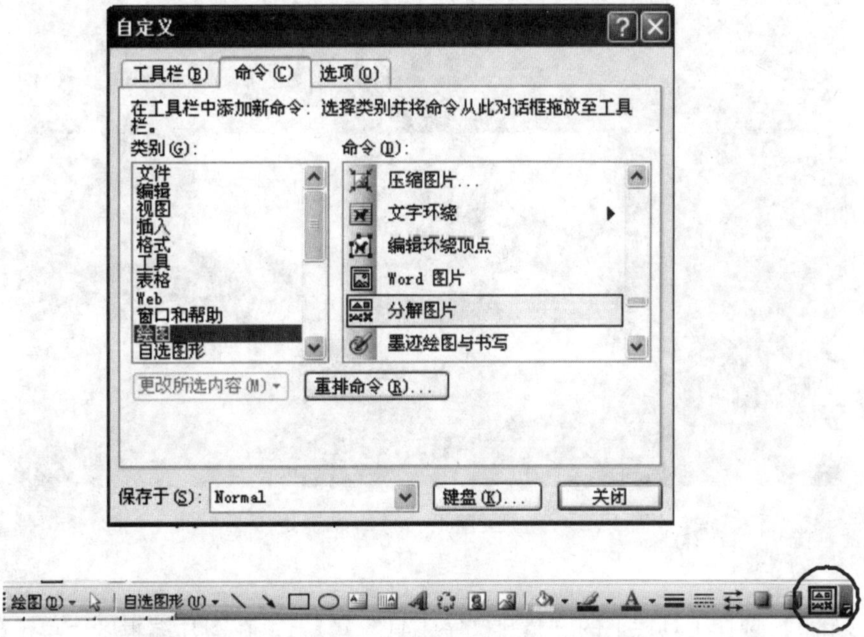

图 4－92

这时，汉字或拼音的笔画已经被分解出来了，每一个笔画或拼音都变成了单独可编辑的部分。用“绘图”工具栏中的“填充颜色”按钮填充不同的颜色，最后用彩色打印机打印即可。注：该方法只能在 Word 2007 或 Word 2003 中实现。

第七节　利用 Photoshop 制作汉语教学图片素材

一、Photoshop 中带字猫图片的制作

【步骤 1】从网上下载一张猫的图片，命名为 mao. jpg。

【步骤 2】打开 PhotoshopCS4，点击“文件”—“打开”—“mao. jpg”（图 4－93）。

图 4－93

【步骤 3】选择工具栏上的“横排文字工具” 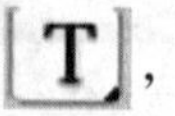，在图片编辑区上单击，新建一个文字框，输入文字“猫”，调整文字的字体、大小、颜色、位置等（图 4－94）。

图 4 – 94

【步骤 4】点击“文件”—“存储”—“命名”—“选择格式”—“保存”。

二、网站首页背景图片制作示例

【步骤 1】打开 Photoshop，点击“文件”—“新建”—“图像”，设为宽 800、高 500 像素（图 4 – 95）。

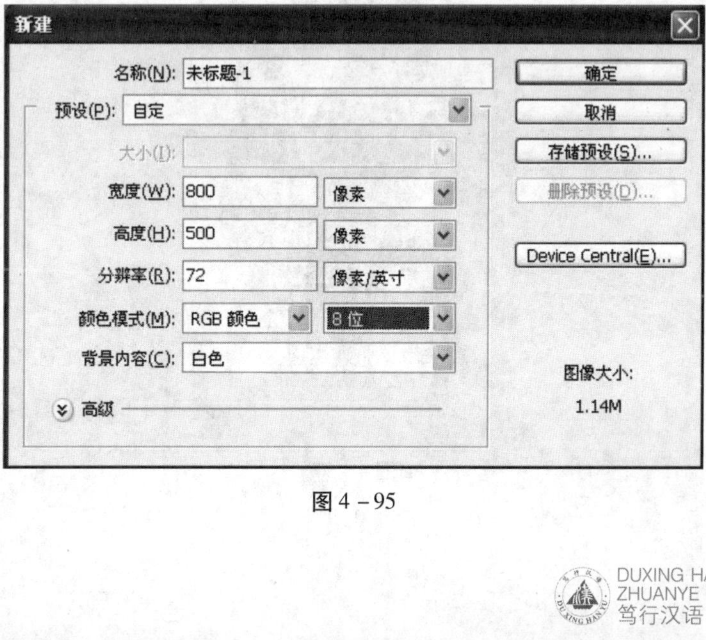

图 4 – 95

【步骤2】设置前景色为ac9375，点击“编辑”—“填充”，将新建图像的背景色填充为设置的前景色（图4－96）。

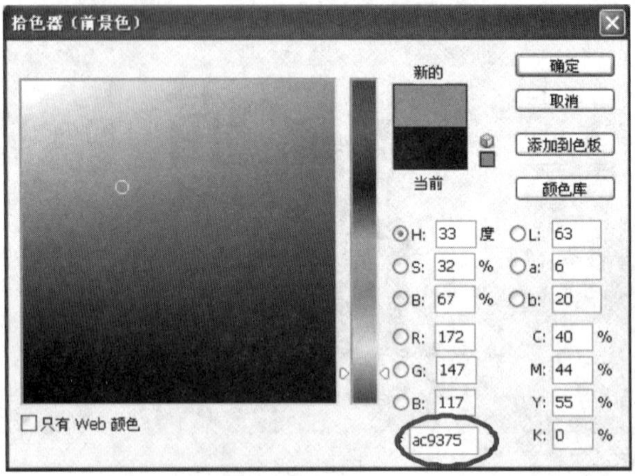

图4－96

【步骤3】打开素材文件夹里面的“孔子”的图片，用魔棒工具选择相似颜色，将背景颜色去掉。选取魔棒工具后，先点击要去掉的颜色区域，再按着“Shift”键可以进行颜色区域的扩大选取（图4－97）。注意：在选取过程中不能松开“Shift”键。

图4－97

【步骤4】点击菜单栏“选择”—“反向”，将反向后的选取区域复制，并粘贴至“背景”文件上，点击工具栏“移动工具”，用“Ctrl + T”进行“孔子”图片尺寸的调整，并双击“孔子”图像区域完成图片的尺寸调整（图4 - 98）。

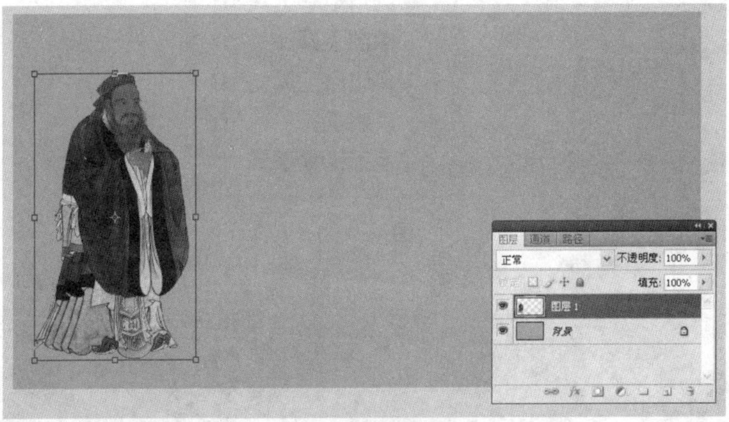

图4 - 98

【步骤5】按第3、4步操作方法打开“松树”图片，并放置于“背景”图片中（图4 - 99）。

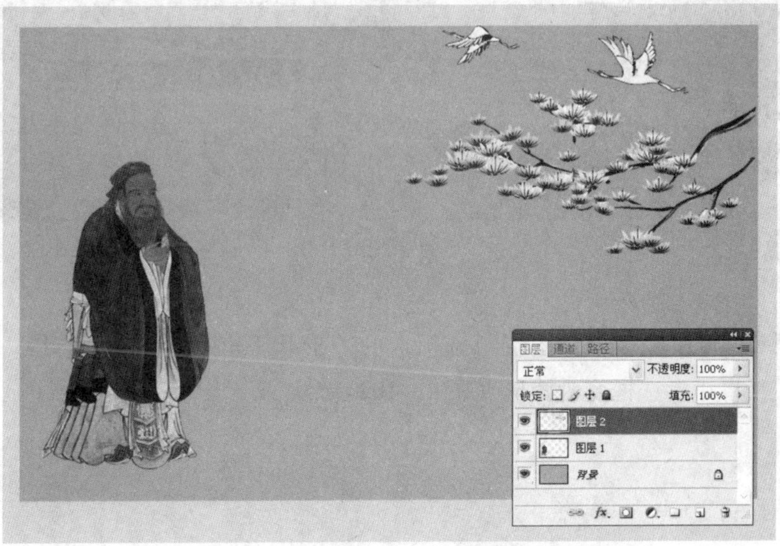

图4 - 99

【步骤6】点击工具栏“矩形工具”右下方的小三角符号，选择“圆角矩形工具”（图4－100），在“背景”编辑区画一个圆角矩形（图4－101）。

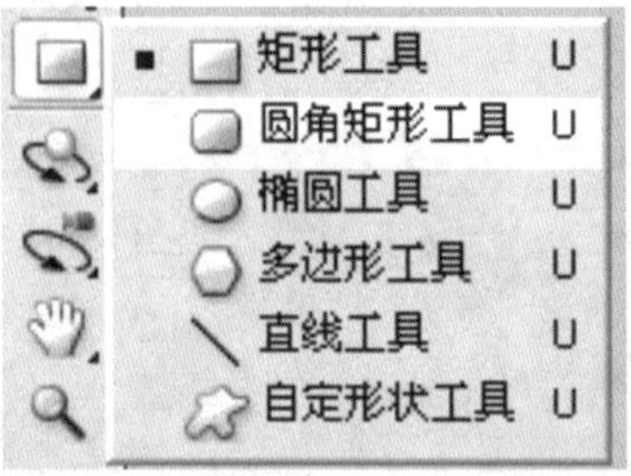

图4－100

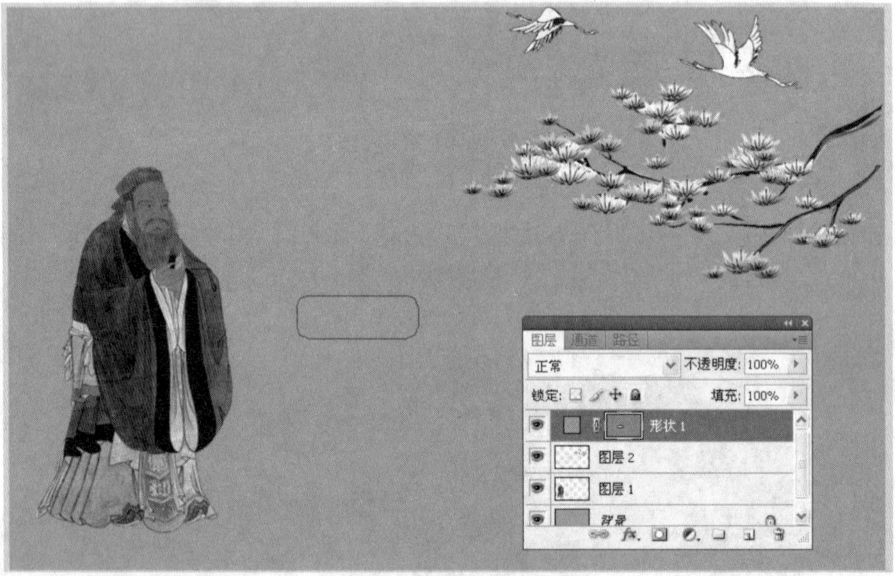

图4－101

【步骤7】将鼠标移至“图层”选项卡的“形状1”图层，点击右键，选择“栅格化图层”，将矩形选框变为图形（图4－102）。

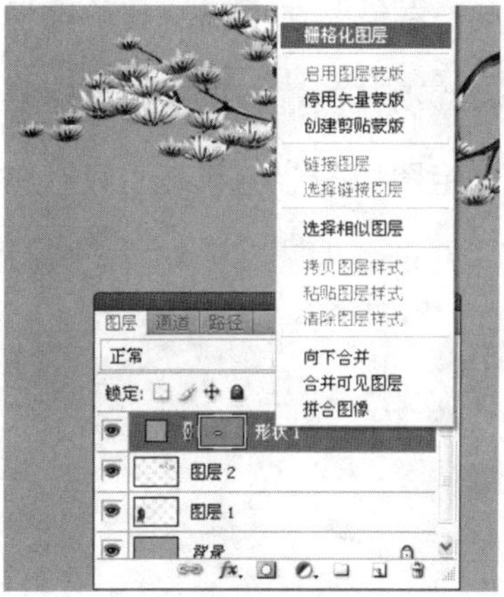

图 4－102

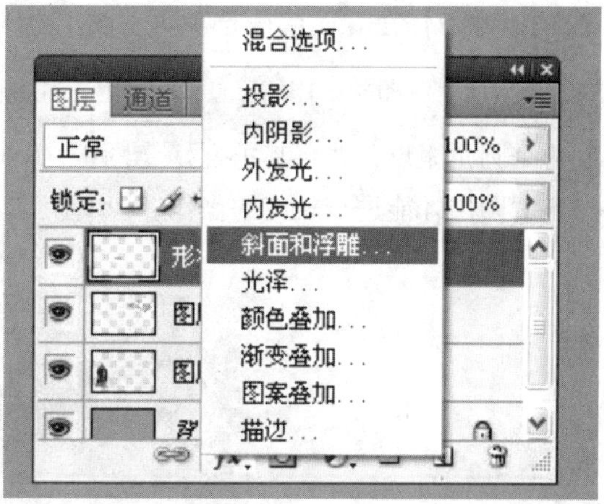

图 4－103

【步骤 8】在“图层”选项卡选择“形状 1”图层，点击选项卡下方 *fx* 按钮，并在所出现的菜单中选择“斜面和浮雕”（图 4－103），可勾选其他选项（如“外发光”），并调整各参数使其更美观，完成参数设置后点击“确定”回到编辑界面（图 4－104）。

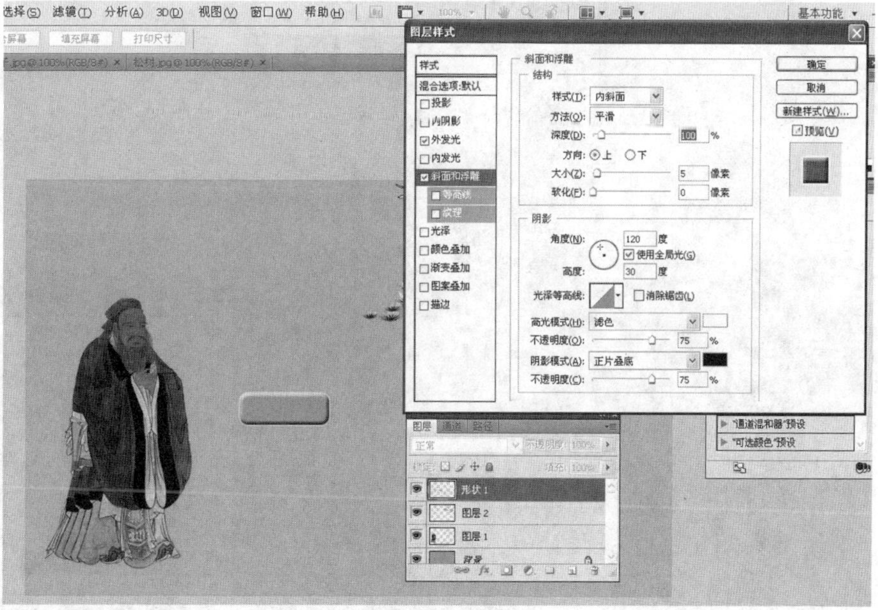

图 4－104

【步骤9】在“图层”选项卡对着“形状1”图层点击右键，在出现的菜单选择“复制图层”（图4－105），点击确定，用移动工具移动其位置。再依此方法复制4个圆角矩形，并将其排列好（图1－106）。注意：选定图层为蓝色状态，只有对选定的图层才能进行相应的操作。

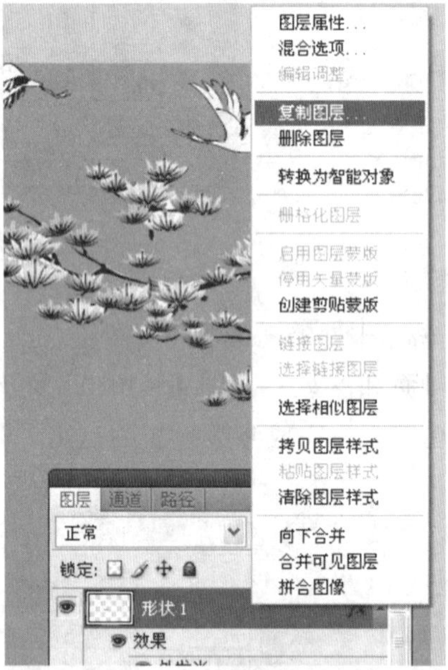

图4－105

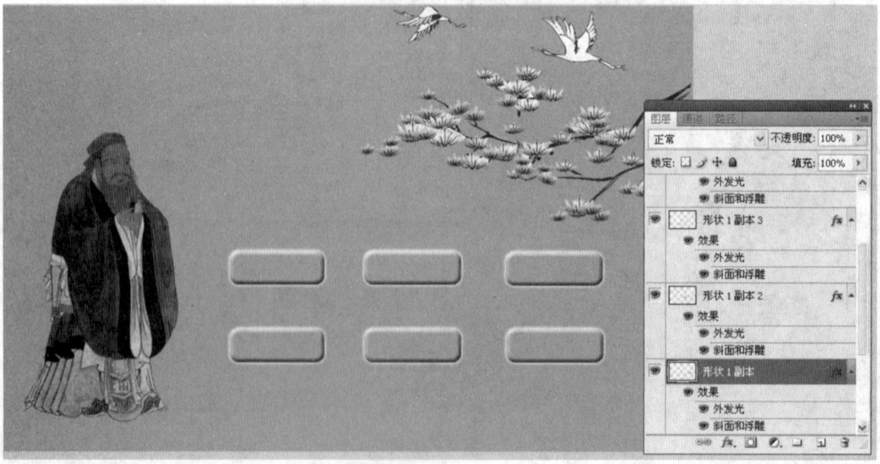

图4－106

【步骤 10】点击“文字工具”，选择合适的字体和大小、颜色，在每个圆角矩形上面写上文字。为更好地实现文字与按钮的对齐，可依此建立文字图层（图 4－107）。

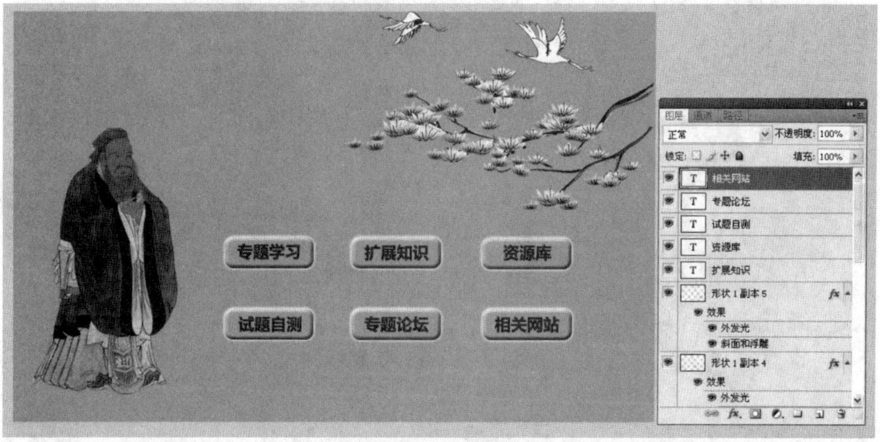

图 4－107

如所建立的文字层置于按钮图层下，可在“图层”选项卡将文字图层拖动至形状图层上面（图 4－108）。

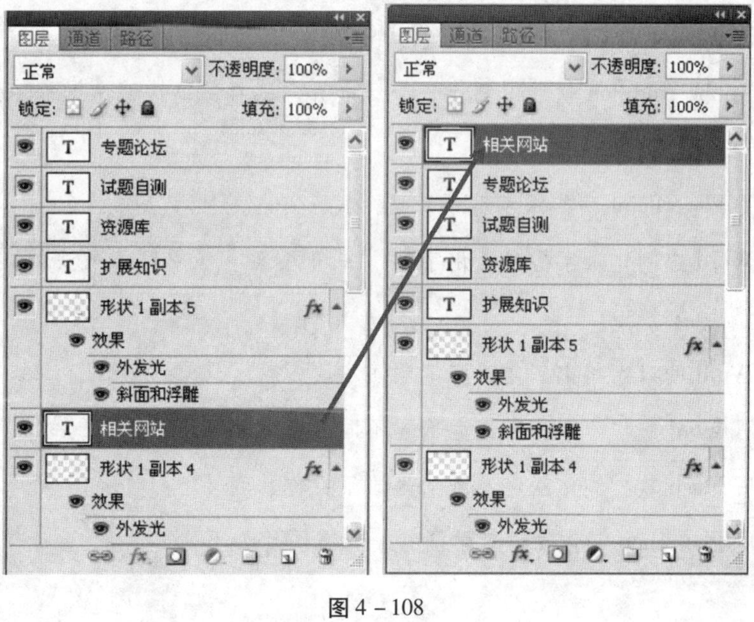

图 4－108

【步骤 11】背景图片制作完成，如图 4－109 所示。

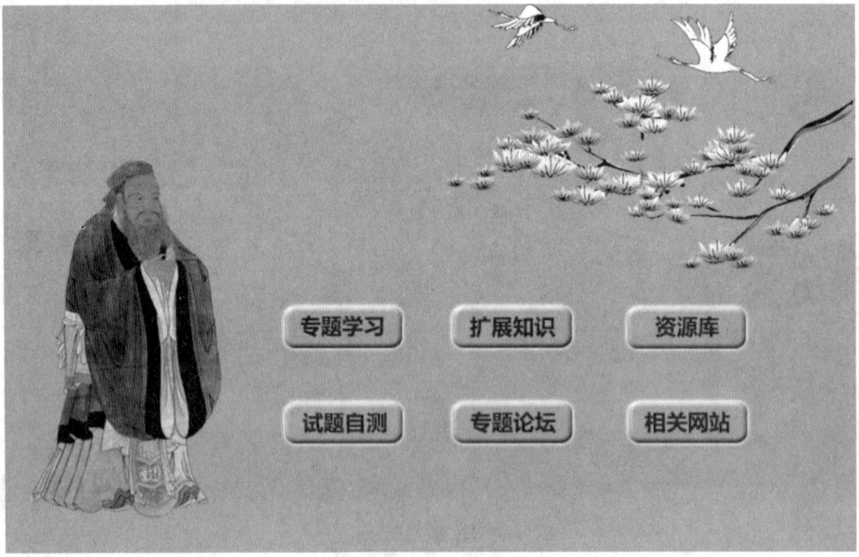

图 4－109

【练习与实践】

1. 利用 Windows 录音并保存：我们是中国人。

2. 在 Adobe Audition 软件中制作一份汉语听力试卷，包括试卷提示性开头、正文朗读、题目。

3. 利用 PowerPoint 制作汉字笔顺动画：我，你。

4. 在 Word 中制作米字格个性化字帖，并填入汉字（用颜体书法体）：我们是中国人。

5. 在 Word 的米字格中制作汉字笔顺演示。

6. 利用 Word 制作声韵母、偏旁部首不同颜色的例字卡片：我，你。

7. 利用 Flash 软件制作汉字笔顺动画演示：你、我。

8. 利用 Photoshop 制作汉语教学网站，背景图片如下：

9. 利用 Movie Maker 软件制作一堂汉语教学的演示课。

第五章　汉字拼音、音标、部件的输入和造字

【学习目标】

1. 掌握汉字拼音、国际音标、汉字部件的常用输入方法。
2. 掌握 Windows 自带软件造字的方法。

第一节　汉字拼音的输入[①]

一、用“插入符号”法输入汉语拼音

点击 Word 2013 菜单栏“插入”—“符号”—“其他符号”（图 5 – 1），“字体”选择“Times New Roman”，“子集”选择“拼音”，“来自”选择“简体中文 GB（十六进制）”（图 5 – 2），即可选择所需要的拼音。

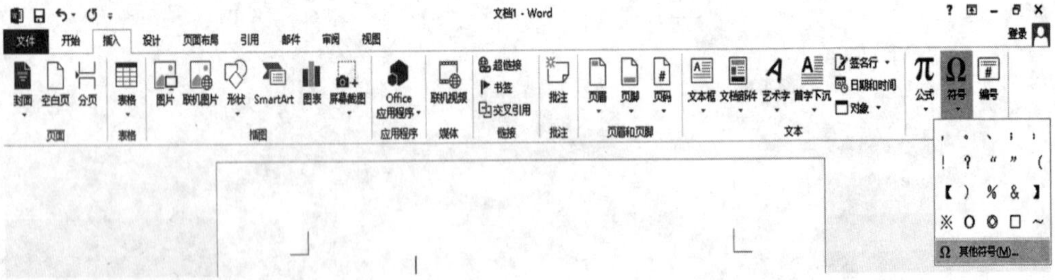

图 5 – 1

① http：//pcedu. pconline. com. cn/soft/office/word/0811/1468917. html.

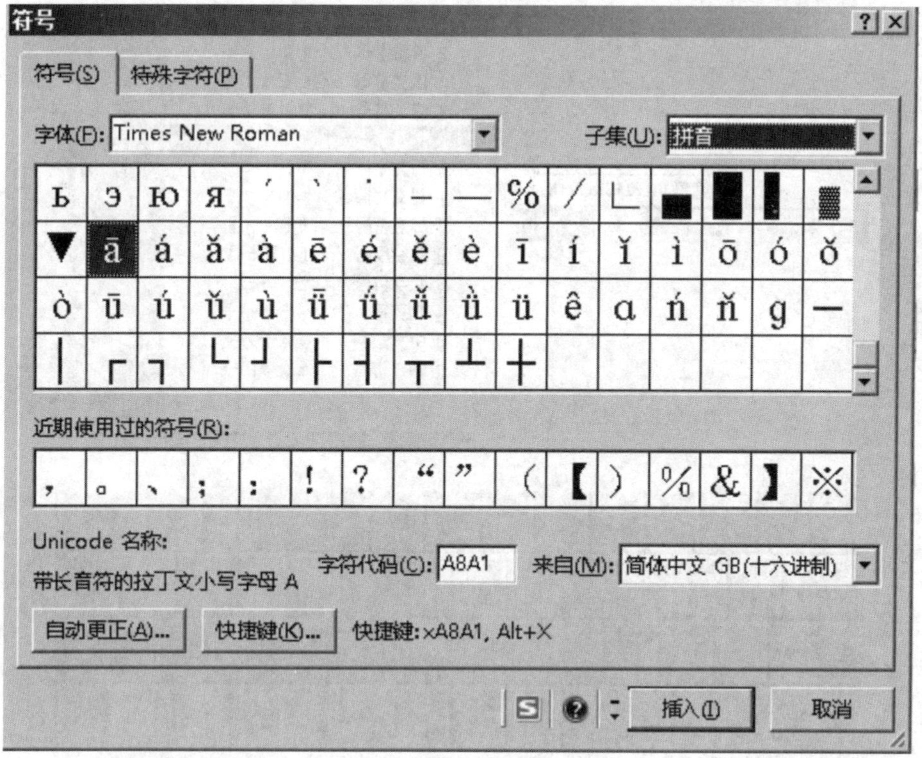

图 5－2

二、用软键盘输入汉语拼音

在 Word 中选择某一输入法，以微软拼音输入法为例，用右键点击“软键盘”，选择“拼音字母”，轻点鼠标选择需要的汉语拼音，即可输入（图 5－3）。

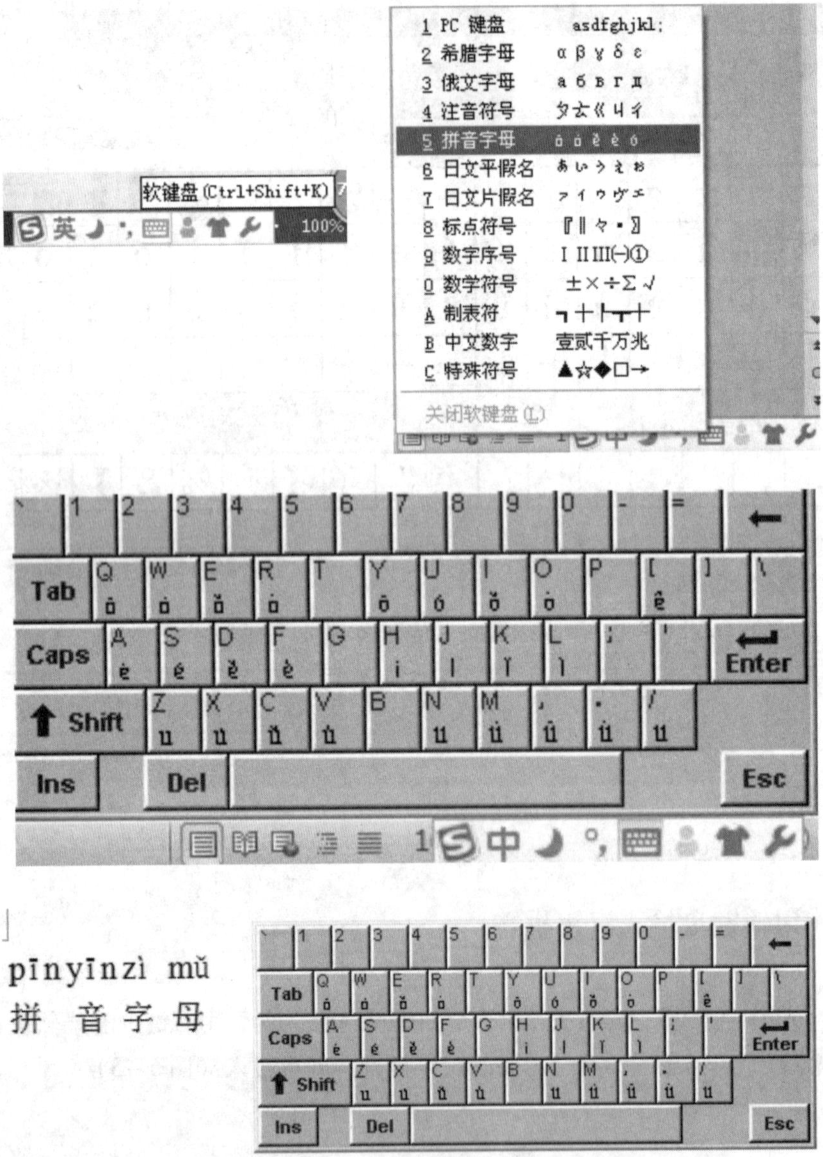

图 5－3

三、利用“自动更正”功能来输入汉语拼音

先新建文档，并在“插入”—“符号”菜单中输入所有带音标的汉语拼音韵母，

此工作作为以后复制粘贴之用。单击“工具”菜单中的“自动更正”，在弹出的菜单中去掉“句首字母大写”的“√”。然后先在“替换”栏中输入“′al”，再在“替换为”栏中通过复制粘贴填入“ā”（图5－4），单击“替换”按钮。这样就完成了替换过程。依次类推，直至全部替换完，点击“确定”退出。

以后要输入的时候就可以直接输入“′al”，然后按空格键即可。注：al前的符号可以任意设置。

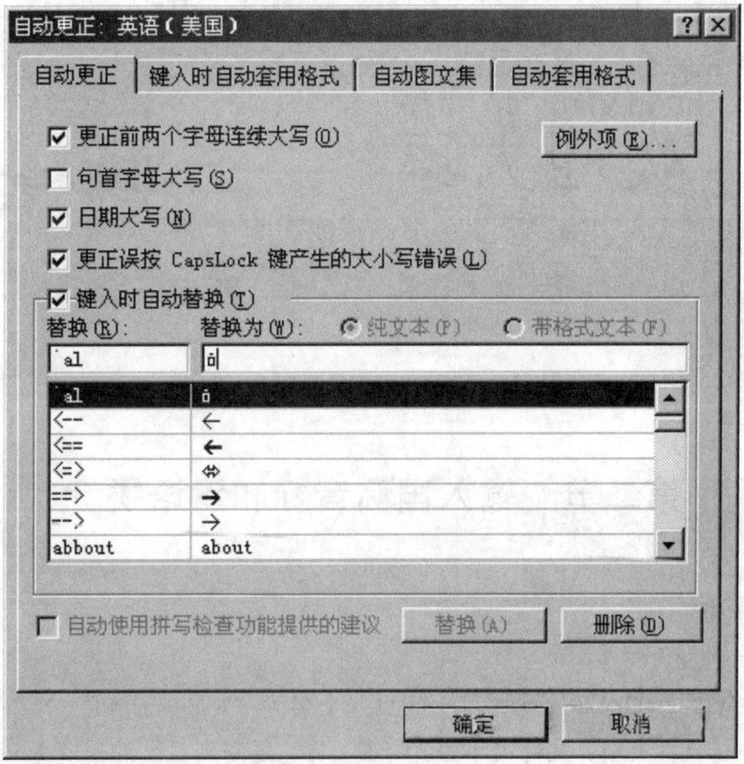

图5－4

四、利用Word的拼音指南功能输入汉语拼音

选中需注拼音的汉字，执行“开始”—“拼音指南”命令（或者右击），此时会弹出一个对话框，设定拼音注释的格式，单击“确定”即可为汉字注上拼音（图5－5）。注：只有中文版的Word才有此功能。

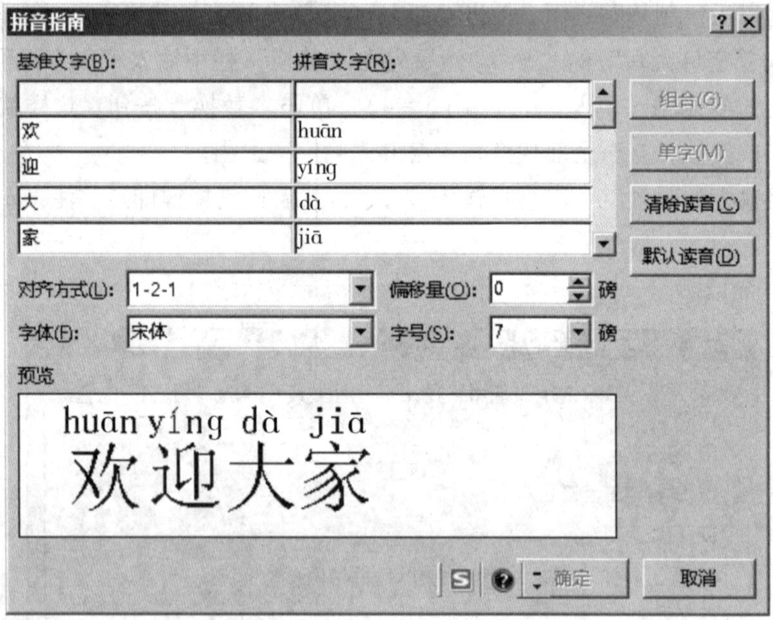

图 5－5

第二节　输入国际音标和汉语拼音

一、方法一

到装有 WPS 2000/XP 的计算机上拷贝一个名为“Ksphonet. ttf”的文件，该文件在系统的 fonts 文件夹中，文件大小为 23. 8K。将它复制到自己的系统 fonts 文件夹下。然后用鼠标左键单击“开始”—“设置”—“控制面板”后，双击“字体”，点击文件“菜单”下的“安装新字体”，找到 Ksphonet. ttf 文件，点击“确定”即可安装这个新字体。然后，运行 Word，单击菜单“插入”—“符号”，选择“Kingsoft Phonetic Plain”字体，在需要输入汉语拼音和国际音标时点击“插入”即可（图 5－6）。

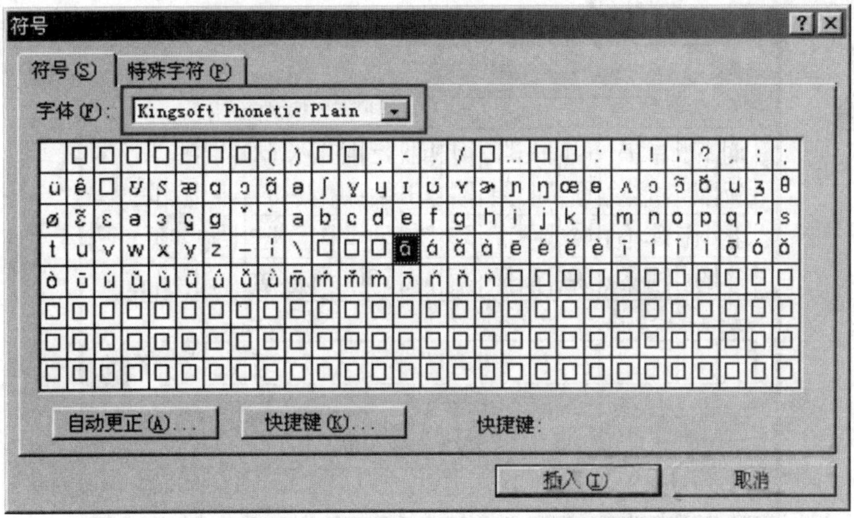

图 5－6

二、方法二

双击“控制面板”中的“字体”图标，检查电脑中是否存在“Yin Biao Normal”字体，如果没有，可以从相应的磁盘或光盘中装入。方法很简单，只需将该字体的对应文件（yibn. ttf）复制到“C：\windows \fonts”目录下。这样，以后在需要输入音标时，只要将字体切换为 Yin Biao，就可以直接利用键盘输入英语的国际音标。

以上两种方法，推荐采用方法一，不但可以输入汉语拼音还可以输入国际音标，并且为半角字符，字体也非常漂亮。

第三节　汉字部件的输入

一、利用插入字符命令输入

在文档中输入一个包含该偏旁部首的汉字（如“陈”），并选中这个字符，执行“插入”—“符号”命令，打开“符号”对话框（图 5－7），就会发现对话框定位在包含该偏旁部首的汉字区域，向上拉动滚动条，切换到该类汉字的首部区域，即可找到相应的偏旁部首，选中，点击“插入”，再关闭对话框即可。

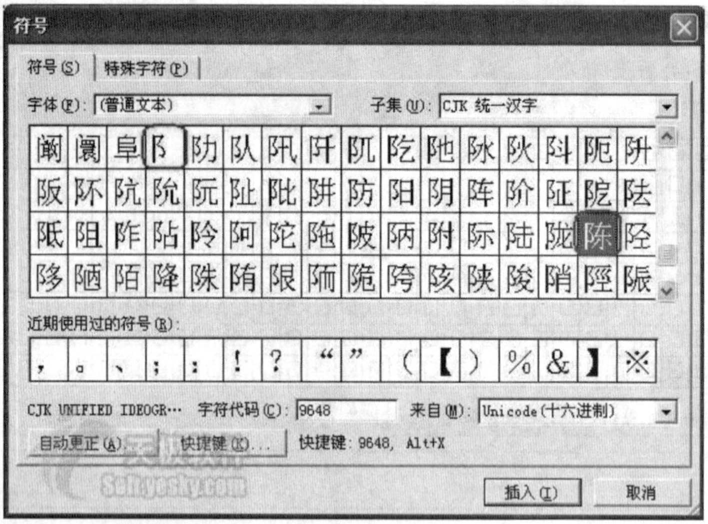

图 5－7

Word 里想要输入汉字偏旁部首怎么办？尤其是语文教师在写教案、做课件和出试卷时经常需要输入偏旁部首。利用输入法自力更生吧！

二、用全拼输入法录入：勹

在全拼输入法状态下输入偏旁这两个汉字的拼音字母“pianpang”，然后翻页去选择所需要的偏旁（图 5－8）。

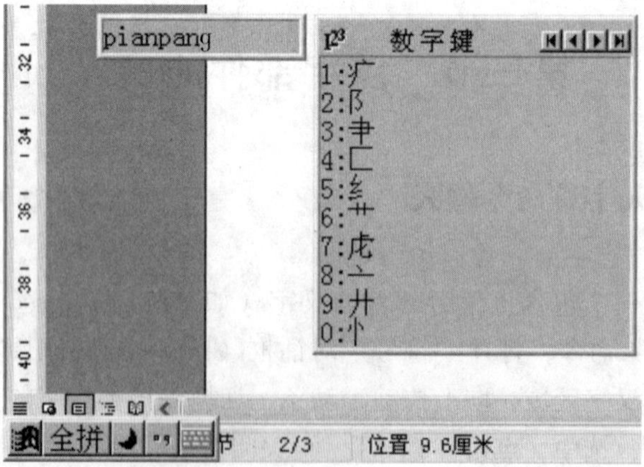

图 5－8

三、用五笔字型输入法录入

（1）把偏旁当作一个成字字根，按笔画把偏旁拆开，然后按成字根的输入方法输入（图5－9，图5－10）。

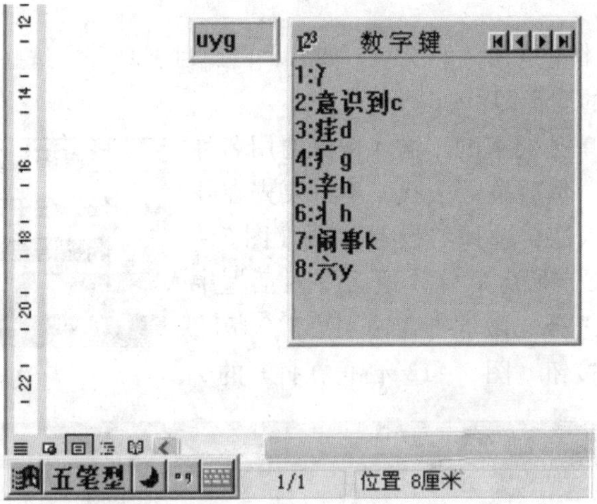

图5－9

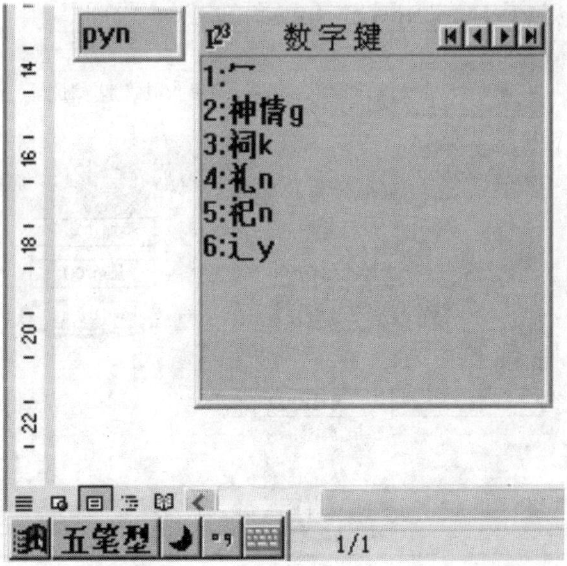

图5－10

（2）如果偏旁拆完之后不够四部分，是三部分或两部分，需要加末笔识别来帮助输入。

（3）基本笔画的输入比较特殊，需要记住：一（GGLL），丨（HHLL），丿（TTLL），丶（YYLL），乙（NNLL）。

四、用拼音输入法（微软、搜狗）录入

（1）如果偏旁本身是独立的汉字，如刀、白、目、月等，这些偏旁就当作汉字来输入，输入其汉字的读音即可。

（2）偏旁不能单独成字的，输入偏旁通用名称的第一个字的拼音，然后翻页去找，不过要先在任务栏上右键单击输入法，选择“设置”项（图5－11），在打开的“文字服务和输入语言”对话框中的“设置”选项中选择“微软拼音输入法3.0版”，然后点击“属性”按钮（图5－12），再在打开的

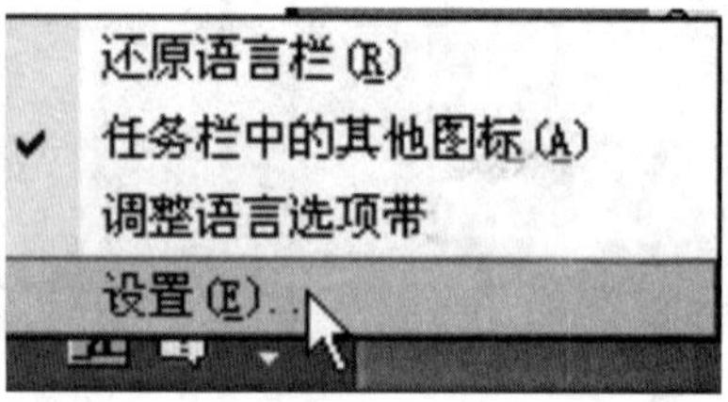

图5－11

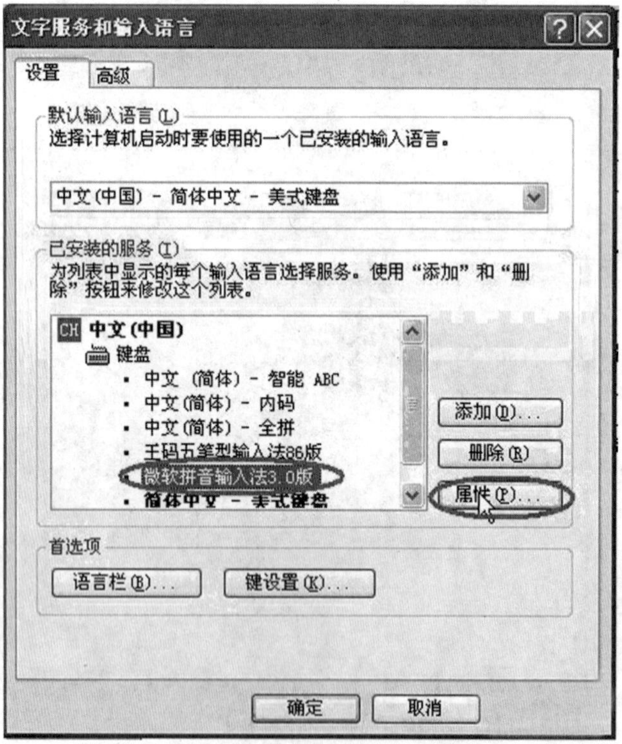

图5－12

“微软拼音输入法 属性”对话框中的“常规”选项中把“逐键提示”项勾选上，最后点击“确定”退出（图5－13）。

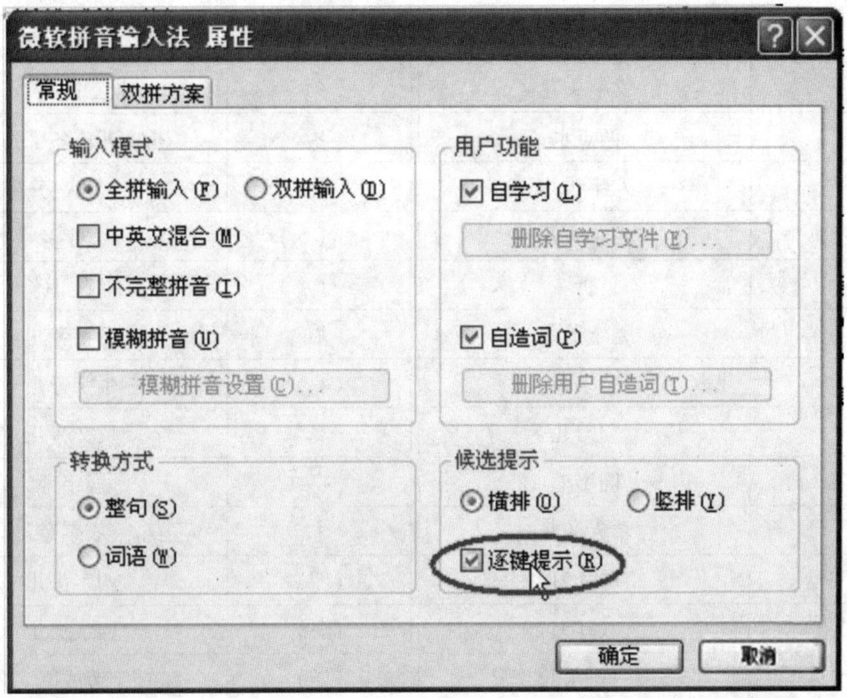

图5－13

这样我们再准备输入“冫”（两点水）时只需输入“liang”，就可以翻页查找“冫”了（图5－14）。

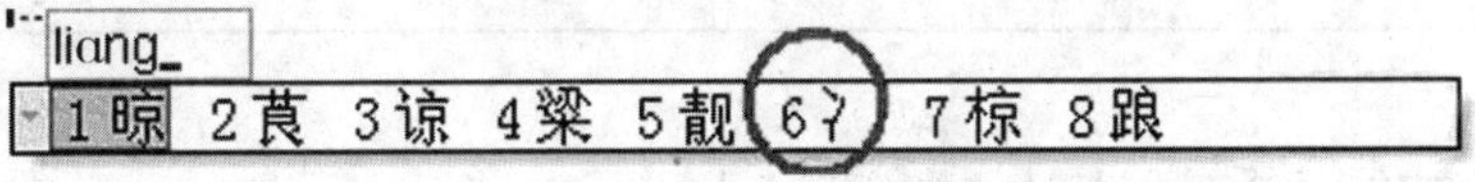

图5－14

表5－1是偏旁的通用名称对照表，括号里的偏旁只能在繁体模式下输入。

表 5－1　偏旁的通用名称对照表

偏旁	名称	偏旁	名称
丶	点	艹	草字头
丨	竖	扌	提手旁儿
亠	文字头儿	彡	三撇儿
冫	两点水	夂	折文儿或冬字头儿
（丷）	八字头儿	犭	反犬旁
（丆）	石字头儿	饣（飠）	食字旁
（乛）	折	纟（糹）	绞丝旁
冖	秃宝盖儿	礻	示字旁儿
讠（訁）	言字旁	（牜）	牛字旁儿
刂	立刀儿	攵	反文旁儿
冂	同字框	疒	病字旁
亻	单人旁儿	衤	衣字旁
卩	单耳刀	（罒）	四字头儿
阝	双耳刀	（覀）	西字头儿
氵	三点水儿	（罓）	冈字旁或网字旁
丬	将字旁儿	（爫）	爪字头儿
忄	竖心旁	钅（釒）	金字旁儿
宀	宝盖儿	虍	虎字头儿
（丷）	乎字头	糸	绞丝底
辶	走之儿	𧾷	足字旁

五、用智能 ABC 输入法 5.0 版录入

转换到智能 ABC 输入法状态，随便按 V 以外的 25 个字母中的任意一个，然后按↑键（向上的光标键），再按 Delete 或 Del 键（也就是把刚输入的字母删除），最后按空格键，接下来就可以翻页去找了（图 5－15）。如果新转换到智能 ABC 输入法状态，必须马上按照这种方法输入偏旁。如果已经使用智能 ABC 输入法输入偏旁部首以外的其他内容，必须先保存文件退出后，重新启动软件打开文件转换到智能 ABC 输入法状

态，再用前面介绍的方法输入，否则即使按这种方法输入，也显示不出偏旁部首。

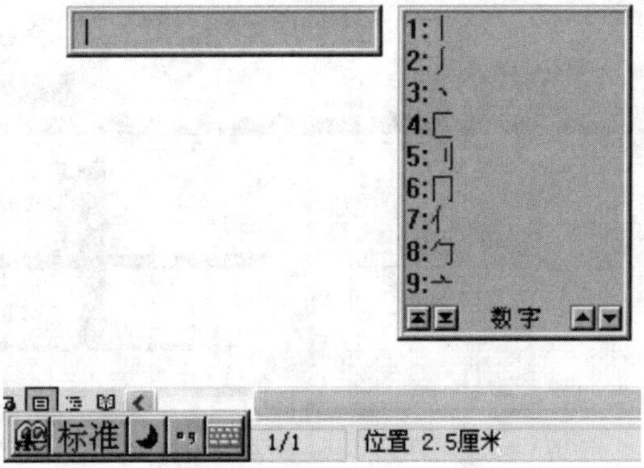

图 5－15

第四节　造字

一、造字过程

以“胡”为例。

【步骤 1】打开“开始”菜单，输入“专用字符编辑程序”，回车，打开（图 5－16）。

【步骤 2】任意选择一个空白的代码，记住此代码，如 AAA1，然后确定。

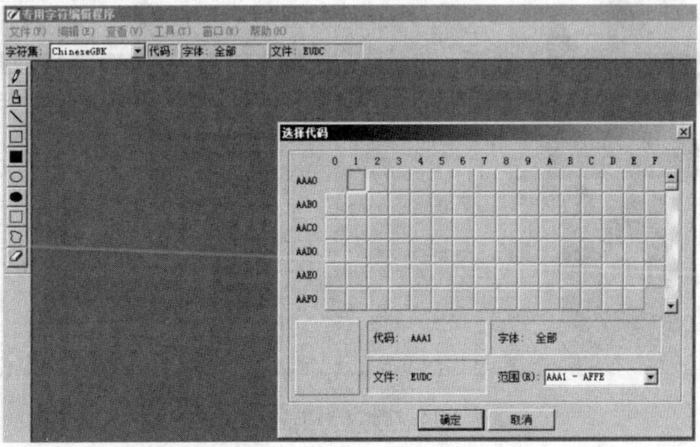

图 5－16

【步骤3】点击“窗口”—“参照”，在“形状”里面输入“吉”，然后点击“确定”（图5－17）。

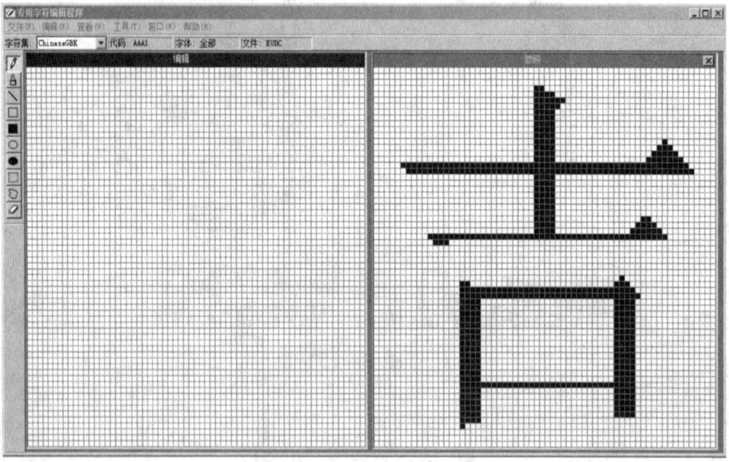

图5－17

【步骤4】利用TrueType造字程序左侧的矩形选项工具选择“吉”字，然后点击“编辑”—“复制”。

【步骤5】在新编辑字的窗口，点击“编辑”—“粘贴”，然后调整“吉”字的位置和宽度（图5－18）。

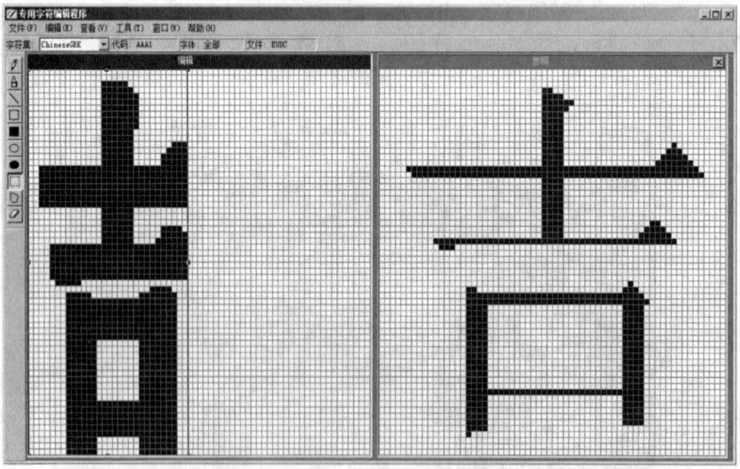

图5－18

【步骤6】再次点击“窗口”—“参照”，在“形状”里面输入“月”，然后点击“确定”。

【步骤7】利用TrueType造字程序左侧的矩形选项工具选择“月”字，然后点击“编辑”—“复制”。

【步骤8】在新编辑字的窗口，点击“编辑”—“粘贴”，然后调整“月”字的位置和宽度（图5-19）。

【步骤9】最终形成了汉字，点击“编辑”—“保存字符”。

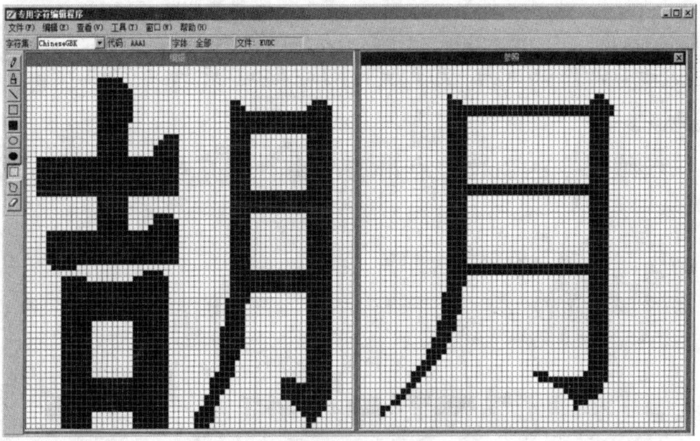

图5-19

【步骤10】打开Word 2007，在输入法中点击“功能菜单”—“辅助输入法”，选择“GB码输入”（图5-20）。

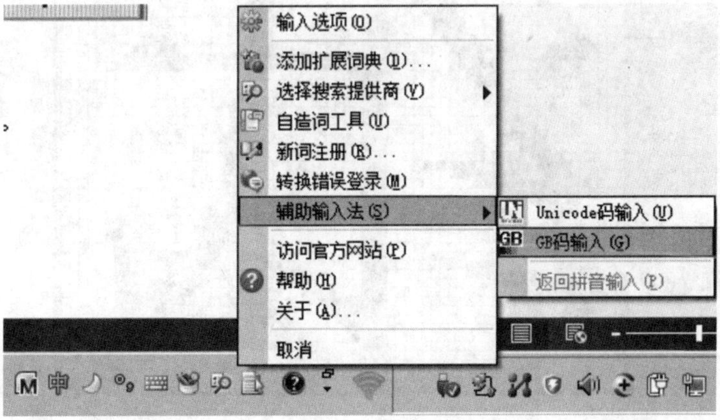

图5-20

【步骤 11】在文档中输入 AAA1，就可以输入该字了。

二、制造错别字

以“纸”为例。

【步骤 1】打开“开始”菜单，输入“专用字符编辑程序”，回车，打开。

【步骤 2】任意选择一个空白的代码，记住此代码，如 AAA2，然后点击“确定”。

【步骤 3】点击“窗口”—“参照”，在“形状”里面输入“纸”，然后点击“确定”。

【步骤 4】利用 TrueType 造字程序左侧的矩形选项工具选择“纸”字，然后点击“编辑”—“复制”。

【步骤 5】在新编辑字的窗口，点击“编辑”—“粘贴”，然后调整“纸”字的位置和宽度。

【步骤 6】利用“铅笔”绘制错别字。

【步骤 7】最终形成了汉字，点击“编辑”—“保存字符”（图 5 - 21）。

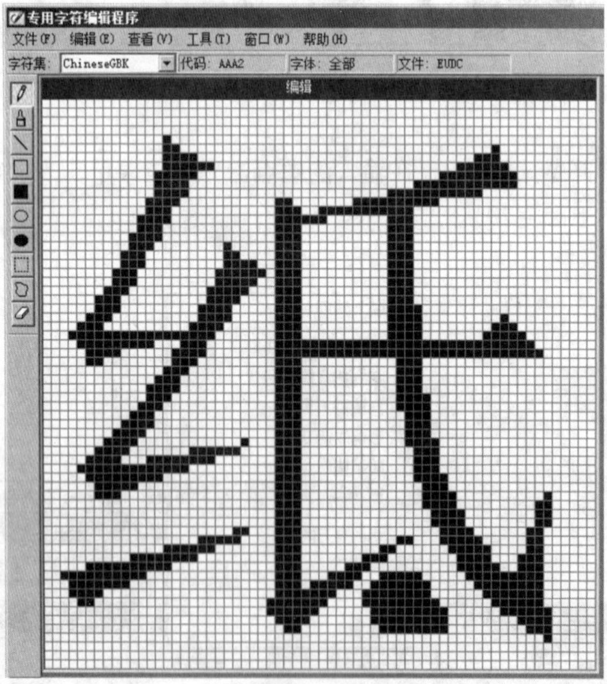

图 5 - 21

【步骤8】在 Word 2007 文档中，用 GB 码输入 AAA2，就可以出现该字。

三、删除方法

【步骤1】打开 TrueType 造字程序，点击“编辑”—“选择代码”。
【步骤2】单击与要删除的字符对应的框，然后单击“确定”（图5-22）。

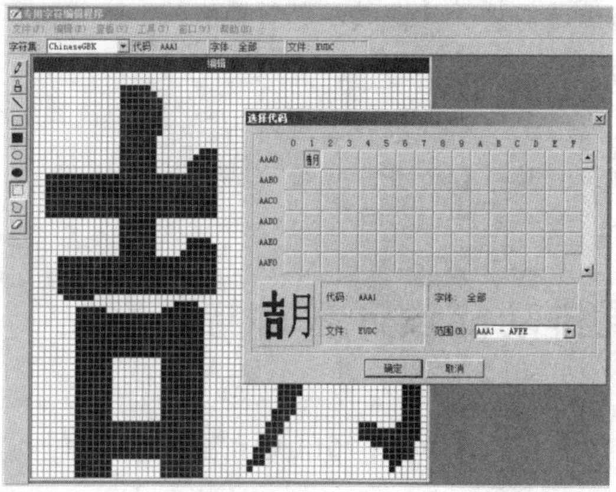

图5-22

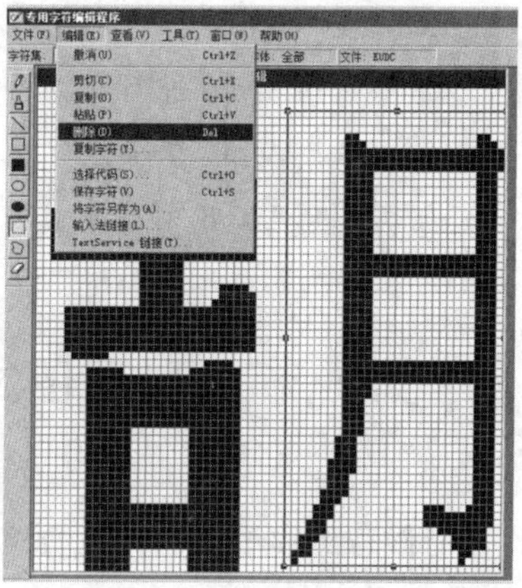

图5-23

【步骤3】在“编辑”网格中，选中字符。
【步骤4】点击“编辑”—“删除”（图5-23）。
【步骤5】点击“编辑”—“保存字符”。
注意：删除字的办法除了以上办法外，还可以直接用橡皮擦擦去不需要的字。

【练习与实践】

1. 为“我来自印度尼西亚”标上拼音。
2. 输入部首“冫、冖、讠”。
3. 利用 Windows 自带软件造两个错字（少一笔画或多一笔画）。

第六章　Word 高级功能与辅助汉语教学

【学习目标】

1. 掌握在 Word 中如何利用图文混排功能设计汉语教学教材的方法。
2. 掌握巧用 Word 进行语法检查的方法。
3. 掌握利用 Word“修订”功能实现网上作业批改的方法。
4. 掌握利用 Word 自动生成文档目录、从任意页开始设置页码等技巧。

第一节　利用图文混排功能设计教材与教案[①]

小时候曾经读过《唐诗三百首》，今天我们在 Word 2013 中重现它的面貌，就从白居易的一首《忆江南》开始吧！

一、版式设置

【步骤 1】点击工具栏中的图标，新建一个文档，同时执行“页面布局”—“纸张方向”—

，把页面方向设为“横向”，点击“确定”后得到一个横向显示的空白文档。

【步骤 2】点击窗口下方工具栏中的图标

，选择为“64%”，如此可以按比例缩小文档，便于下一步的操作。

【步骤 3】点击菜单栏的“插入”—“形状”—“星与旗帜”—“横卷形”，在文档中画出该图形，调整其大小，并移动到合适的位置，在菜单栏“格式”使用黑色

---

① http：//arch. pconline. com. cn//pcedu/soft/office/word/0207/78777. html.

轮廓、白色填充模式（图 6 – 1）。

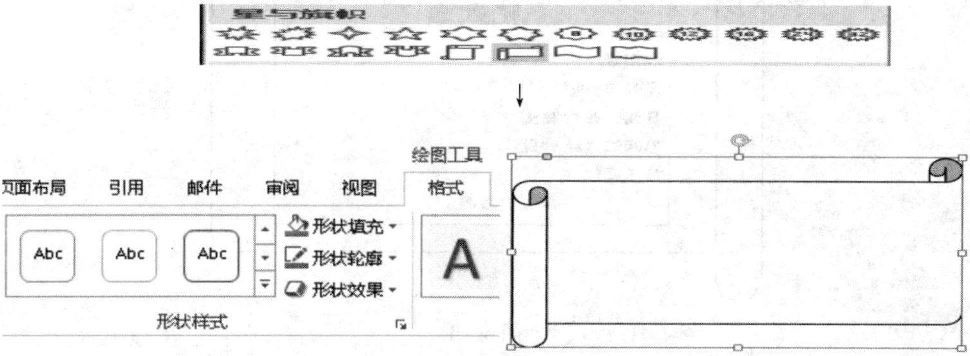

图 6 – 1

【步骤 4】点击菜单栏的“插入”—  的图标，选择“简单文本框”，在图 6 – 1中画出一个比“横卷形”稍小的文本框，并在文本框内键入诗词的内容（图 6 – 2）。

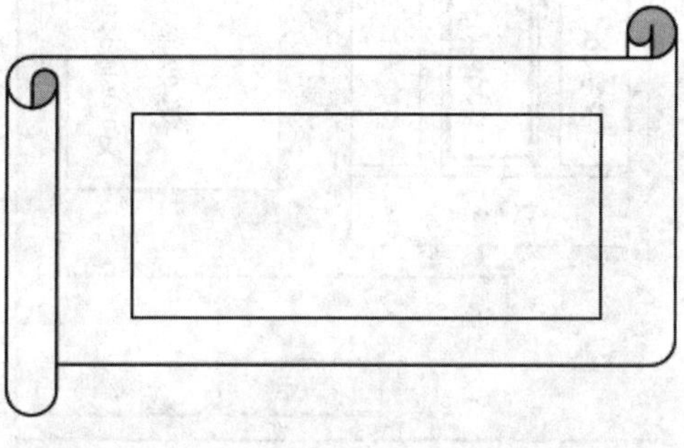

图 6 – 2

二、文字编排

【步骤 1】在文本框中按“Ctrl + A”选定所有文字，将字体设为“华文隶书”，字号为“二号”；再选定诗词标题，设字号为“小初”，同时点击  按钮将标题居中；再处理末行，左缩进三个全角字符。最终得到的效果如图 6 – 3 所示（以 50% 比例显示）。

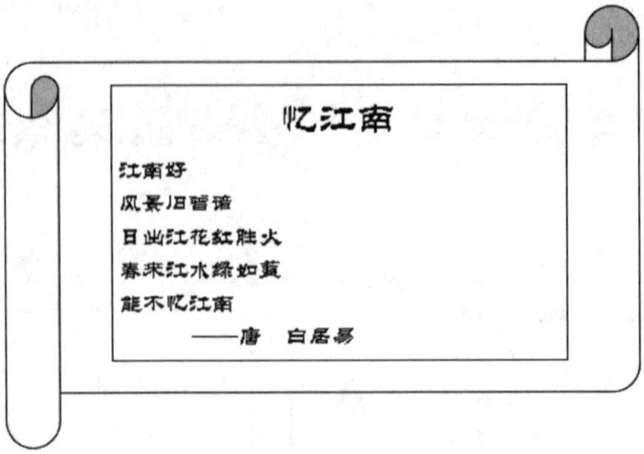

图 6－3

【步骤 2】将鼠标移至文字上，单击右键，从弹出的菜单中选择“文字方向”，出现如图 6－4 所示的对话框，照图中所示进行选择，然后点击“确定”。

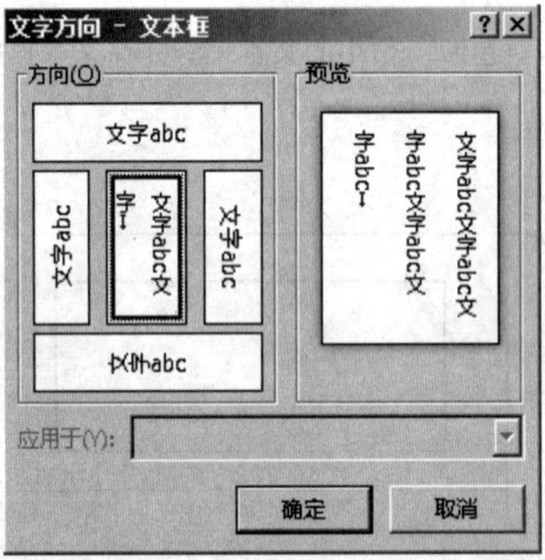

图 6－4

【步骤 3】选定除诗词标题与末行外的所有内容，点按钮加上下划线，因为诗词内容每行长短不一，导致下划线的长度不一致。解决方法是在短句的后面加空格，这时短句后面会自动显示下划线，直至与长句相同为止。最后的效果如图 6－5 所示：

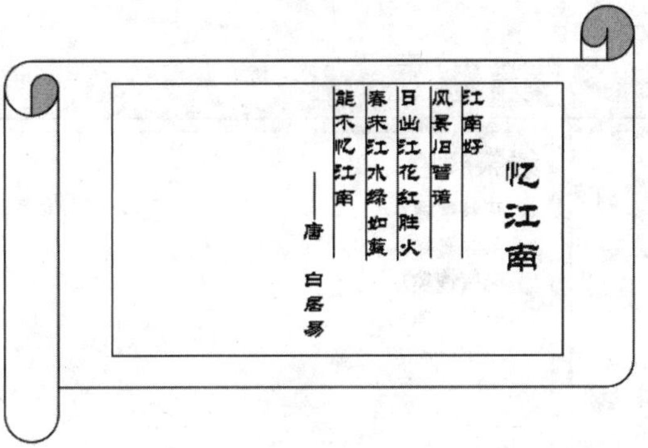

图 6－5

可以看到，文档左侧留白很多，很显然这部分区域不可能空着，可以考虑用图片填充。

【步骤 4】新建一个文本框，选择菜单栏“插入”—“图片”，插入事先选好的图像文件，通过“图片工具”将其改为“灰度”，这样更能体现古诗词的意境。也可以调整图像的亮度与对比度，视个人喜好而定（图 6－6）。

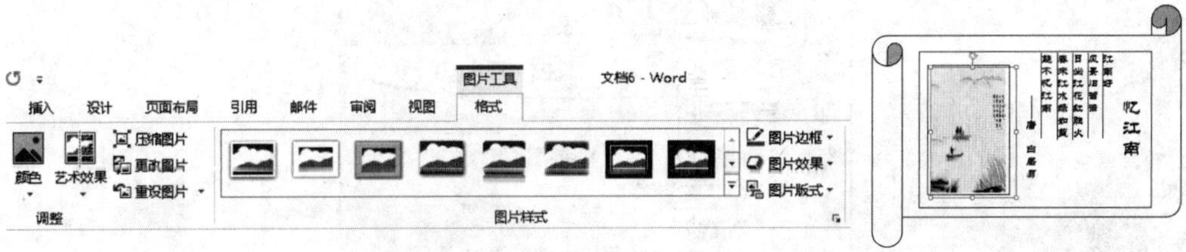

图 6－6

注意：在原有文本框中插入图片，移动文本框，也就等于移动了图像，所以，新建一个文本框更加有利于调整图像在文档中的位置。

三、最后工作

【步骤 1】用右键单击插入图片的那个文本框，选择“设置形状格式”，设置“线条颜色”为“无线条”，将放置诗词的文本框也作同样设置。这样可隐去两个文本框的外框，只留有“横卷形”作背景，似乎诗词与图像就贴在“横卷形”上（图 6－7）。

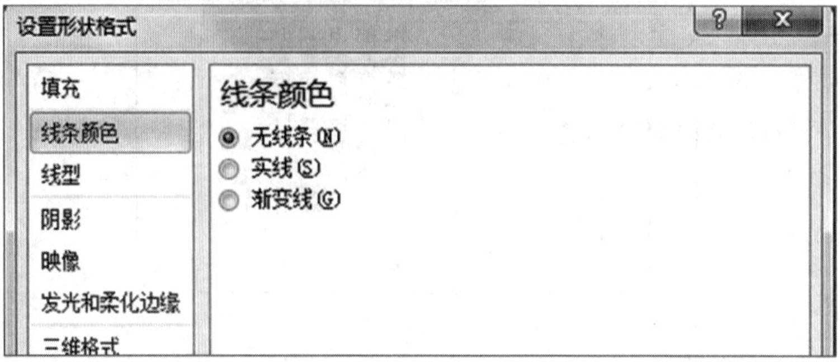

图 6－7

【步骤 2】按“Shift”键点选两个文本框与“横卷形”，单击右键选择“组合”—“组合”，固化图形在文档中的相对位置（图 6－8）。

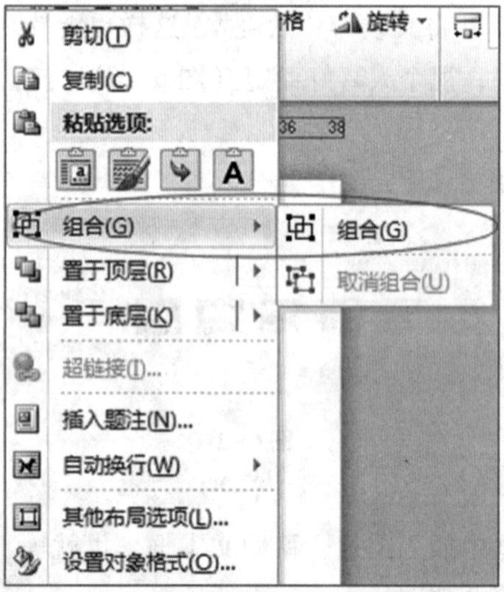

图 6－8

就这样，一首《忆江南》书卷制作完毕，将此文档保存为模板文件，这样制作新书卷时只要输入文本和插入图像就可以了。

四、补充

可以根据自己的需要和喜好，将横轴等设置成其他颜色或填充效果（如浮雕），或者将横轴填充成图片效果（图 6－9，图 6－10）。

图 6－9

图 6－10

五、教材设计案例

所涉及的知识点有图文混排、米字格、笔顺拆字、Photoshop。

1

1
chūn tiān lái le
春 天 来 了
2
chūn tiān lái le chūn tiān lái le
春 天 来 了，春 天 来 了，
lái dào le xiǎo xī biān
来 到 了 小 溪 边，
xiǎo xī huān kuài di liú zhe
小 溪 欢 快 地 流 着。

chūn tiān lái le chūn tiān lái le

春天来了，春天来了，

lái dào le tián yě shàng

来到了田野上，

cǎo ér lǜ le huā ér kāi le

草儿绿了，花儿开了。

chūn tiān lái le chūn tiān lái le

春天来了，春天来了，

lái dào le niǎo ér de jiā

来到了鸟儿的家，

niǎo ér chàng zhe dòng tīng de gē

鸟儿唱着动听的歌。

chūn tiān lái le chūn tiān lái le

春 天 来了，春 天 来 了，

lái dào le xiào yuán lǐ

来 到 了 校 园 里，

xiào yuán lǐ chōng mǎn le huān shēng xiào yǔ

校 园 里充 满 了欢 声 笑 语。

4

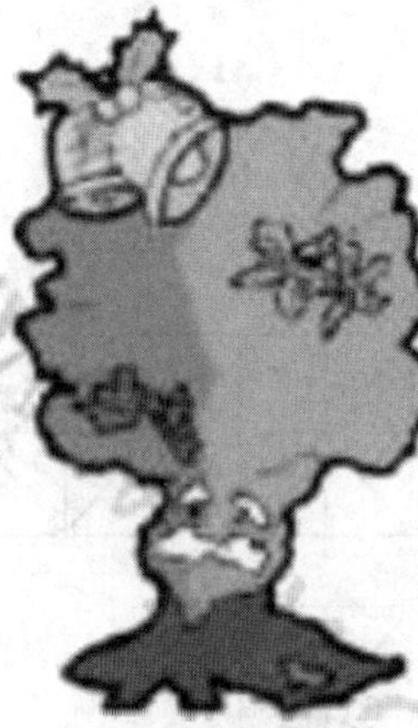

☺朗读课文。背诵课文。

☺春天来了，请你把看到的景色说一说、画一画。

xī	di	zhe	yě	chàng	yuán	chōng	mǎn
溪	(地)	着	野	唱	园	充	满

春到地的唱
溪园充野满

1 miáo yī miáo xiě yī xiě

描一描，写一写

5

chūn

春

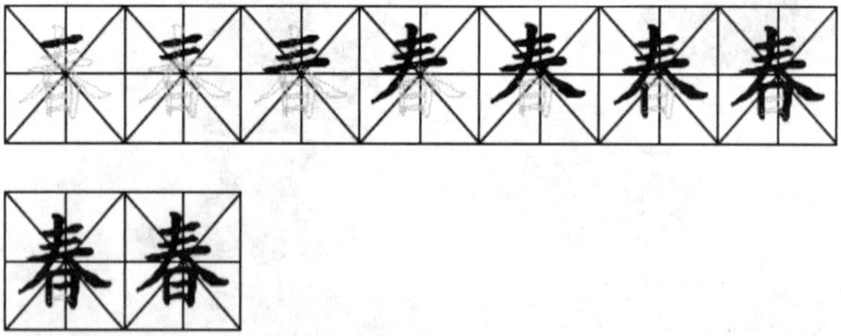

dào

到

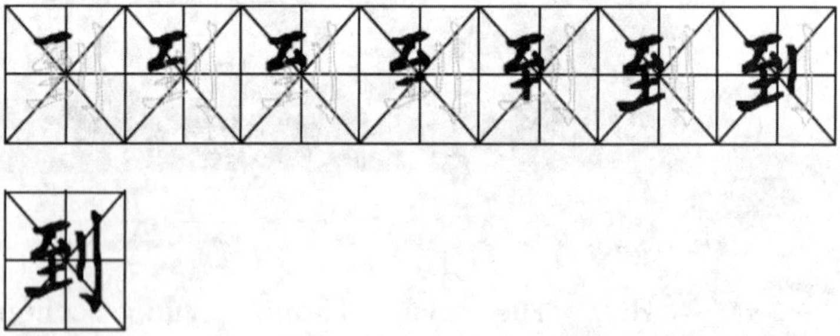

di

地

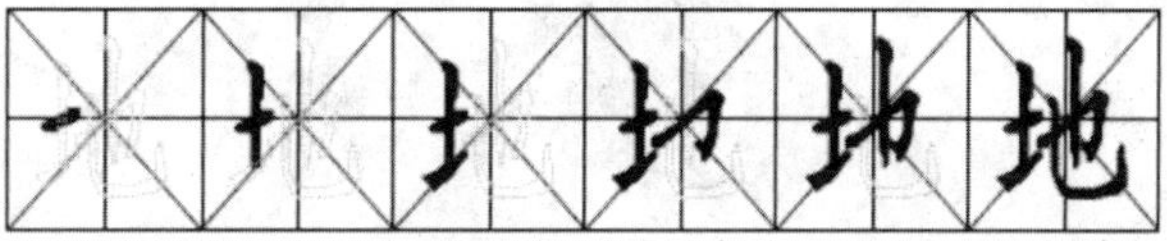

de

的

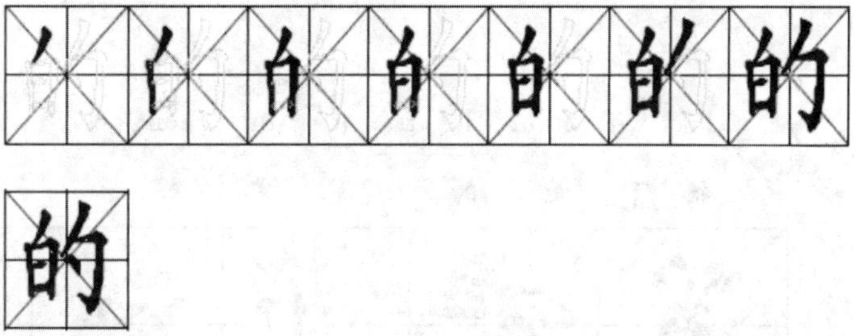

chàng

唱

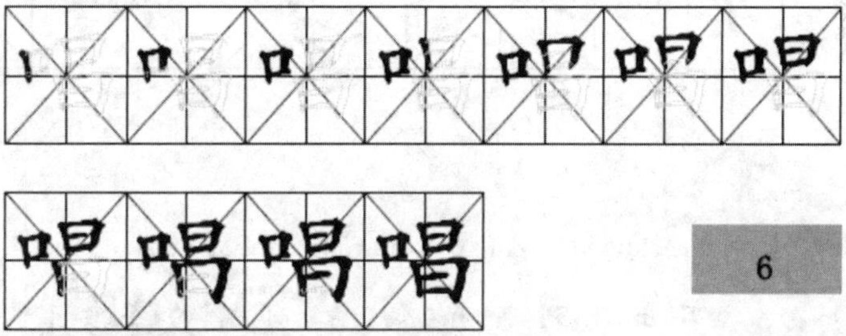

6

yuán

园

chōng

充

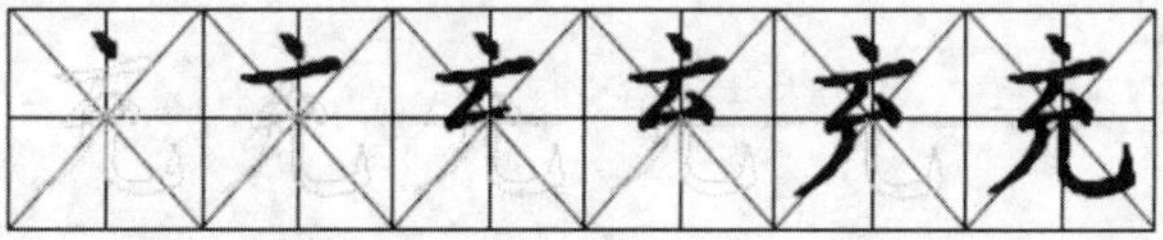

1 bǎ xià miàn de zì xiě wán zhěng

把下面的字写完整。

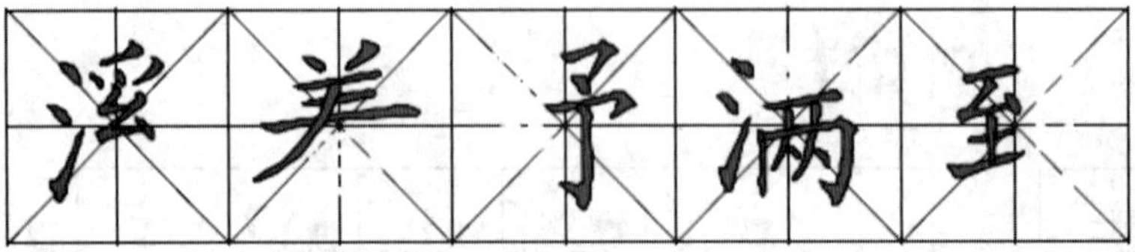

7

2 xiě chū xià liè dài yǒu piān páng bù shǒu de zì

写出下列带有偏旁部首的字。

氵：______ ______ ______

日：______ ______ ______

刂：______ ______ ______

口：______ ______ ______

制作人：暨南大学华文学院华文教育系＊＊＊李洁
指导教师：暨南大学华文学院　刘华　教授

第二节　巧用 Word 进行语法检查

一、利用 Word 2013 的拼写和语法功能进行文句的自动语法检查

如：我今天兴高彩烈地去外婆家。

“兴高彩烈”下面有一条红色的波浪线，表示有错误。在“兴高彩烈”任意位置单击鼠标右键弹出如图 6－11 所示的对话菜单。直接单击最顶上的“兴高采烈”进行修改。

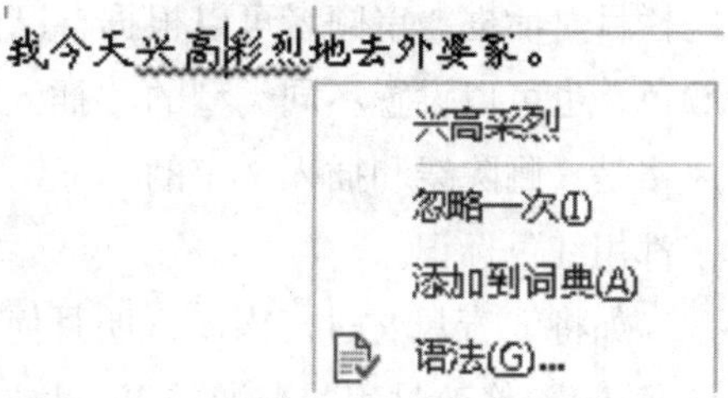

图 6－11

二、对整篇文章进行自动语法检查

单击菜单栏“审阅”—“拼写和语法”，弹出如图 6－12 所示的对话框：

图 6－12

第三节　巧用 Word“修订”功能实现网上作业批改

一、教师或同学利用网络对作业进行修改或审阅

打开需要审阅或修改的 Word 文件，单击菜单栏“审阅”—“修订”，此时“修订”为编辑状态。选择“编辑时标记修订”和“在屏幕上突出显示修订”，计算机对

选中项的前端自动以“√”标记。如果只需要在网上批注，选中这两项即可；若需要在打印时也突出标记，则将第三项“在打印出的文档中突出显示修订”同时选中。选择完毕，点击“确定”即可开始对已经打开的Word文件进行修改或审阅。

如果是多人对同一作业进行修订或审阅，为区别不同审阅者的标记，还需要对“修订”的格式进行设置（如不同的修订者持不同颜色的笔对同一作业进行修改）。此时，在“突出显示修订”栏目的对话框中点击“选项”按钮进入“修订”格式设定栏目对话框。审阅者可以根据自己的风格，设置不同类型的“删除”标记线和标记颜色，也可以设置不同类型的“插入文字”标记线和文字颜色。“修订”格式的默认风格是：删除线和插入文字的标记线都是单下划线，红色；删除的文字和新插入的文字都用红色标记。

如将“春风又过江南岸，明月何时照我还”修改成“春风又绿江南岸，明月何时照我还?”修改过程与普通的Word文件编辑没有任何区别，只是计算机自动将修订者增加的内容以不同于原文的字体颜色和下划线显示，删除的内容以不同于原文字体颜色的删除线显示。若将鼠标移到所作修改的文字上，计算机还会显示修订者的相关信息，包括修订者（计算机用户名）、修订时间及修订内容。修改行的左边会显示一条醒目的竖线，即用“修改过的行”标记来提醒原作者注意。在颜色选择时如果选择“作者”，则按照不同修订者显示不同的颜色，一般第一修订者所作修订显示为红色，第二修订者的修改为蓝色。如果选择了某一种固定的颜色，则所有修订者所作修订都以同一颜色显示。这里所指的修订者是指安装Office时输入的用户名，一般一台计算机对应一位修订者。

二、学生对教师或同学修改或审阅作业结果的选择性接受

教师或同学将审阅或修改好的作业通过网络返回给学生后，学生所看到的是用不同颜色批注过的Word文件（如同教师批改过的作业本）。学生可以根据自己的见解，选择性地对教师或同学的修改采取认同接受或坚持己见而拒绝的学术态度，非常方便开展个别化教学。在培养学生学习的自主性、独立性以及创造性思维能力等方面，甚至超过了以纸张作业本递交作业的教师—学生、学生—学生之间的学习交互方式，为广大学习者所青睐。

仍旧以上述文件为例，其实现方法如下：打开审阅过的Word文件，点击“工具”栏下拉菜单，进入“修订”，会看见“接受或拒绝修订”项目。操作过程是：依次点击“工具”—“修订”—“接受或拒绝修订”。

进入后，将出现“接受或拒绝修订”对话框，右边表示的是“审阅”选框，即审阅时的状态。在文件格式上，有三种方案可供选择：选择“突出显示所做的修订”，则所做修订与原文以不同格式显示；选择“不突出显示所做修订”，则所做修订与原文以同一格式显示；选择“原始状态”，则保持原文，所做的修改都不显示。在文件内容方面，也有三种方案供学习者选择：如果学习者想逐一查看，则点击“查找”按钮，查找到第一处修改：“过”的删除，点击“接受”按钮，则“过”字消失。光标自动查找到下一修订处，即“绿”字，点击“接受”，则“绿”字的显示格式与原文相同。可以用“←”或“→”逐一进行向上查找和向下查找至全文结束。如果学生将文件全部审阅完毕，对修改内容很满意，可以直接点击“全部接受”，则全文格式不变，内容是修改过的内容。当然，学生如果觉得全文修改得不好，想全部保留自己原来的观点，可以选择“全部拒绝”，则全文不做任何修改。

第四节　用 Word 自动生成文档目录和页码

一、自动生成目录

【步骤 1】写好正文内容，设定好标题和副标题如下：

第一章　现代教育技术概述（一级标题）

第一节　现代教育与教育信息化（二级标题）

一、现代教育的特征（三级标题）

……（正文内容）

注意：字体可按文章内容要求设置。

【步骤 2】点击菜单栏“视图”—“大纲视图”（图 6－13）。

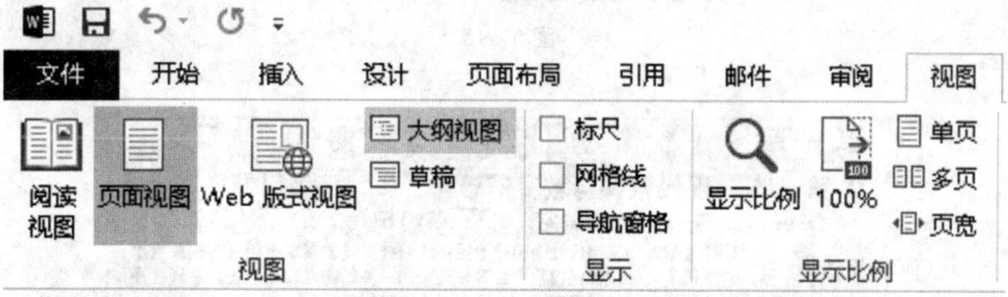

图 6－13

【步骤3】在大纲视图下，选中相应的标题设置其级别（图6－14至图6－16）。注意：这一步与之后所要生成的几级目录有关。

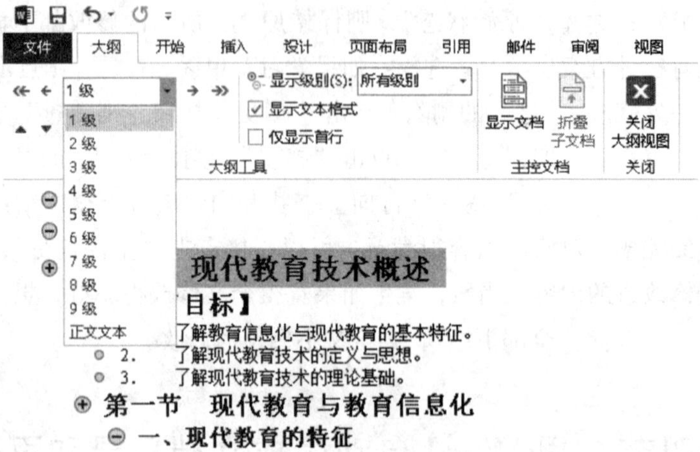

图6－14

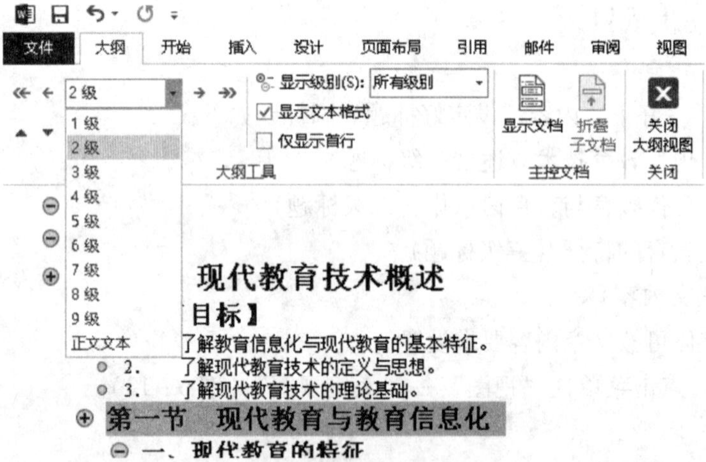

图6－15

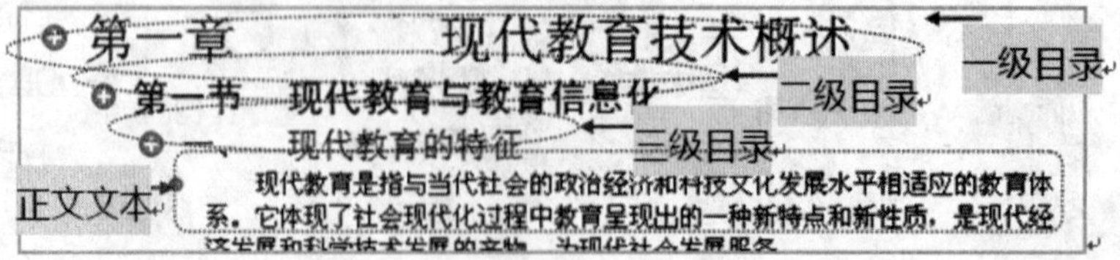

图6－16

【步骤 4】点击“关闭大纲视图”（图 6 – 17）。

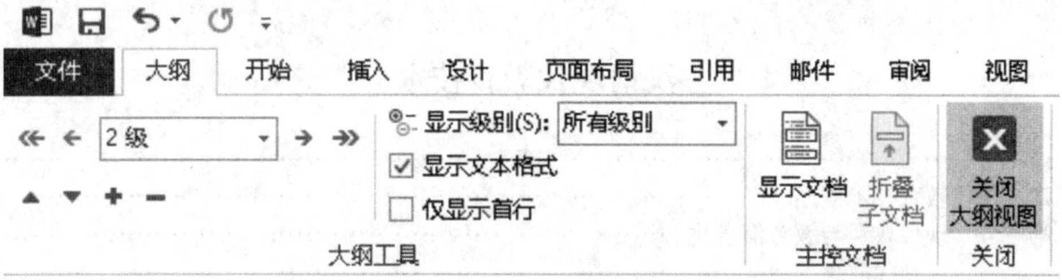

图 6 – 17

【步骤 5】点击菜单栏“引用”—“目录”—“自动目录”（图 6 – 18）。

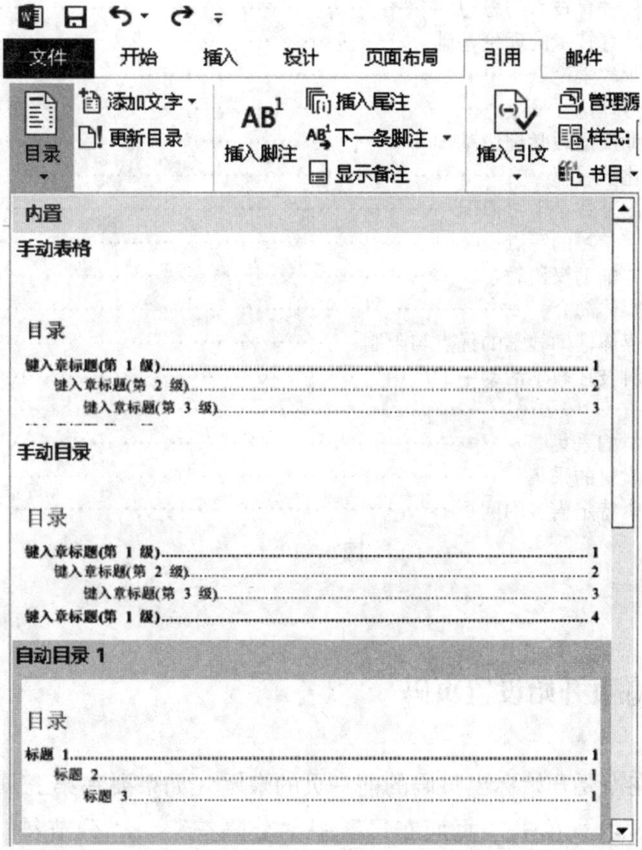

图 6 – 18

【步骤 6】Word 就会根据之前设置的级别，在鼠标的位置生成如图 6－19 所示的目录。

汉语现代教育技术

理论篇 …… 1
第一章　现代教育技术概述 …… 2
　第一节　现代教育与教育信息化 …… 6
　　一、　现代教育的特征 …… 6
　　二、　现代教育观 …… 6
　　三、　教育信息化 …… 8
　第二节　现代教育技术 …… 9
　　一、　教育技术的定义 …… 9
　　二、　现代教育技术 …… 10
　　三、　现代教育技术的思想 …… 10
　第三节　现代教育技术的理论基础 …… 11
　　一、　视听教学论 …… 11
　　二、　学习理论 …… 13
第二章　计算机辅助汉语教学理论基础 …… 14
　第一节　数字化学习 …… 14
　　一、　国内外数字学习概况 …… 14
　　二、　数字学习的特点 …… 15
　第二节　多媒体辅助汉语教学 …… 15
　　一、　多媒体简介 …… 16
　　二、　多媒体辅助教学的优点与限制 …… 17
　第三节　信息科技在教学活动中的应用 …… 17
技术篇 …… 20
第三章　多媒体素材的采集 …… 21
　第一节　文字素材的采集 …… 21
　　一、　搜索特定内容的网页 …… 21

图 6－19

二、从任意页开始设置页码

【步骤 1】在需要开始标出页码的前一页的末尾（如果要在第三页开始标上页码，就是第二页的末尾），单击“页面布局”—“分隔符”—“分节符”—“下一页”。此时可以看到光标移动到下一页的开头（也就是第三页的开头）（图 6－20）。

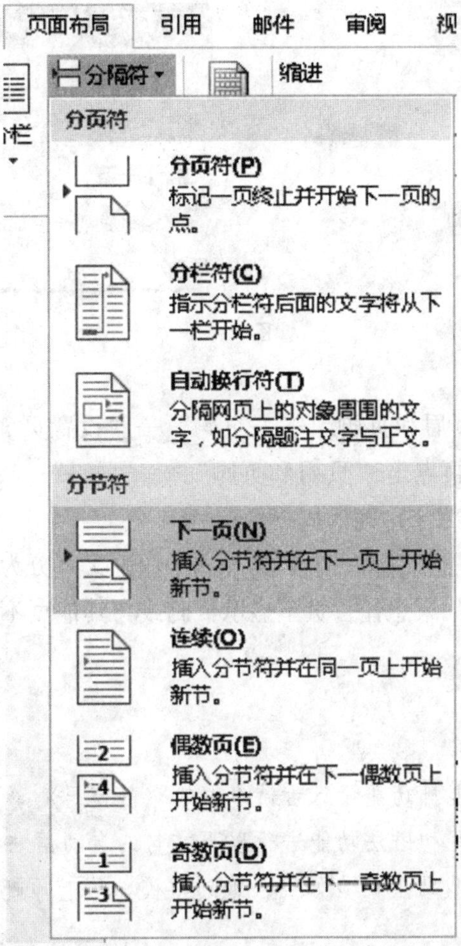

图 6 – 20

【步骤 2】跳到要开始插入页码的页面上，选取“页眉和页脚”，这时候会出现“页眉和页脚工具”，而且你会发现这一页的页眉/页脚上多了几个字“页眉—第 2 节”“页脚—第 2 节”，右侧有“与上一节相同”字样，“页眉/页脚”工具条上的“链接到前一条页眉”按钮是自动选中的。而在插入“分节符”—“下一页”之前的页显示为“页眉—第 1 节”“页脚—第 1 节”。此时，在当前页（也就是第三页）分别转至页眉和页脚，取消选中的“链接到前一条页眉”（图 6 – 21）。

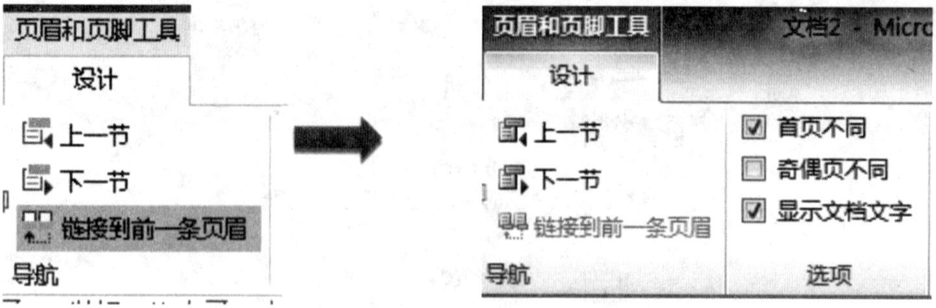

图 6－21

【步骤3】点击“页眉和页脚”—“页码”—“设置页面格式”，设置你需要起始页从什么数字开始；再点击“页眉和页脚”—“页码”；最后双击 Word 文档任意内容（除了页眉、页脚部分）确认执行。

说明：按照以上方法可以将一个文档（如毕业论文）分为几个部分，分别插入不同格式的页码。另外，如果想让首页不显示页码或与其他页不同，只需选中选项中的“首页不同”即可。

【练习与实践】

1. 利用 Word 图文混排功能设计古诗李白的《静夜思》教案。

2. 利用 Word 的拼写和语法功能进行以下文句的自动语法检查：“我今天很高兴，终于可以得偿心愿了，我马上箭步如飞，跑到学校。马老师赶尽叫住我，告诉我应该注意那些事项。”

3. 利用 Word 修订功能，三个人一组，进行作文批改。

4. 为自己写过的一篇论文自动生成目录。

5. 结合已经学过的汉字笔顺演示、米字格、字帖和图文混排功能，设计多媒体的汉语教材，包括教材图文混排的课文、汉字练习等。

A. 课文：

小草干了，大象来了。大象的鼻子像水管，哗哗哗——小草醒了！

花儿开了，散发着香味。勤劳的小蜜蜂来了，嗡嗡嗡——把花蜜采走了。

老树生病了，发着抖。啄木鸟来了，伸着尖尖的嘴，咚咚咚——把虫子捉走了。

B. 教案内容：

a. 生字：草、象、鼻、花、树、哗、嗡、咚（任选三个以上汉字）

b. 组词：小草、大象、鼻子……

c．练习：汉字和读音配对练习，组词练习。

要求：

（1）充分利用各种多媒体，如图片、声音、动画等。自己在网上搜索这些多媒体资源。

（2）生字需要教学笔顺、读音、笔画、组词等。要求利用各种多媒体、各种形式、各种资源，尽可能地生动有趣。

（3）汉字笔顺动画必须设计 3 个字以上，汉字放到自己设计的米字格中。

（4）Word 设计时，充分使用各种效果、练习、生字等，要求 Word 色调鲜明、动作丰富、生动有趣。

（5）不少于 3 页 Word。

第七章　使用 PowerPoint 设计华文多媒体课件

【学习目标】

1. 掌握 PowerPoint 的基本操作，如文本框、图片、声音、视频的插入方法。
2. 重点掌握 PowerPoint 的动画功能技巧，如飞鹰动画。
3. 重点掌握利用 PowerPoint 制作动态交互的汉语练习题的方法。
4. 重点掌握多媒体课件设计的基本原则、规范和流程。

PowerPoint 是微软 Office 套件中的一个组件，又称“幻灯片制作软件”，它广泛应用于各种会议、产品演示、学校教学以及电视节目制作等领域，是当今教师需要掌握的一个常用软件。

本教材以 PowerPoint 2013 为例，向大家展示 PowerPoint 在教学中的应用和基础知识。

第一节　PowerPoint 基本操作

一、文本框的处理

插入文本框的方法如下：

【步骤 1】点击菜单栏“插入”—“文本框”，选择下拉列表中的一种（图 7 – 1）。

图 7 – 1

【步骤2】在幻灯片上单击或拖动文本框（图7－2）。

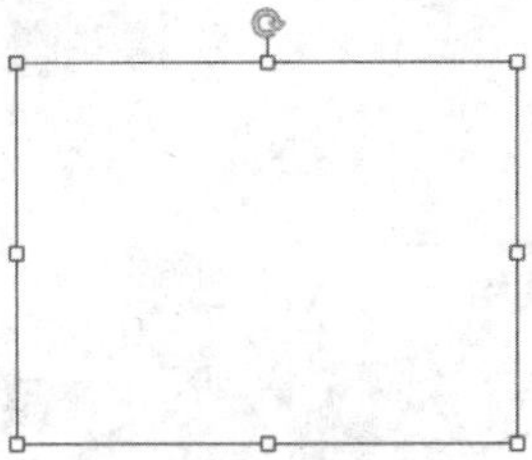

图7－2

【步骤3】输入文本框内容。

菜单栏“开始”的“字体”和“段落”工具栏为文字的修饰提供了帮助，有字体、字号、加粗、倾斜、下划线、阴影、左对齐、居中、右对齐、分散对齐、更改文字方向、编号、项目符号、增大字号、减小字号、减少缩进量、增加缩进量、字体颜色等（图7－3）。

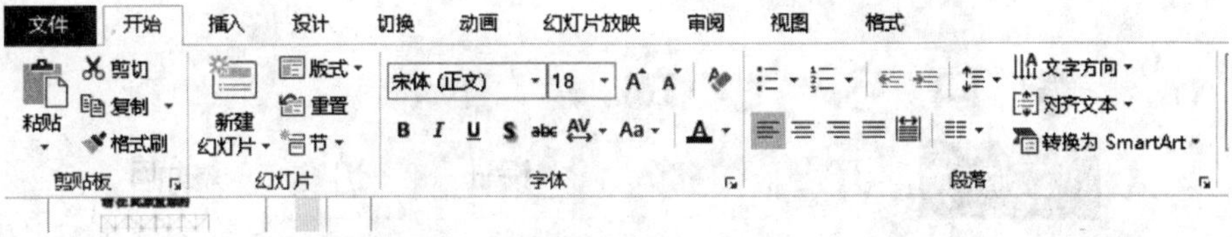

图7－3

使用“字体”和“段落”设置一般先选择文字，文本框在编辑状态下可以通过拖动选择部分文字，在选中状态下相当于选择了所有文字（图7－4）。

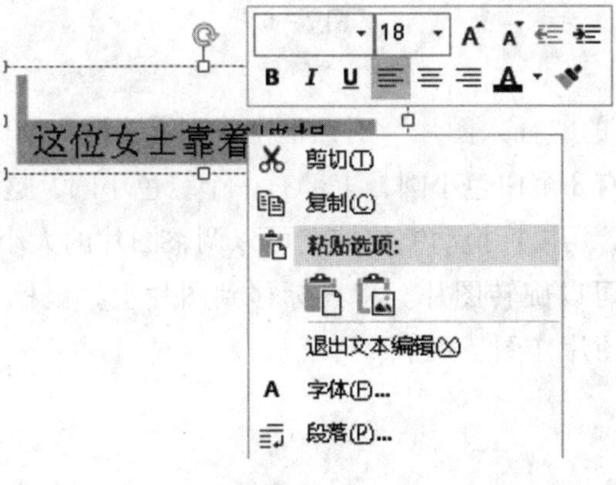

图7－4

调整大小的方法如下：将鼠标移至文本框的四角或四边“控点（绿色圆点）”处，成双向拖拉箭头时，按住左键拖拉，即可调整文本框的大小（图7－5）。

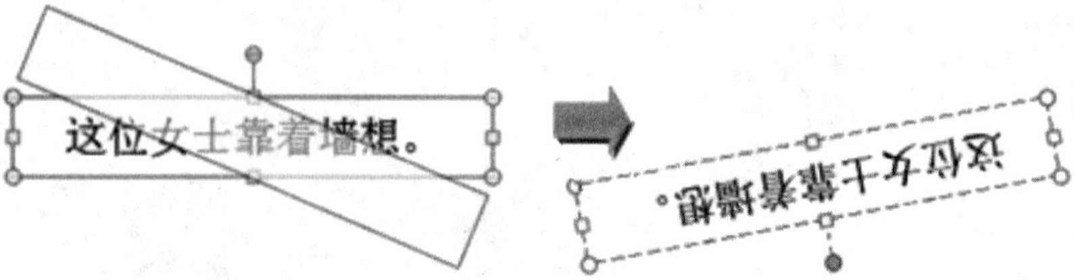

图7－5

二、插入图片文件

【步骤1】单击菜单栏“插入”—“图片”按钮（图7－6）。

图7－6

【步骤2】在弹出的“插入图片”对话框中找到需要插入的图片，双击。

插入的图片四周有8个白色小圆，上部有一个绿色小圆，这些小圆称作“控点”。白色小圆称缩放控点，用鼠标拖动缩放控点可以调整图片的大小；最上面的小圆称旋转控点，用鼠标拖动可以旋转图片。将鼠标移到图片上，鼠标指针会变成十字箭头形，拖动鼠标可移动图片（图7－7）。

图 7－7

【步骤 3】右键单击图片，选择“设置图片格式”，可对图片进行颜色、增加对比度、降低对比度、增加亮度、降低亮度、图片重新着色、设置透明色等多项操作（图 7－8）。

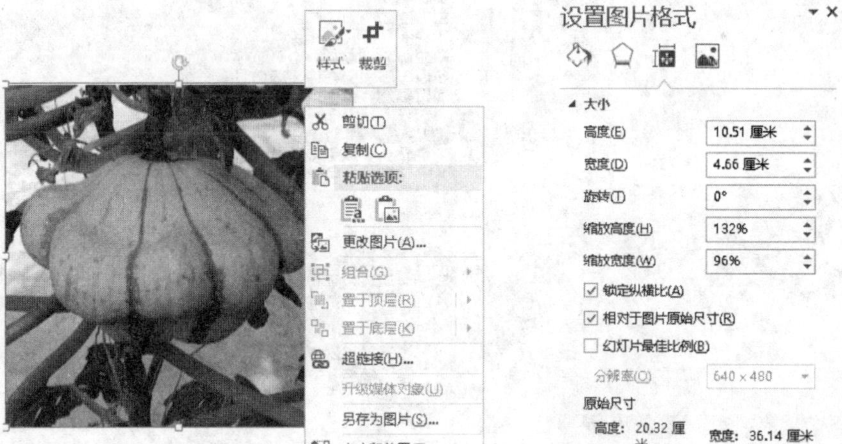

图 7－8

【步骤 4】也可在选中图片后，点击菜单栏“格式”设置（图 7－9）。

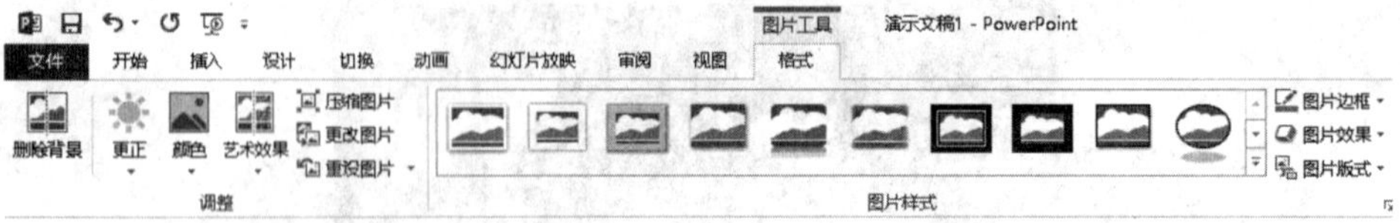

图 7 - 9

三、插入自选图形

Office 还提供了一个自选图形集，内含几十种自选图形供用户选用。

【步骤 1】单击菜单栏“插入”—“形状”，选择其中的一个子类别，找到需要的自选图形单击，然后在幻灯片上拖动作图（图 7 - 10）。

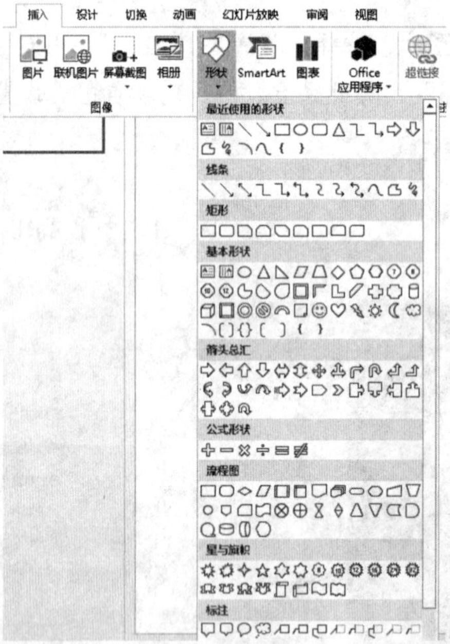

图 7 - 10

【步骤 2】当形状绘制完毕后，有时需要改变形状，这就需要编辑顶点，顶点指在绘制过程中每次单击所产生的点。要编辑顶点，先选择该形状，然后单击右键，在弹出的菜单中选择“编辑顶点”，这时顶点就会出现在形状上，拖动顶点就可以改变形状，编辑完后在空白处单击即可（图 7－11）。

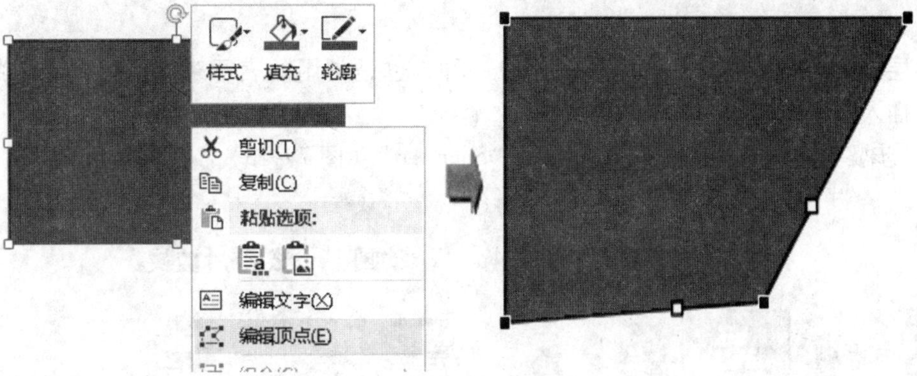

图 7－11

【步骤 3】插入自选图形后，可以通过选中图形单击右键，选择“设置形状格式”来改变图形的填充色、线条色，精确控制图形的大小、旋转角度和在幻灯片上的位置（图 7－12）。

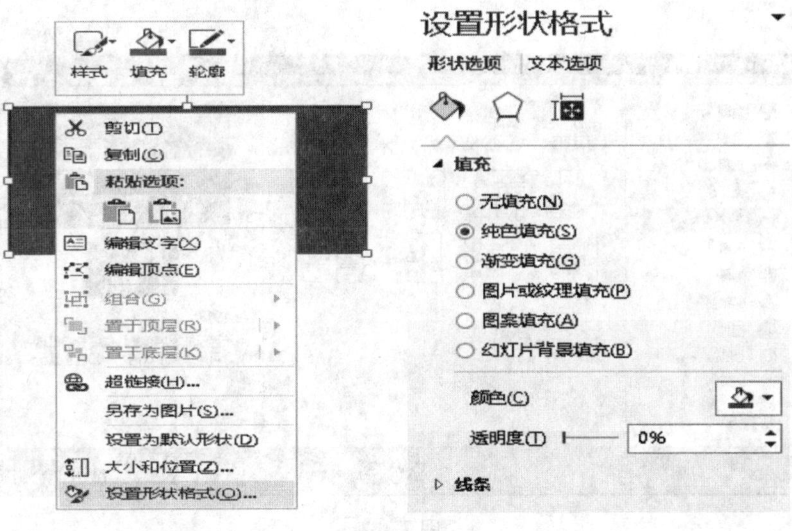

图 7－12

四、插入 SmartArt 图形

层次结构图是 SmartArt 图形的其中一种，也是常用的表示隶属、分类关系的图形，插入层次结构图的方法如下：

【步骤 1】单击菜单栏“插入”—“SmartArt”（图 7－13）。

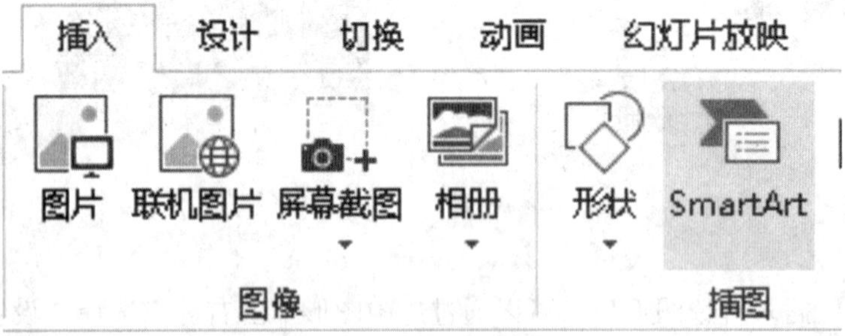

图 7－13

【步骤 2】在“选择 SmartArt 图形”对话框中选择“层次结构”。（图 7－14）

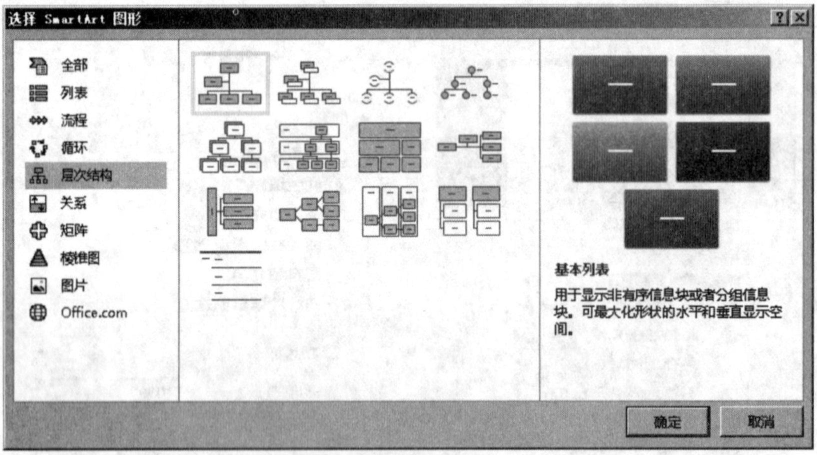

图 7－14

【步骤 3】幻灯片上出现默认结构图（Organization），按照提示，单击图框，输入各个图框名（图 7－15）。

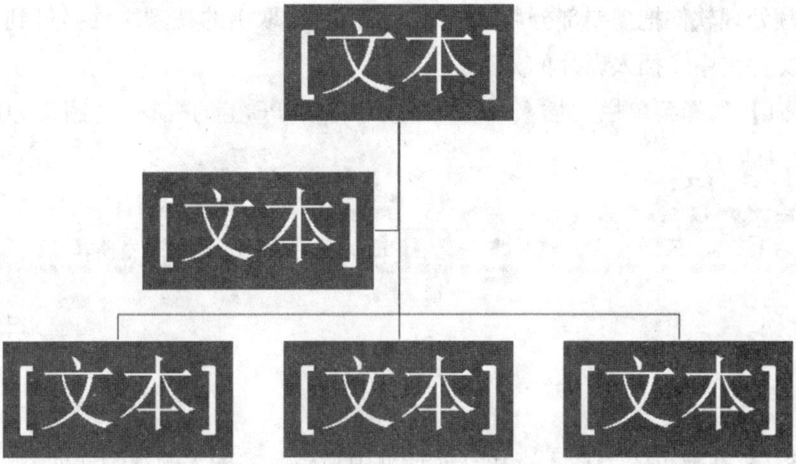

图 7－15

选中所描绘的层次结构图，菜单栏“SmartArt 工具”出现“设计”（图 7－16）和“格式”（图 7－17）标签，为修改层次结构图提供了极大的方便，有布局、样式、更改颜色、形状样式、艺术字样式等修改。

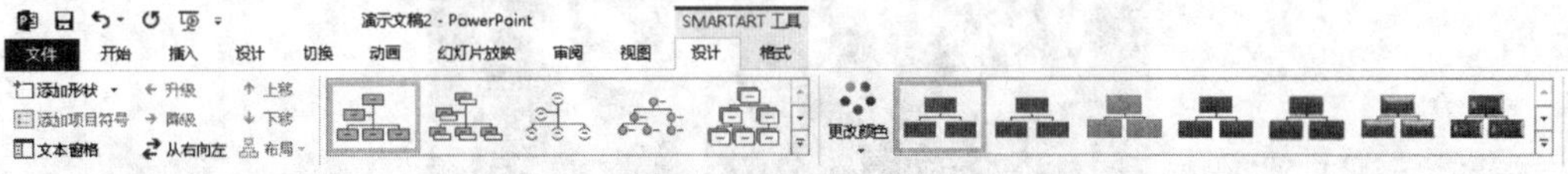

图 7－16

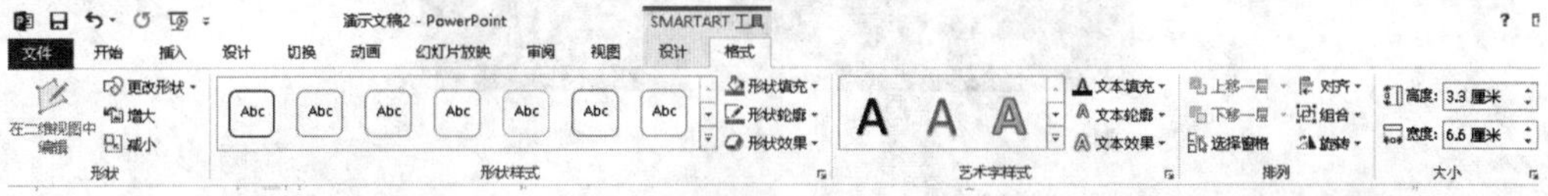

图 7－17

五、插入影片

影片指可被系统识别的外部视频文件。PPT 支持的视频文件种类非常多，包括 ＊. asf、＊. avi、＊. mpg、＊. wmv 等，影片可从网络下载，也可从 VCD 截取，或者通过视频采集卡从视频源获取。由于视频文件容量较大，为提高效率，在插入影片前，应使用视频处理软件把需要部分截取出来，然后将截取出的视频文件拷贝到与 PPT 文件相同的文件夹中。插入影片的方法如下：

【步骤 1】选择菜单栏“插入”—“视频”—“PC 上的视频”（图 7－18）。

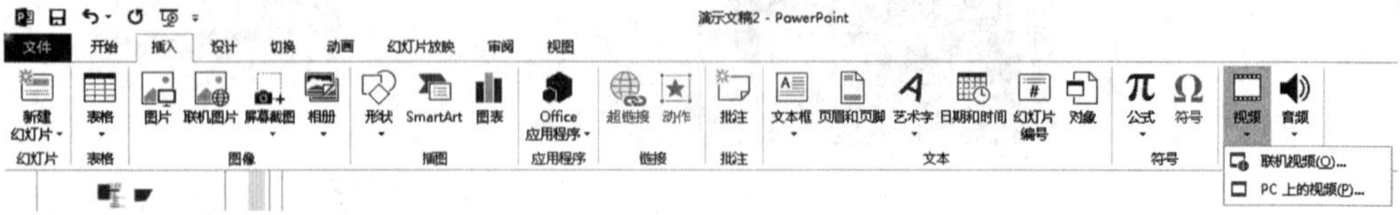

图 7－18

【步骤 2】在弹出的“插入影片”对话框中找到所需插入的视频文件，双击。

【步骤 3】影片插入幻灯片后，可以通过缩放控点调整大小，双击影片可以在编辑状态下试播放影片，单击暂停，再次单击继续，空白区单击取消试播放。影片上不能再叠放其他对象，不能通过在影片上放文本框来制作字幕（图 7－19）。

图 7－19

六、插入声音文件

声音指可被系统识别的外部声音文件。PPT 支持的声音文件种类非常多，包括 *. mid、*. mp3、*. wav、*. wma 等。声音文件可从网络下载，也可通过录音软件录制，在插入声音前，最好把声音文件拷贝到与 PPT 文件相同的文件夹中。插入声音的方法如下：

【步骤 1】选择菜单栏“插入”—“音频”—“PC 上的音频”（图 7－20）。

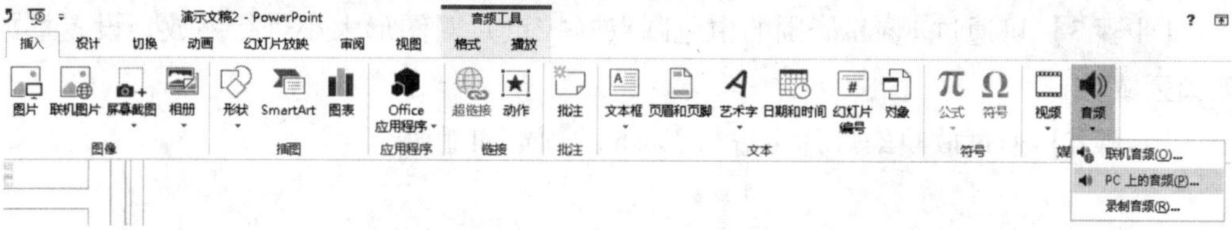

图 7－20

【步骤 2】在弹出的“插入声音”对话框中找到所需插入的声音文件，双击。

【步骤 3】声音插入幻灯片后以一个“喇叭”图标来表示。该图标可以缩放，在编辑状态下双击可以试听，单击停止。若觉得该图标影响幻灯片的布局，可把它拖到幻灯片之外，这并不影响放映时的播放（图 7－21）。

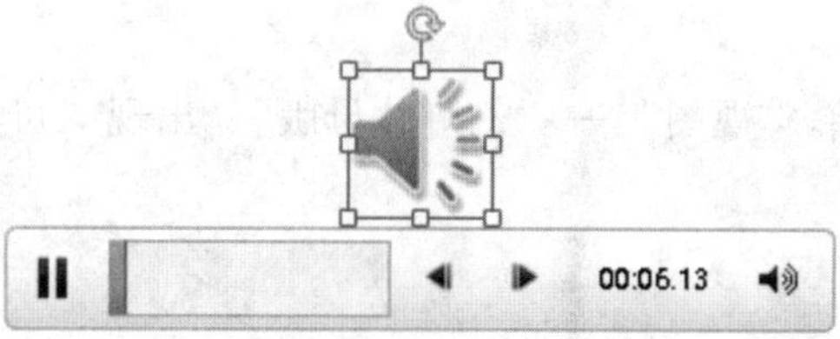

图 7－21

七、插入 Flash 动画

PPT 2010 提供了 iSpring Free 功能，这种方法可以将 Flash 动画作为一个控件插入 PowerPoint 中。

【步骤 1】单击菜单栏“iSpring Free”—“Flash”（图 7－22）。

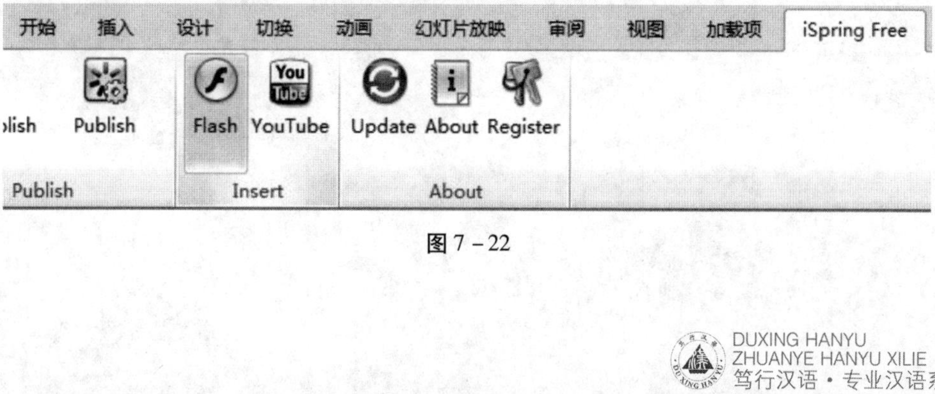

图 7－22

【步骤 2】在弹出的“插入 Flash 文件”对话框中找到所需插入的 Flash 文件，双击。

【步骤 3】可通过 Flash 周围的白色圆点（控点）对图形大小进行缩放，设置播放动画区域。

【步骤 4】通过放映幻灯片可进行 Flash 的预览和播放。

第二节 PowerPoint 的使用实例技巧

一、为每页幻灯片添加相同元素

在幻灯片设计过程中，经常希望为每页幻灯片都添加相同的元素，如一个小动画或一个标志，如果一张张地添加就显得非常麻烦，利用“母版”功能就能很容易实现。方法如下：

【步骤 1】单击菜单“视图”—“幻灯片母版”，出现“母版”页面（图 7－23）。

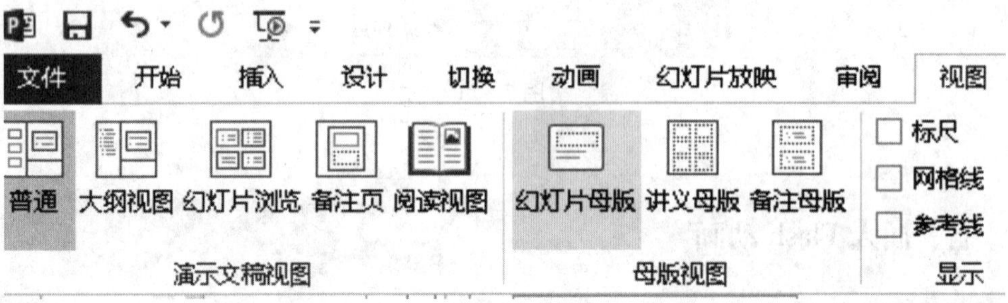

图 7－23

【步骤 2】将所需元素加入母版中（图 7－24）。

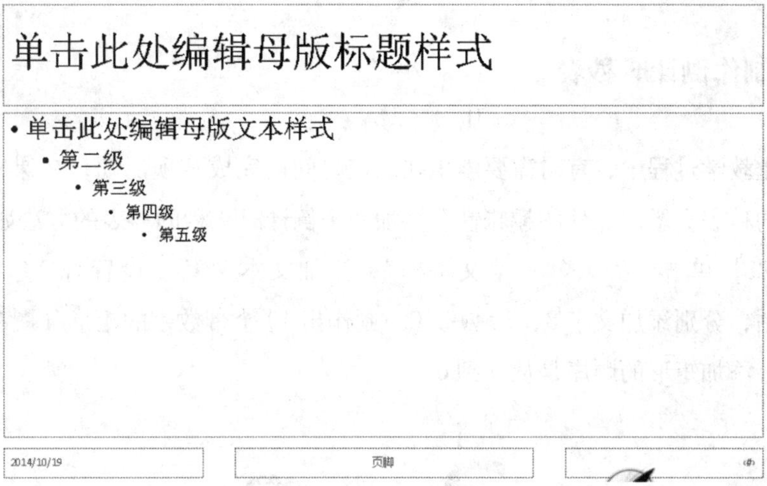

图 7－24

【步骤 3】单击菜单栏“视图”—“普通”，退出母版编辑。

二、制作整个演示文稿的背景音乐

在 PPT 中插入的声音在默认情况下单击鼠标时就停止播放，但在许多情况下我们希望一首背景音乐能够持续到整个演示文稿播放完，方法如下：

【步骤 1】插入音频文件。

【步骤 2】点击所出现的音频控件，菜单栏出现“音频工具”标签，选择“播放”标签（图 7－25）。

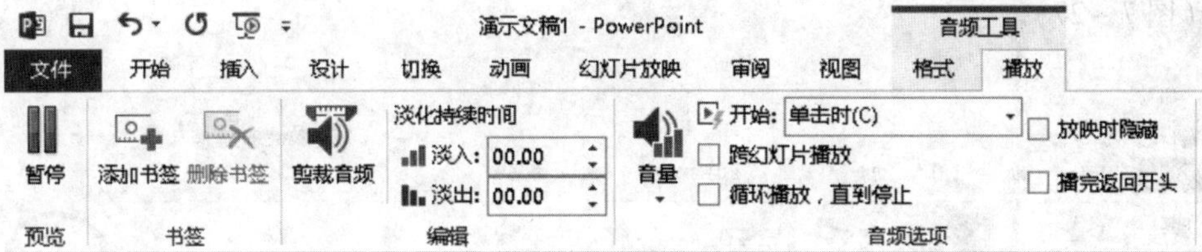

图 7－25

【步骤 3】在“播放”标签中，选择“循环播放，直到停止”。

【步骤 4】若选择“放映时隐藏”，则控件图形消失，可作为背景音乐进行播放。

三、制作倒计时秒表

在课堂教学过程中，有时需要学生在固定时间内完成某项活动，在课件中插入一个倒计时的秒表会增加课件的趣味性。添加一个倒计时 9 秒的秒表的方法如下：

【步骤 1】单击“插入”—“文本框”，添加文本“9”，设置合适字体及字号，复制后粘贴，分别添加文字 8，7，…，0，制作出 10 个带数字的矩形（图 7－26）。

注意：添加矩形的顺序是从 9 到 0。

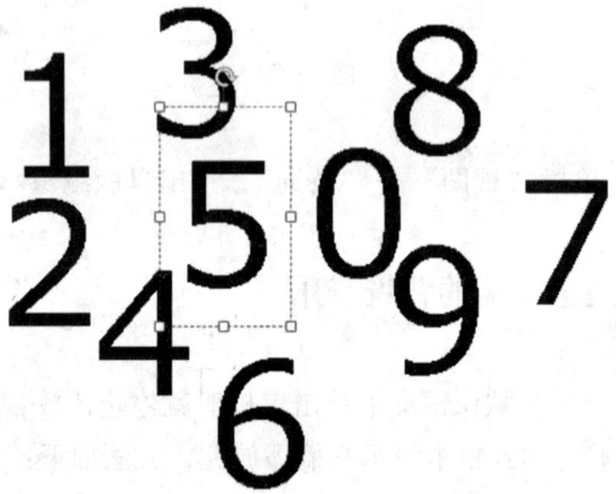

图 7－26

【步骤 2】选择所有矩形，点击菜单栏“动画”—“出现”，选择“出现”动画效果（图 7－27）。

图 7－27

【步骤 3】在动画列表中点击该标签右下角的小箭头，选择“计时”选项。

【步骤4】设定“开始”为“上一动画之后”，“延迟”为1秒（图7－28）；选择“效果”选项，设定“动画播放后”为“白色”（图7－29）。

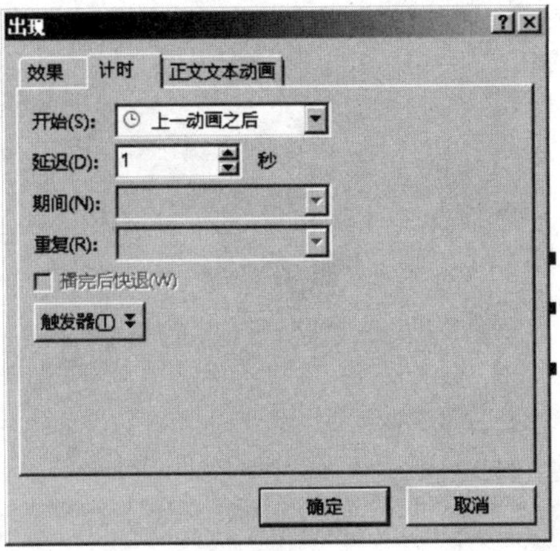

图7－28

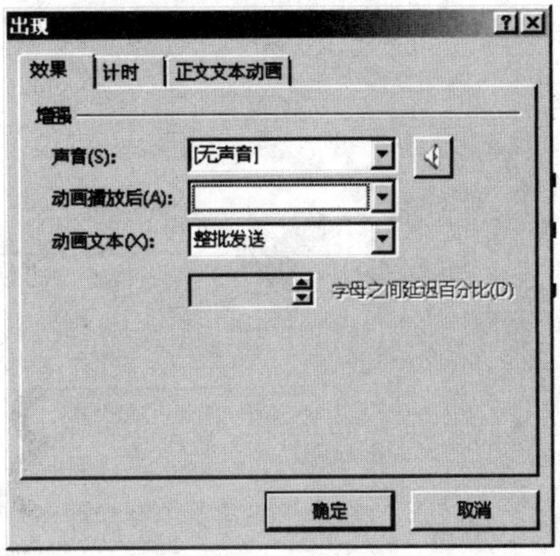

图7－29

【步骤5】选择所有对象，点击菜单栏“绘图工具”—“格式”标签，在“对齐”工具栏的下拉列表设置“左右居中”和“上下居中”。

【步骤6】播放幻灯片查看效果。

四、制作飞鹰动画

在课件制作过程中，经常遇到一些复杂动画，如小鸟在空中飞翔、狮子在地上奔跑等，这需要 gif 动画和路径动画配合才能够实现。gif 是一种图形格式，它既可以是静止的，也可以是动画的，网上有大量的 gif 动画可供下载，PPT 可以直接支持动画 gif。从网上下载一张飞鹰的 gif 图片，它是一只在原地展翅的鹰，现在配合路径动画使它在空中飞翔：

【步骤1】将“飞鹰. gif”图片插入幻灯片中，选中（图7－30）。

图7－30

【步骤2】在菜单栏“动画”列表的右下角点击，选择下拉列表的“动作路径”—“自定义路径”，画出飞翔轨迹

（图7－31，图7－32）。

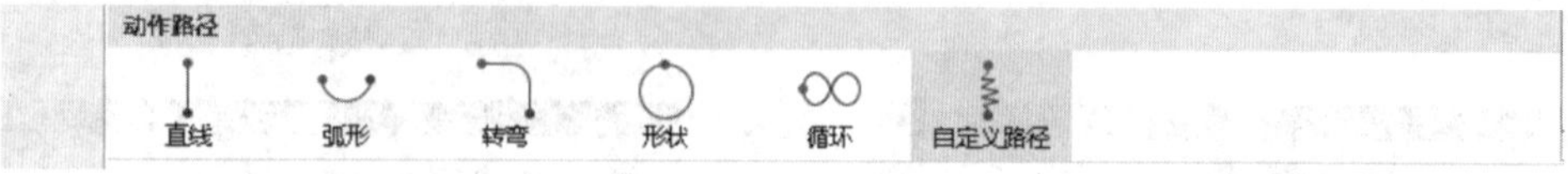

图7－31

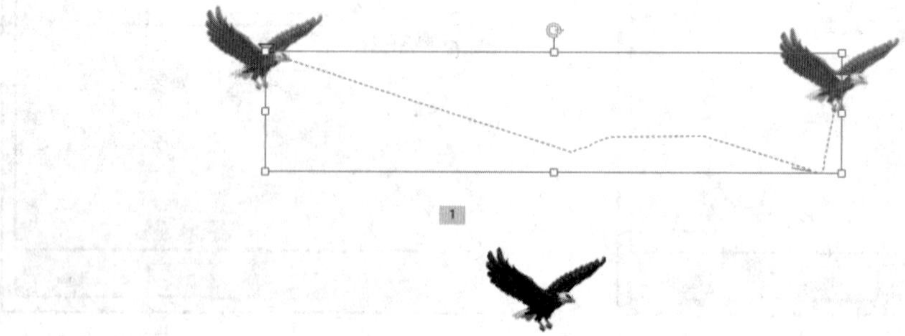

图7－32

【步骤3】右击路径，在弹出菜单中选择“编辑顶点”，拖动顶点，调整路径。

【步骤4】在动画列表中点击该动画项右侧下拉箭头，选择“效果”（图7－33）和“计时”（图7－34）选项，修改相应的值可以调整飞翔的速度。

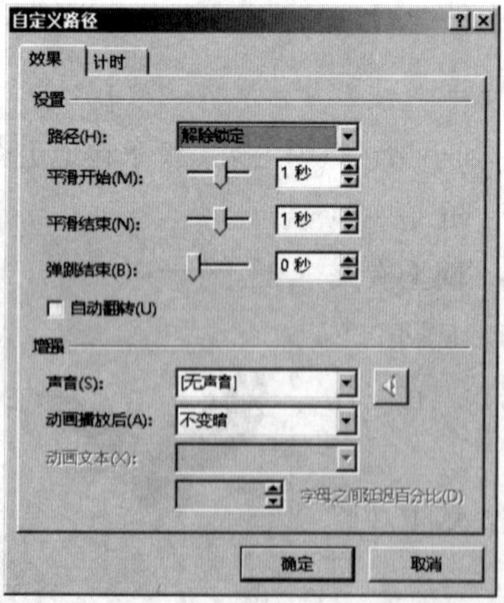

图7－33

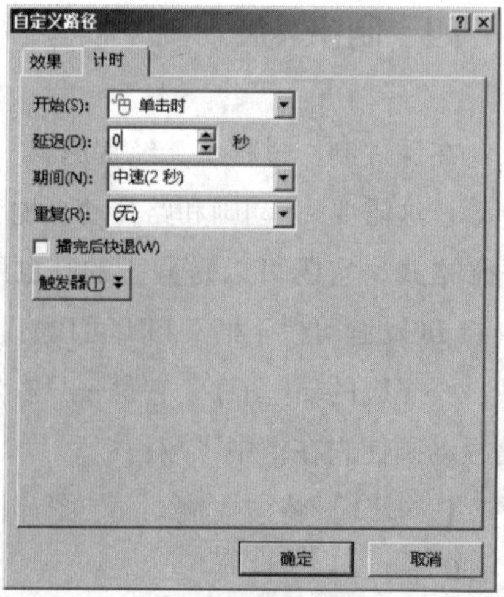

图7－34

五、制作汉语教学的练习题

（一）填空题

【步骤 1】在幻灯片上输入填空题的文字和选项（图 7－35）。

【步骤 2】设置正确选项至填空处的动画。

（1）选中第一题的正确选项“停” 停 。

（2）选择菜单栏“动画”—“自定义路径”（图 7－36）。

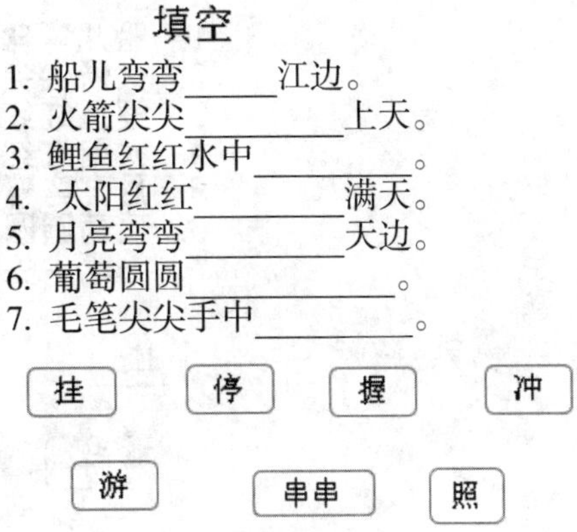

图 7－35

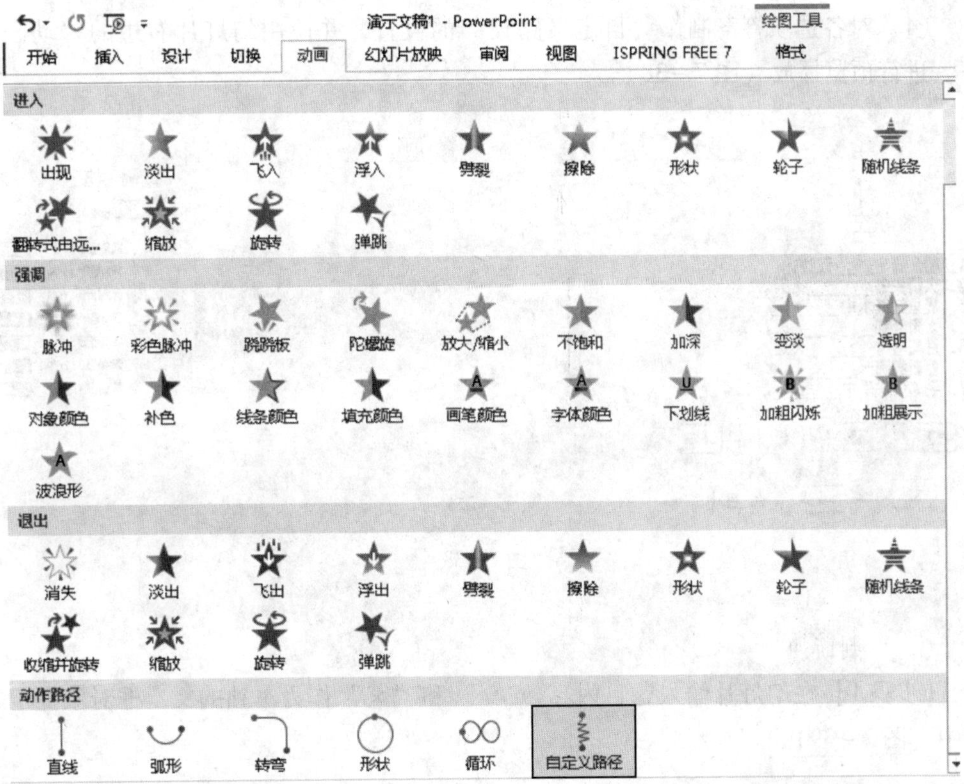

图 7－36

（3）设置“自定义路径”的开始点和结束点，形成路径动画（图7－37）。

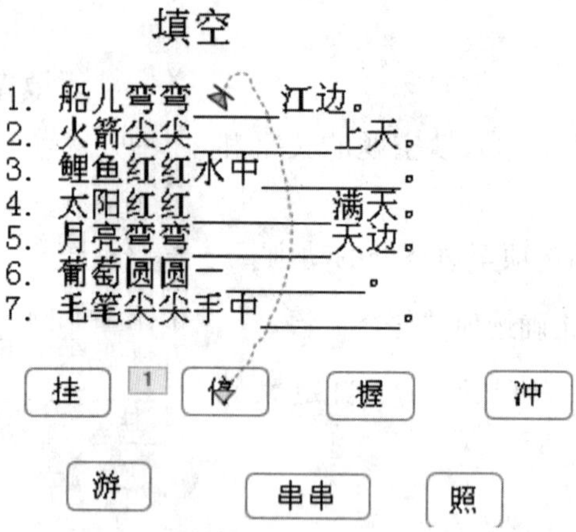

图7－37

（4）对各选项答案制作“自定义路径”的设置，并使用幻灯片右边的“动画窗格”进行预览播放（图7－38）。

图7－38

（二）判断题

【步骤1】在幻灯片输入题目内容，“√”和“×”作为单独的文本框对象置于题目中（图7－39）。

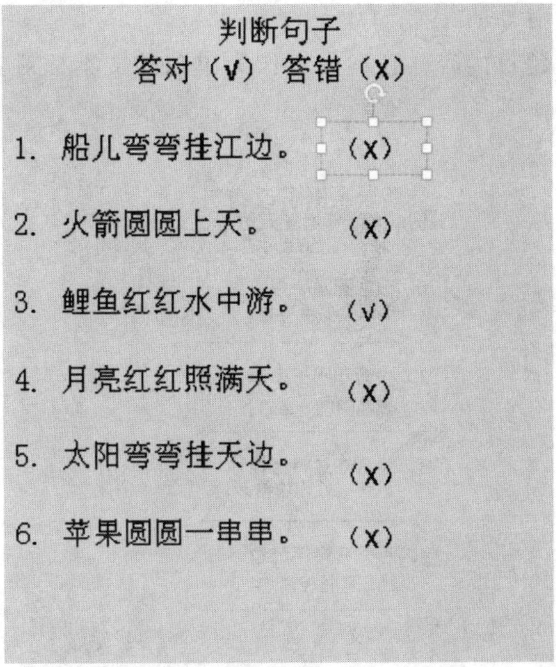

图 7 – 39

【步骤 2】对“√”和“×”文本框对象分别作“动画”的设置（图 7 – 40）。

图 7 – 40

【步骤 3】播放预览动画，检查设置效果。

（三）照例子改病句

【步骤1】输入题目内容，答案内容作为单独的文本框对象置于题目中（图7－41）。

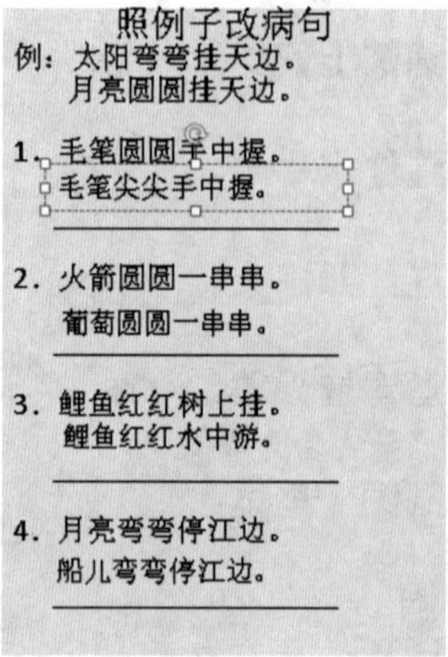

图7－41

【步骤2】对各答案内容作动画设置（图7－42）。

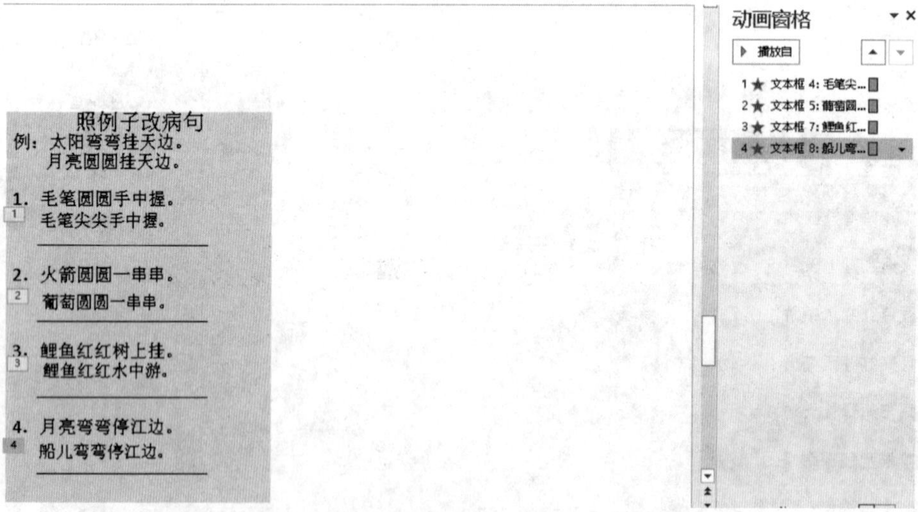

图7－42

【步骤3】播放预览动画，检查设置效果。

六、快速将多张图片分别放到多张幻灯片上

在课件制作过程中，经常需要将多张图片分别放到多张幻灯片上，常规方法是建一张幻灯片放一张图片，如果需要 100 张图片，就需要往幻灯片中插入 100 次图片，这非常麻烦。简单方法如下：

【步骤 1】将图片统一放到一个文件夹中。

【步骤 2】选择菜单“插入”—“相册”—“新建相册”（图 7－43）。

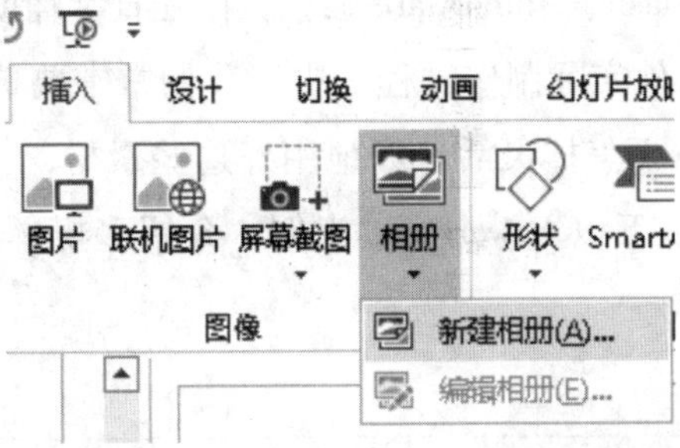

图 7－43

【步骤 3】选择“文件/磁盘”，弹出“插入新图片”对话框，找到图片文件夹，利用文件复选功能，选择所有图片，点击“插入”按钮（图 7－44）。

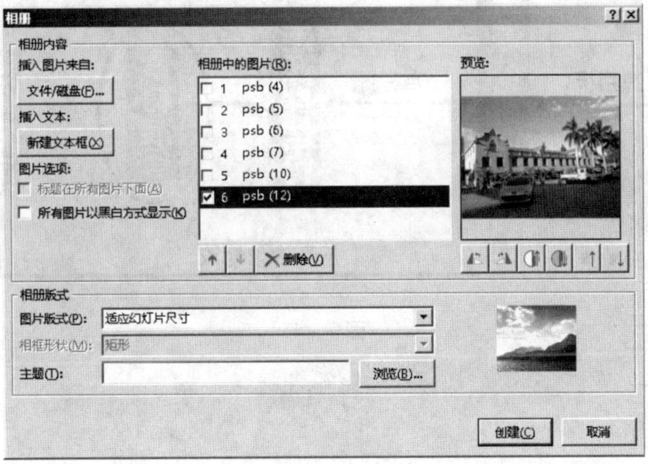

图 7－44

【步骤 4】在“相册”对话框中点击“创建”。

第三节　多媒体课件的总体设计流程

制作教学课件，现在比较流行的制作软件是 Flash、Authorware 等，PowerPoint 似乎已经落后了，但在实际教学过程中，PowerPoint 的使用率还是很高的，大多数教师还是比较喜欢用 PowerPoint 来制作课件，这是因为对于大多数教师而言，对软件的要求一是无须特别安装，二是简单易学、方便实用，而且效果不错。就一般而言，PowerPoint 的功能虽然不及 Flash、Authorware 强大，但在日常辅助教学中应该说还是游刃有余、应付自如的。在课件实际制作过程之中，我们常常要选用和配制一些影片、图片、动画、声音等素材，而怎样灵活自如地用好这些素材，就成为提高 PowerPoint 课件制作质量关键所在。以下以 PowerPoint 为例，介绍多媒体课件的设计过程及注意事项。

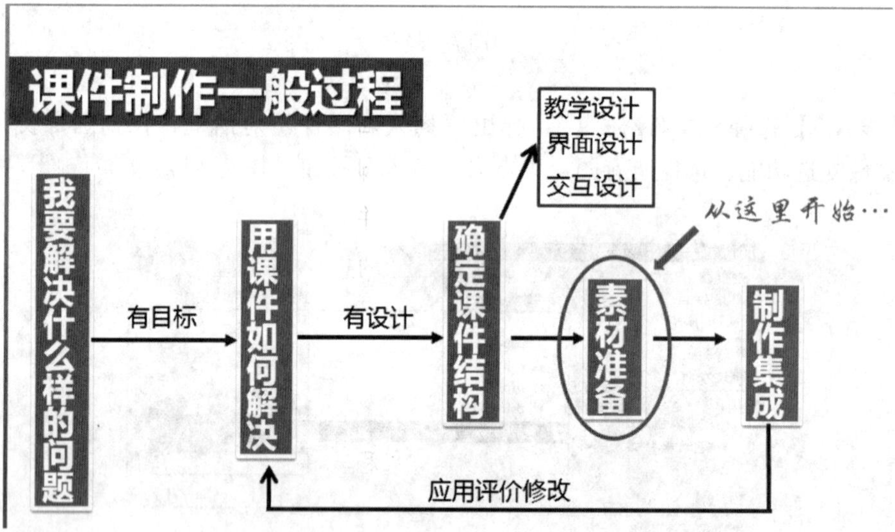

图 7－45

一、确定选题

选择课题是整个课件开发的第一步。在制作之前，教师要充分做好选题论证工作，尽量避免不必要的投入。因此，要选择那些学生难以理解、教师不易讲解清楚的重点和难点问题，特别是要选择那些能充分发挥图像和动画效果的、不宜用语言和板书表达的内容。对于在课堂上较易讲解的内容完全没必要采用多媒体课件的方式。

二、明确教学目标，巧妙构思

制作多媒体教学软件，要明确授课的教学目的，要突出重点难点。课件设计的目的不仅是激发学生的学习兴趣，调动学习积极性，而且是为了解决某一重难点。只有确定好教学目标才能做出符合教学需要的课件。

三、设计创作脚本

脚本就是教学单元的设计方案的具体表现，包含了对单元教学内容、交互控制方式、声音以及屏幕美术设计等方面的详细描述。脚本相当于影视拍摄中的剧本，如果要制作课件，首先就要有脚本。对于教师而言，并不要求一定要做出精美的课件，但至少要会设计课件的脚本，通过脚本，能把自己的想法与课件的制作者进行沟通，从而使课件达到最初的设想。即使是自己制作课件，也能做到综观全局，有的放矢，减少重复劳动。

设计脚本时应注意的问题有：

（1）脚本不是教案，是指课堂的具体操作过程。

（2）脚本不要变成了简单的资料堆积。

（3）应多深入分析教材。

表 7－1　脚本示例

教学内容	教学行为	教学说明
预习这节课将要学的内容	展示 PPT 引导语：同学们，我们今天要讲 5 个生字。你们先听老师读，好不好？ 目的语：好！ 引导语：靠、颗、清、努、著，那我们来一起读吧。 （师生一起读生字）	
讲解："靠"	展示 PPT  引导语：同学们读两遍。 目的语：靠！靠！ 引导语：同学们知不知道靠字的部首？ 目的语：非。 引导语：结构呢？ 目的语：上下。 引导语：那我们一笔一笔地学它的笔顺笔画，老师要写在白板上，同学们伸出你们的右手在空中跟着老师写，好不好？ 目的语：好！ （在白板上边写边说靠字的笔顺） 引导语：靠字总共有几画？ 目的语：15。 引导语：看清楚了吗？我请两位同学上来写吧。某某和某某！下面的同学看他们写得怎么样。 （看同学写的字，是否有错误） 引导语：同学们，他们写得怎么样？ 目的语：很好！ 引导语：给他们掌声鼓励！组词有靠着，靠着是个动词。通过动作讲解"靠着"的意思。	

（续上表）

<table>
<tr><th>教学内容</th><th>教学行为</th><th>教学说明</th></tr>
<tr><td>讲解：“靠”</td><td>
展示 PPT

引导语：我们来看课文中的句子，我们一起读，可以吗？
目的语：一个孩子坐在院子里，靠着奶奶数天上的星星。
引导语：大家看以下这幅画，能不能用“靠着”造句描述这幅画？
目的语：（学生用自己的话发言）
引导语：都很好，老师是这样想的，我们一起读。
目的语：这位女士靠着墙想。
引导语：同学们还有没有问题？
</td><td></td></tr>
<tr><td>讲解：“颗”</td><td>
展示 PPT

引导语：同学们读两遍。
目的语：颗！颗！
引导语：同学们知不知道颗字的部首？
目的语：页。
引导语：结构呢？
目的语：左右。
引导语：那我们一笔一笔地学它的笔顺笔画，老师要写在白板上，同学们伸出你们的右手在空中跟着老师写，好不好？
目的语：好！
</td><td></td></tr>
</table>

（续上表）

教学内容	教学行为	教学说明
讲解“颗”	（在白板上边写边说颗字的笔顺） 引导语：颗字总共有几画？ 目的语：14。 引导语：看清楚了吗？我请两位同学上来写吧。某某和某某！下面的同学看他们写得怎么样。 （看同学写的字，是否有错误） 引导语：同学们，他们写得怎么样？ 目的语：很好！ 引导语：给他们掌声鼓励！同学们知不知道颗是什么意思？颗是个量词，你们还知道哪些量词？ 目的语：个、门、条、只等。 引导语：对，我们今天要讲的量词是颗，多用于比较小的东西，比如一颗糖、一颗珍珠、一颗星星。 展示 PPT 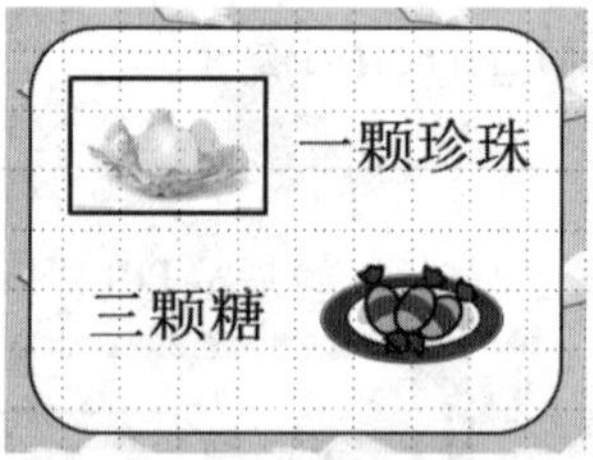 引导语：一颗珍珠。盘子上有几颗糖？ 目的语：三颗糖。 展示 PPT  引导语：同学们，图片上有几颗星星？ 目的语：18。 引导语：颗字的用法明白了吗？	

（续上表）

教学内容	教学行为	教学说明
讲解："清"	展示 PPT  引导语：同学们读两遍。 目的语：清！清！ 引导语：同学们知不知道清字的部首？ 目的语：三点水。 引导语：结构呢？ 目的语：左右。 引导语：那我们一笔一笔地学它的笔顺笔画，老师要写在白板上，同学们伸出你们的右手在空中跟着老师写，好不好？ 目的语：好！ （在白板上边写边说清字的笔顺） 引导语：清字总共有几画？ 目的语：11。 引导语：看清楚了吗？我请两位同学上来写吧。某某和某某！下面的同学看他们写得怎么样。 （看同学写的字，是否有错误） 引导语：同学们，他们写得怎么样？ 目的语：很好！ 引导语：给他们掌声鼓励！清的意思表示清楚，是个形容词。 展示 PPT  引导语：哪张照片清楚？ 目的语：上面。	

（续上表）

<table>
<tr><th>教学内容</th><th>教学行为</th><th>教学说明</th></tr>
<tr><td>讲解：“清”</td><td>引导语：同学们注意清的部首，是三点水。如果写成言字旁就是另外一个字了，是请问的请了。你们还知道哪些跟清形近的字？
目的语：情、精、睛、晴等。
展示 PPT

引导语：我们先只看这些最常见的。我们看 PPT 读一下可以吗？我们这样读，“三点水加青是清楚的清，言字旁加青是请问的请”，没问题吧？预备，开始！
目的语：三点水加青是清楚的清，言字旁加青是请问的请……米字旁加青是精彩的精。
引导语：我们玩个游戏，好不好？
目的语：好！
引导语：老师说什么部首加青，然后请一个学生说出是哪一个字。比如，老师说言字旁加青，学生说请问的请。明不明白？
（游戏过程）
引导语：游戏结束，同学们还有没有问题？</td><td></td></tr>
<tr><td>讲解：“努”</td><td>展示 PPT

引导语：同学们读两遍。
目的语：努！努！
引导语：同学们知不知道努字的部首？
目的语：力。</td><td></td></tr>
</table>

（续上表）

教学内容	教学行为	教学说明
讲解：“努”	引导语：结构呢？ 目的语：上下。 引导语：那我们一笔一笔地学它的笔顺笔画，老师要写在白板上，同学们伸出你们的右手在空中跟着老师写，好不好？ 目的语：好！ （在白板上边写边说努字的笔顺） 引导语：努字总共有几画？ 目的语：7。 引导语：看清楚了吗？我请两位同学上来写吧。某某和某某！下面的同学看他们写得怎么样。 （看同学写的字，是否有错误） 引导语：同学们，他们写得怎么样？ 目的语：很好！ 引导语：给他们掌声鼓励！努的组词有努力，是个形容词，比如，努力学习、努力工作。我们一起读课文的句子。 目的语：他努力学习，长大后成了著名的天文学家。 引导语：努字还有问题吗？	
讲解：“著”	展示 PPT  引导语：同学们读两遍。 目的语：著！著！ 引导语：同学们知不知道著字的部首？ 目的语：草字头。 引导语：结构呢？ 目的语：上下。 引导语：那我们一笔一笔地学它的笔顺笔画，老师要写在白板上，同学们伸出你们的右手在空中跟着老师写，好不好？	

（续上表）

教学内容	教学行为	教学说明
讲解“著”	目的语：好！ （在白板上边写边说著字的笔顺） 引导语：著字总共有几画？ 目的语：11。 引导语：看清楚了吗？我请两位同学上来写吧。某某和某某！下面的同学看他们写得怎么样。 （看同学写的字，是否有错误） 引导语：同学们，他们写得怎么样？ 目的语：很好！ 引导语：给他们掌声鼓励！著的组词有著名，大家知不知道著名的意思？著名是很有名的意思，比如这位演员。 展示 PPT  引导语：有人不认识他？对了，我们一起读句子。 目的语：成龙是一位著名的演员。 引导语：除了形容人之外，著名这个词还可以形容别的东西，比如这个建筑，知道这叫什么吗？ 目的语：凡尔赛宫。 引导语：那我们可以说，凡尔赛宫是著名的建筑。我们来一起读。 目的语：凡尔赛宫是著名的建筑。	
复习	引导语：同学们，我们复习一下今天所学到的汉字。跟着老师读。 目的语：靠、颗、清、努、著。	

四、素材准备

理想的素材是制作优秀课件的基础，课件素材的优劣直接关系到课件的成效。媒体素材的选择是为表达的学习内容服务的。因此，在选择使用图像、声音、动画、活动视频等媒体时，目的是要表达学习内容、突出学习主题，不能不顾主题思想的表达，追求时髦、好看和花哨，要克服媒体设计与学习内容设计相脱离的常见毛病，避免“为媒体表现而设计媒体”的现象，努力做到“为内容表现而设计媒体”。与主题无关的，或不能为主题服务的素材不要采用，且宜简不宜繁，并非媒体运用得越多其课件的教学效果就越好。

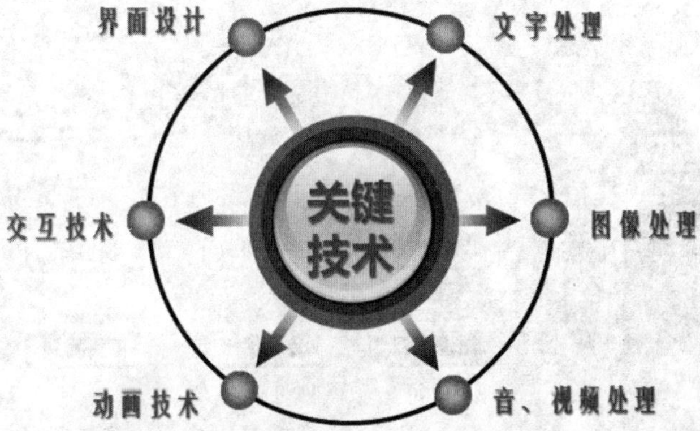

图 7－46

五、课件设计

根据编号的脚本，利用 PPT 将多媒体信息进行集成。加强对课件修改，以提高质量。

一个课件制作的成功与失败，只有通过实践检验才能真正得出结论。课件完成后，必须进行彻底检查，以便改正错误、修补漏洞，不断优化。

六、PPT设计应注意的问题

（一）课件的首页要整洁

首页是一个课件等待正式上课前使用的一个页面，一般来说是一个欢迎页面，这里不需要太多的内容，但可以稍华丽，一幅优美的风景画或一幅符合主题的画面加上一段简洁的欢迎词和一个按钮就够了。为了让等待的过程不至于太枯燥，可以让欢迎词动起来。由于这是一个等待的时间，最好能配上一段轻音乐或符合主题的音乐。但要设置完整，让音乐能一直播放，并且在开始上课时自动停止。

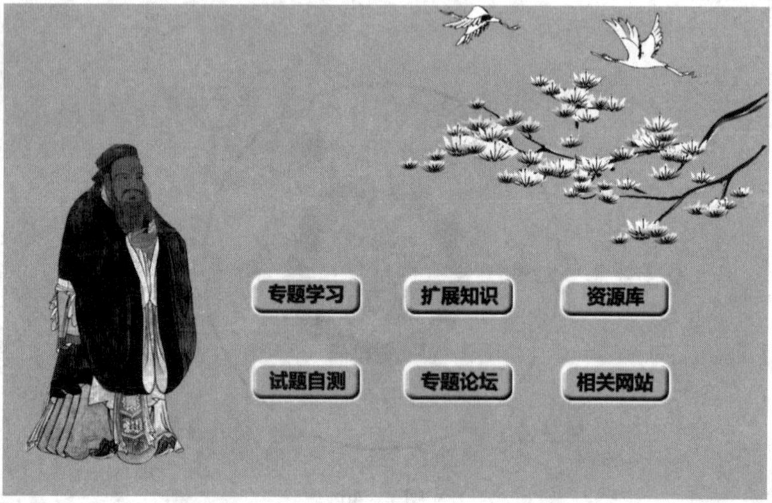

图7－47

（二）课件的目录要简洁

课件的目录就像是一个导向牌，指向观众想去的地方，所以完整的目录至少应该有标题、导航条和退出按钮。这个页面最重要的一点就是要有丰富的内容，且尽量做到简洁、统一，最好具有一定的风格。

（三）对文字的处理应合理

文字较少时可采用相对较大的字号，但不要让文字充斥整个屏幕，要留有一定的空间；在空余的地方可插入一些不太容易引人注意的图片或gif小动画，可采用“进入”或“移动”的手法。

文字较多时可考虑采用“移动”手法，但应注意：①标题一般情况下不要随之移动。②如果文本比较长，不能缩到满屏显示时一定要把文本移出屏幕。③在有图案作为背景时可考虑在屏幕的顶端和底端覆盖一个与两端一样的图案，放在文字上一层，让文本的滚动有种出字幕的效果。④设置文本移动时，要么设置为重复移动，要么在文本移动结束后设置为自动切换到另一张幻灯片或目录，切忌留下一个只有按钮的空屏。

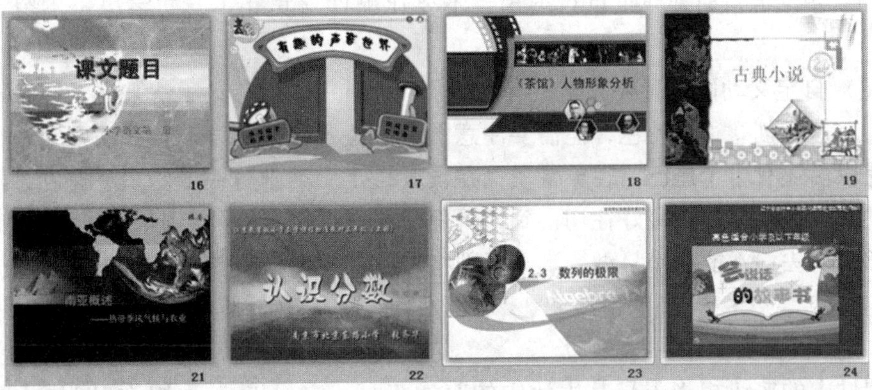

图 7-48

（四）对图片的处理要注意效果

图 7-49

在处理图片时，可以运用大量的手法和手段。图片较多时可采用进入、退出或移动等效果；较少时可采用插入幻灯片、触发器等效果。但总的来说要符合课件的主题，如果是作为图片欣赏的话，建议采用移动、进入、退出等动态效果比较好的手法；若作为作品介绍的话，建议采用插入幻灯片或触发器的手法。

但是无论运用哪种手法都要注意以下问题：

（1）结构、布局要合理。一个页面里有较多的图片同时出现时，图片之间不要重叠，并且尽量对齐，或按照一定的规则排列，松紧得当。

（2）图文混排时要注意重点突出，不要让配件喧宾夺主，文字尽量不覆盖在图案上。

（3）自定义动画设置要完整。有些老师在课件中采用移动手法来展示图片，有点像电影，这个创意很富特色，但需要注意图片的位置要摆放合理；移动要完整，不能移动完以后还有半个尾巴留在屏幕里；在设置自定义动画时一定要注意速度，不能太快；动作设置要完整，最好在切换到该页面时能自动进行播放，有些图片放大以后还要能够缩回去，不能动作只做一半，否则将导致其他动作不能进行，严重的还会造成死链。

（五）按钮的设置要统一

课件中的按钮相当于日常生活中的交通工具，它可以采用文字、图片或图标来设置。

一般而言，在主目录里除“退出”按钮以外都采用文字来作为按钮（即导航条），而在具体的内容里，一般采用图标做按钮。在设置时要注意：①按钮的大小、位置要适当。尽量放在底部角落里，不要覆盖在要表达的主要内容上。②按钮尽量不要吸引观众的注意力，但在需要时能让操作人很容易地找到，效果相同的按钮尽量使用统一图标。

（六）整体色调、风格要协调

一个优秀的课件其整体的色调、风格应该是相统一的，主要体现在对背景色的处理上，切忌花哨、凌乱。没有特别的需要一般不要更改背景的色调或风格。在 PPT 里有许多自带的模板设计，相信在那里可以找到你所需要的风格。

（七）设置超链接、动作要完整

一个完整的课件中存在着大量的超链接和动作，在设置完这些链接和动画以后一定要通过播放来检查链接和动作的正确性，以防出现死链或不应有的动作，这是保证课件质量最重要的一个环节。在设置完链接或动作以后进行测试，往往能发现一些表面上看不出来的问题，否则当课件一旦在正式场合使用，暴露出各种问题，那时再修改的话就来不及了。

制作一个好的课件不光要有好的构思，还要有不厌其烦的耐心，毕竟制作课件不是把一些素材简单叠加。有许多问题虽然很小，但它足以导致整个课件的失败。

设置文字超级链接时，建议不要设置字体的动作，而要设置字所在的边框的动作。这样既可以避免使字带有下划线，又可以使字色不受母版影响。

第四节　多媒体课件的设计实例

以下以《中文》第四册第九课为例进行 PowerPoint 多媒体课件的教学设计。

一、教学设计方案

试讲：华文教育系 2009 级 C 班陈敬培同学。

指导老师：刘华。

教学内容：《中文》第四册第九课。

教学时间：30 分钟左右。

教学对象：菲律宾二年级的小学生。

教学地点：暨南大学华文学院教学楼 403 教室。

教学任务：学习《第四课》的生字：靠、颗、清、努、著；词语：著名和努力。

教学道具：白板、多媒体（PowerPoint）。

教学目的：通过解释让学生掌握生字的读音、笔顺、笔画、结构、部首和组词，并教清、请、睛等形近字及同音和相近字的区分。

教学难点：教清、请、睛等形近字及同音和相近字的区分。

教学重点：学生学会生字的正确笔顺和组词用法。

教学环节：

导入语：通过描述晚上的情景导入新课的内容。

表 7－2

教学内容	教学行为	教学说明
问答导入新课	引导语：同学们晚上的时候知不知道天空有什么？ 目的语：星星、月亮等。 引导语：对！看看这些图片（展示 PPT），你们觉得美不美啊？ 目的语：美！ 引导语：好了，我们开始上课吧。我们今天要讲第九课《数星星的孩子》。	通过问答吸引学生的注意，以便导入新课

讲课的方法：

教生字“靠、颗、清、努、著”，首先一个一个地给同学们看这些生字的读音，带领学生读两次。其次教学生每个字的部首、结构和笔画。使用白板给同学们看生字的笔画顺序和名称，同时请学生跟着老师在空中用手写一写生字，说一说笔画的名称，教师写完后请两位同学上来写在白板上。最后，通过组词讲解汉字的基本意义，顺便通过图片或者句子讲解词语。

课堂练习：

选择填空：在白板上写出每个汉字的部首、笔画和结构。其中有些填空需要学生填满。

PPT 上展示今天要学的汉字，汉字上一些笔画是红色，老师根据这些笔画提出问题，如笔画名称或者笔画顺序。

图 7－50

练一练：PPT 有两列，一列是学过的汉字，另一列是汉字在组词中的另一字，让学生从第一列画线到第二列的恰当答案。

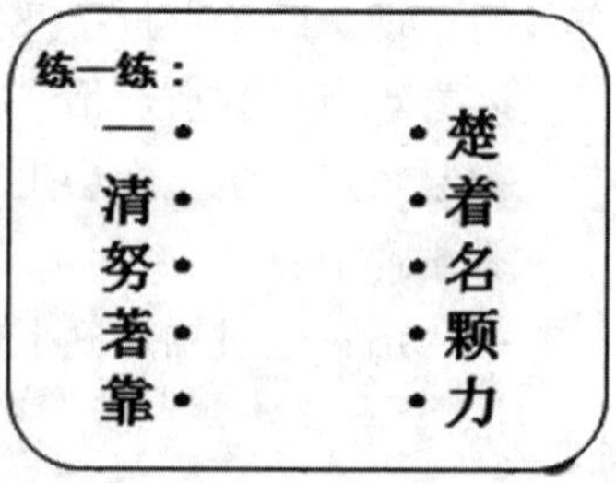

图 7－51

作业：

把今天学过的生字在作业本上抄写五遍。

课后语：

好！同学们，今天我们的课就上到这里。同学们回去不要忘记做作业，明天上课之前要交给老师。

二、教学 PPT 范例

以下为陈敬培同学的 PPT 文件设计浏览：

第九课
《数星星的孩子》
汉字
kào kē qīng
1.靠 2.颗 3.清
nǔ zhù
4.努 5.著
kào
1.靠
部首：非
结构：上下
笔画：15
组词：靠着
一个孩子坐在院子里，靠着奶奶数天上的星星。
这位女士靠着墙想。

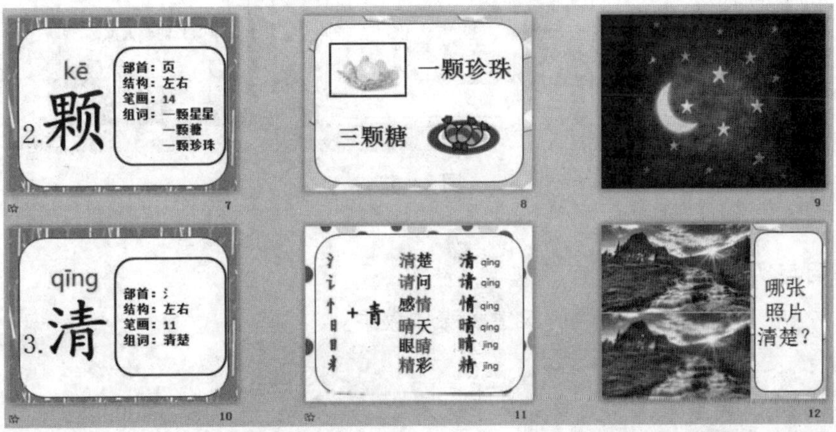
kē
2.颗
部首：页
结构：左右
笔画：14
组词：一颗星星
一颗糖
一颗珍珠
一颗珍珠
三颗糖
qīng
3.清
部首：氵
结构：左右
笔画：11
组词：清楚
+青
清楚 清
请问 请
感情 情
晴天 晴
眼睛 睛
精彩 精
哪张照片清楚？

nǔ
4.努
部首：力
结构：上下
笔画：7
组词：努力
努力：（形容词）
例子：努力学习
努力工作
句子：1.他努力学习，长大后成了著名的天文学家。
哪位可以说很努力？
zhù
5.著
部首：艹
结构：上下
笔画：11
组词：著名
成龙是一位著名的演员。
凡尔赛宫是著名的建筑。
汉字
1.靠 2.颗 3.清
4.努 5.著

图 7－52

【练习与实践】

目标：用 PPT 设计一节课的汉字多媒体教案。

课文：

小草干了，大象来了。大象的鼻子像水管，哗哗哗——小草醒了！

花儿开了，散发着香味。勤劳的小蜜蜂来了，嗡嗡嗡——把花蜜采走了。

老树生病了，发着抖。啄木鸟来了，伸着尖尖的嘴，咚咚咚——把虫子捉走了。

教案内容：

生字：草、象、鼻、花、树、哗、嗡、咚（任选三个以上汉字）

组词：小草、大象、鼻子……

练习：汉字和读音配对练习，组词练习。

要求：

(1) 充分利用各种多媒体，如图片、声音、动画等。自己在网上搜索这些多媒体资源。

(2) 生字需要教学笔顺、读音、笔画、组词等。要求利用各种多媒体、各种形式、各种资源，尽可能地生动有趣。

(3) PPT 设计时，充分使用各种动画方案、动作、效果，要求 PPT 色调鲜明、动作丰富、生动有趣。

第八章　Excel 和电子化教学管理

【学习目标】

掌握 Excel 电子表格的制作、统计、排序、制图等基本功能。

第一节　引言

制作 Excel 表格，使表格实现电子化，可以方便数据的保存与统计，极大提高办公的效率，是实现办公自动化的基础技术。Microsoft Excel 软件的功能是强大的，在此只集中介绍最基础的部分。使用这些基础功能，就可以满足目前办公自动化中的大部分需求。下文从两方面介绍：一是如何创建一个最简单的表格，二是如何利用 Excel 的统计功能进行数据统计。每个功能的实现都分步列出，同时给出相应的操作示意图，方便读者对照执行。

第二节　创建表格

【步骤 1】首先需要安装 Microsoft Excel 2013，之后运行该软件。方法：从开始菜单的程序列表中可以找到 Microsoft Excel（图 8 - 1）。单击鼠标右键运行。此时程序自动创建一个空白表格（图 8 - 2）。

图 8－1　运行 Microsoft Excel 2013

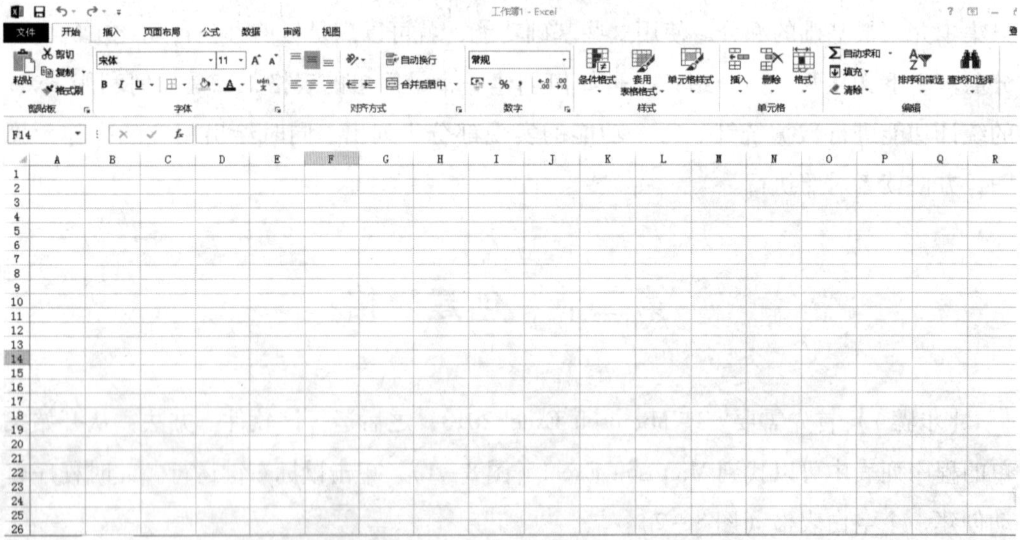

图 8－2　程序自动创建的空白表格

一个表格由许多行（用阿拉伯数字标识）和列（用英文字母标识）组成。每个小格子叫做单元格。用鼠标左键单击选中某一个单元格，就可以直接在其中输入文字或者数字。

【步骤2】保存表格。方法：在窗口上部菜单栏中选择“文件”—“保存”或“另存为”，然后双击“计算机”，会弹出一个对话框，要求输入保存的位置和文件名（图8－3）。选择合适的文件名和位置后选择“保存”，就完成保存当前的表格了。

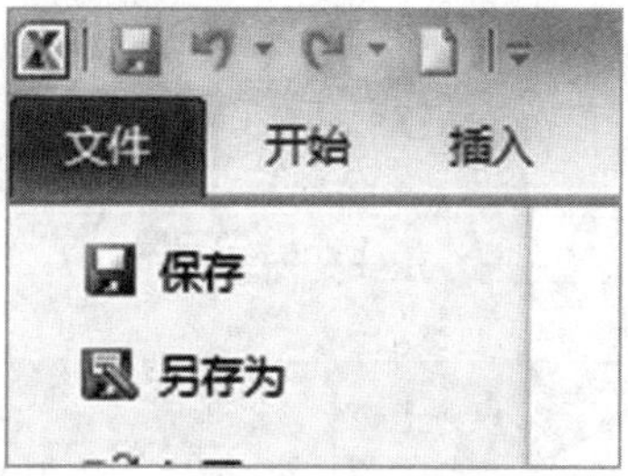

图8－3　保存文件

【步骤3】调整单元格大小。自动生成的表格中每个单元格的大小都是完全相同的。要调整单元格的大小，操作起来非常简单。方法：如要调整单元格的宽度，将鼠标移动到相邻两列之间，就会看见鼠标变成一个横的双向箭头中间有一个竖杠。此时按住鼠标左键，左右拖动，可以调整列的宽度，至合适的位置时放开鼠标左键，则这列中所有单元格的宽度就被调整至所需的大小了。类似地，将鼠标移动到窗口左侧的数字标识栏中相邻两行之间，会看见鼠标变成一个竖的双向箭头中间有一个横杠。此时按住鼠标左键，上下拖动，可以调整行的高度，至合适的位置时放开鼠标左键，则这行中所有单元格的高度就被调整至所需的大小了（图8－4）。另外，还可以单击“单元格”—“格式”，点击“列宽”或“行高”设置单元格的大小（图8－5）。

图8－4　调整单元格的大小

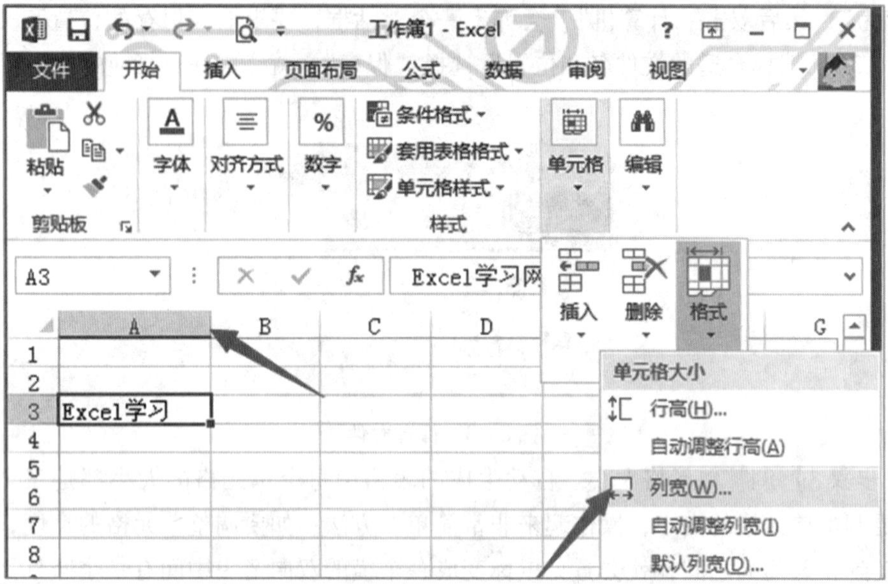

图 8－5　调整单元格的宽度

下面介绍如何调整一个单元格的宽度、高度为其他几个单元格的宽度、高度之和。这项功能一般用于表示表格中一项内容可以包含几个小项（例如：一个季度的收入可以分成三个月的月收入）。这时，需要通过合并几个小的单元格为一个大单元格来实现。方法：选中希望合并的单元格，然后单击鼠标右键，在弹出的菜单列表中选择“设置单元格格式”（图 8－6）。在弹出的对话框中选择“对齐”，然后在设置栏中选中“合并单元格”（图 8－7），选择“确定”即可将原先选中的单元格合并成一个单元格（图 8－8）。

图 8－6　设置单元格格式

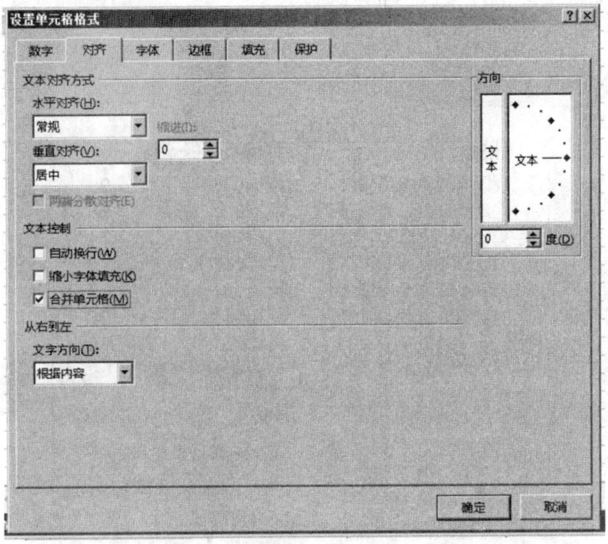

图 8－7　合并单元格

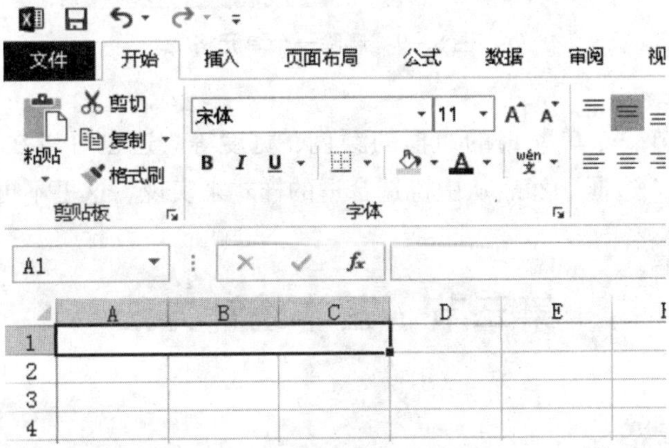

图 8－8　合并单元格后的效果

有时需要对表格进行修改，例如要插入或者删除某行、某列、某单元格。如果只是删除单元格中的内容，只需在选中相应单元格后单击鼠标右键，在弹出的菜单中选择“清除内容”即可。如果要删除某行、某列或者某单元格，只需选中那一行、列或者单元格，单击鼠标右键，在弹出的菜单中选择“删除”，这时会弹出一个对话框要求确定是删除一行、一列还是一个单元格（图 8－9）。如果删除单元格，需要选择删除后对原来表格的修改方式。有两种选择：一是让该单元格右侧的单元格依次左移一列；二是让该单元格下方的单元格依次上移一行。按照需要选择即可。插入和删除的操作类似，这里不再赘述。

	A	B	C	D
1	学号	姓名	班级	高数
2	20061201	李敏	英语061	99
3	20061202	李树财	英语061	65
4	20061203	代秋香	英语061	74
5	20061204	张敬秋	英语061	52
6	20061205	田文涛	英语061	63
7	20061206	李相东	英语061	98
8	20061207	徐光	英语061	75
9	20061208	张坤		
10	20061209	代明兵		
11	20061210	刘庆		
12	20061211	崔清波		
13	20061212	张文强		
14	20061213	路斌		
15	20061214	张宏蔚		
16	20061215	孙金明		
17	20061216	李易		
18	20061217	吕龙		
19	20061218	刘振		

图 8 - 9　删除一个单元格

有时需要调节一个单元格的边框的颜色、宽度等。这也可以在“设置单元格格式”中通过选择“边框”然后从中挑选合适的样式来实现。这里不再详细介绍。

第三节　基本统计方法

一、四则运算

Excel 表格的一个重要功能是统计功能。我们从常用的四则运算入手介绍一种通用的利用 Excel 表格进行计算的方法。

（一）求和

求和是表格统计中的一项常用计算功能。如图 8 - 10 所示的表格中，我们想统计每名学生的高数、政治、英语、微机四科的总分。方法：选中 H2，点击工具栏中的“求和函数”，按“Enter”键进行确认，得出第一名学生的总分（图 8 - 11）。

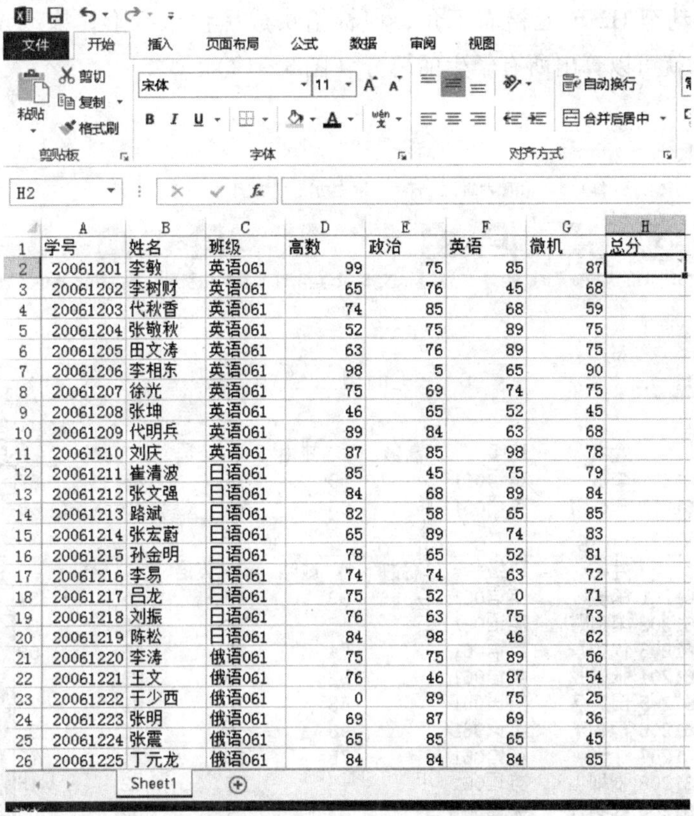

	A	B	C	D	E	F	G	H
1	学号	姓名	班级	高数	政治	英语	微机	总分
2	20061201	李敏	英语061	99	75	85	87	
3	20061202	李树财	英语061	65	76	45	68	
4	20061203	代秋香	英语061	74	85	68	59	
5	20061204	张敬秋	英语061	52	75	89	75	
6	20061205	田文涛	英语061	63	76	89	75	
7	20061206	李相东	英语061	98	5	65	90	
8	20061207	徐光	英语061	75	69	74	75	
9	20061208	张坤	英语061	46	65	52	45	
10	20061209	代明兵	英语061	89	84	63	68	
11	20061210	刘庆	英语061	87	85	98	78	
12	20061211	崔清波	日语061	85	45	75	79	
13	20061212	张文强	日语061	84	68	89	84	
14	20061213	路斌	日语061	82	58	65	85	
15	20061214	张宏蔚	日语061	65	89	74	83	
16	20061215	孙金明	日语061	78	65	52	81	
17	20061216	李易	日语061	74	74	63	72	
18	20061217	吕龙	日语061	75	52	0	71	
19	20061218	刘振	日语061	76	63	75	73	
20	20061219	陈松	日语061	84	98	46	62	
21	20061220	李涛	俄语061	75	75	89	56	
22	20061221	王文	俄语061	76	46	87	54	
23	20061222	于少西	俄语061	0	89	75	25	
24	20061223	张明	俄语061	69	87	69	36	
25	20061224	张震	俄语061	65	85	65	45	
26	20061225	丁元龙	俄语061	84	84	84	85	

图 8－10　Excel 表格

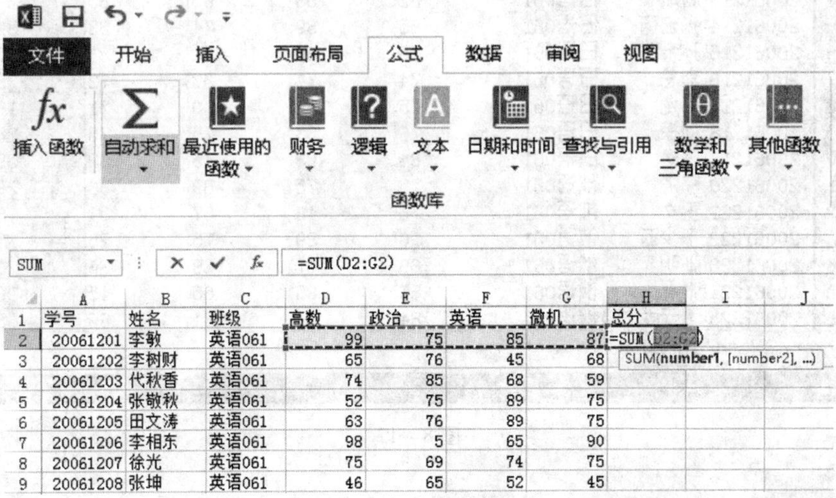

	A	B	C	D	E	F	G	H	I	J
1	学号	姓名	班级	高数	政治	英语	微机	总分		
2	20061201	李敏	英语061	99	75	85	87	=SUM(D2:G2)		
3	20061202	李树财	英语061	65	76	45	68			
4	20061203	代秋香	英语061	74	85	68	59			
5	20061204	张敬秋	英语061	52	75	89	75			
6	20061205	田文涛	英语061	63	76	89	75			
7	20061206	李相东	英语061	98	5	65	90			
8	20061207	徐光	英语061	75	69	74	75			
9	20061208	张坤	英语061	46	65	52	45			

图 8－11　自动求和

把鼠标移动至 H2 单元格右下角，鼠标箭头成黑色十字形，拖动至 H26 单元格（自动填充），就可以算出所有学生的总分（图 8－12）。

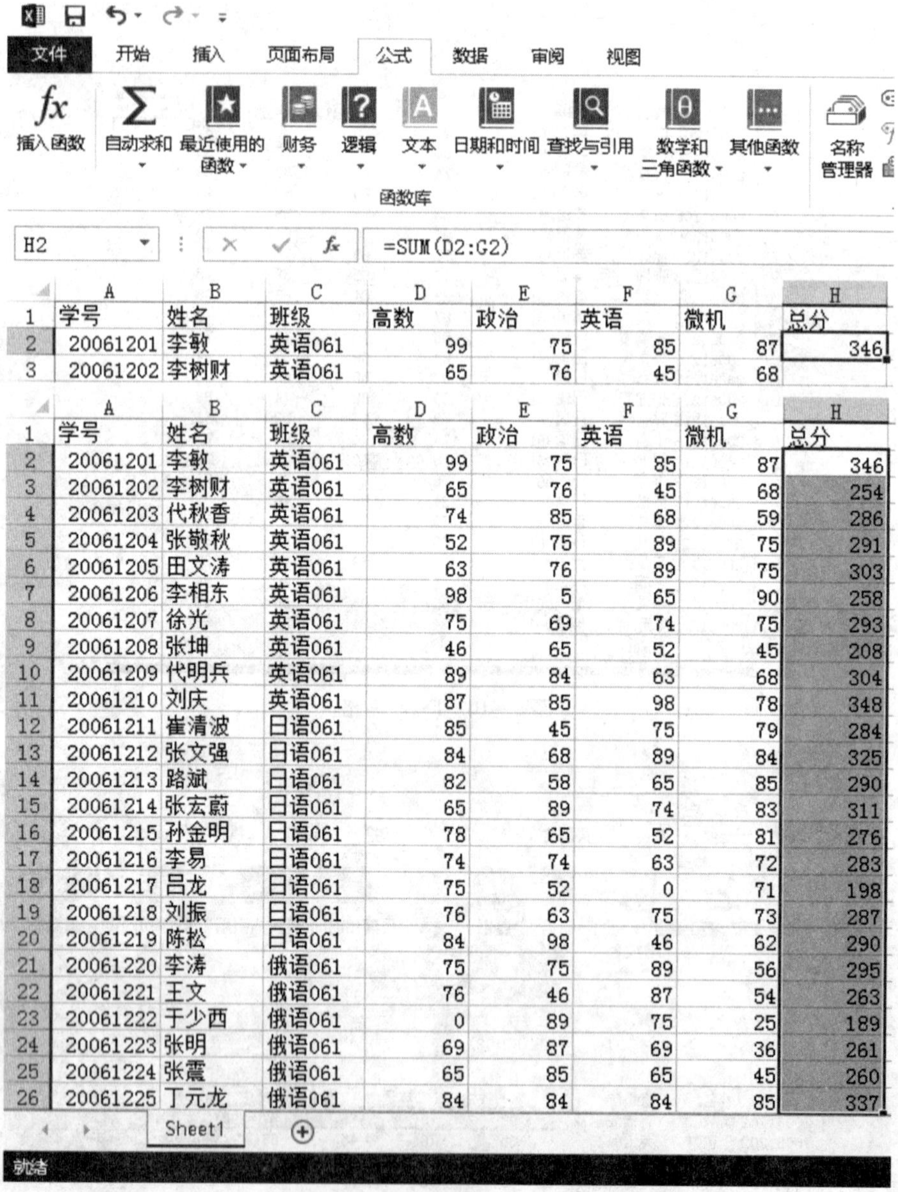

	A	B	C	D	E	F	G	H
1	学号	姓名	班级	高数	政治	英语	微机	总分
2	20061201	李敏	英语061	99	75	85	87	346
3	20061202	李树财	英语061	65	76	45	68	

	A	B	C	D	E	F	G	H
1	学号	姓名	班级	高数	政治	英语	微机	总分
2	20061201	李敏	英语061	99	75	85	87	346
3	20061202	李树财	英语061	65	76	45	68	254
4	20061203	代秋香	英语061	74	85	68	59	286
5	20061204	张敬秋	英语061	52	75	89	75	291
6	20061205	田文涛	英语061	63	76	89	75	303
7	20061206	李相东	英语061	98	5	65	90	258
8	20061207	徐光	英语061	75	69	74	75	293
9	20061208	张坤	英语061	46	65	52	45	208
10	20061209	代明兵	英语061	89	84	63	68	304
11	20061210	刘庆	英语061	87	85	98	78	348
12	20061211	崔清波	日语061	85	45	75	79	284
13	20061212	张文强	日语061	84	68	89	84	325
14	20061213	路斌	日语061	82	58	65	85	290
15	20061214	张宏蔚	日语061	65	89	74	83	311
16	20061215	孙金明	日语061	78	65	52	81	276
17	20061216	李易	日语061	74	74	63	72	283
18	20061217	吕龙	日语061	75	52	0	71	198
19	20061218	刘振	日语061	76	63	75	73	287
20	20061219	陈松	日语061	84	98	46	62	290
21	20061220	李涛	俄语061	75	75	89	56	295
22	20061221	王文	俄语061	76	46	87	54	263
23	20061222	于少西	俄语061	0	89	75	25	189
24	20061223	张明	俄语061	69	87	69	36	261
25	20061224	张震	俄语061	65	85	65	45	260
26	20061225	丁元龙	俄语061	84	84	84	85	337

图 8－12

（二）求平均值

另一个常用的函数是平均函数。以图 8－10 所示表格为例，在 I 列中算出每名学生的平均分。

方法：选择 I2 单元格，单击"插入"—"函数"，在弹出的对话框中选择"AVERAGE"（求平均数）函数，设置计算范围为 D2：G2，算出得数（图 8－13，图 8－14）。

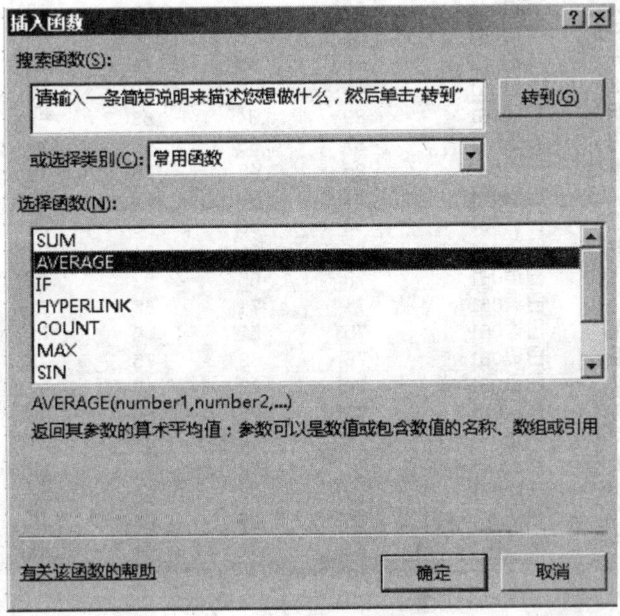

图 8－13　选择函数

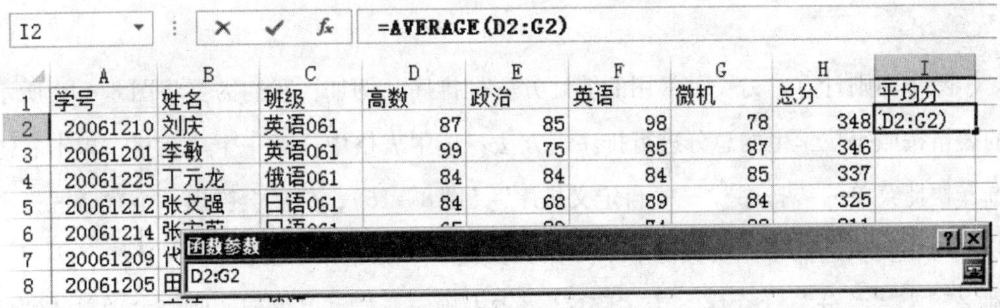

图 8－14　求平均分

把鼠标移动至I2单元格右下角，鼠标箭头成黑色十字形，拖动至I26单元格（自动填充），就可以算出所有学生的平均分（图8－15）。

	A	B	C	D	E	F	G	H	I
1	学号	姓名	班级	高数	政治	英语	微机	总分	平均分
2	20061201	李敏	英语061	99	75	85	87	346	86.5
3	20061202	李树财	英语061	65	76	45	68	254	63.5
4	20061203	代秋香	英语061	74	85	68	59	286	71.5
5	20061204	张敬秋	英语061	52	75	89	75	291	72.75
6	20061205	田文涛	英语061	63	76	89	75	303	75.75
7	20061206	李相东	英语061	98	5	65	90	258	64.5
8	20061207	徐光	英语061	75	69	74	75	293	73.25
9	20061208	张坤	英语061	46	65	52	45	208	52
10	20061209	代明兵	英语061	89	84	63	68	304	76
11	20061210	刘庆	英语061	87	85	98	78	348	87
12	20061211	崔清波	日语061	85	45	75	79	284	71
13	20061212	张文强	日语061	84	68	89	84	325	81.25
14	20061213	路斌	日语061	82	58	65	85	290	72.5
15	20061214	张宏蔚	日语061	65	89	74	83	311	77.75
16	20061215	孙金明	日语061	78	65	52	81	276	69
17	20061216	李易	日语061	74	74	63	72	283	70.75
18	20061217	吕龙	日语061	75	52	0	71	198	49.5
19	20061218	刘振	日语061	76	63	75	73	287	71.75
20	20061219	陈松	日语061	84	98	46	62	290	72.5
21	20061220	李涛	俄语061	75	75	89	56	295	73.75
22	20061221	王文	俄语061	76	46	87	54	263	65.75
23	20061222	于少西	俄语061	0	89	75	25	189	47.25
24	20061223	张明	俄语061	69	87	69	36	261	65.25
25	20061224	张震	俄语061	65	85	65	45	260	65
26	20061225	丁元龙	俄语061	84	84	84	85	337	84.25

图8－15　整列求平均分

二、排序

除了四则计算，另一种常用的统计方法是排序。例如：我们需要将图8－10所示的表格按照每位学生的总分进行排序。方法：选中表格中任意一个单元格，单击右键选择快捷菜单的“排序”—“自定义排序”（图8－16），然后会弹出一个对话框（图8－17），要求选择“主要关键字”、“第二关键字”和“第三关键字”。选择“主要关键字”为“总分”，“次序”为“降序”，点击确定，就可以得到按照要求排序的结果（图8－18）。

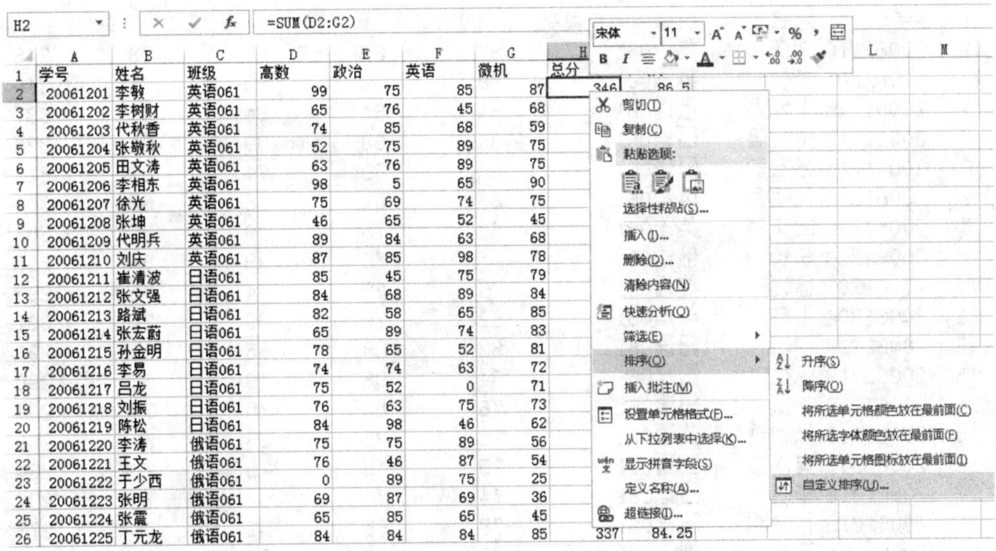

	学号	姓名	班级	高数	政治	英语	微机	总分
2	20061201	李敏	英语061	99	75	85	87	346
3	20061202	李树财	英语061	65	76	45	68	
4	20061203	代秋香	英语061	74	85	68	59	
5	20061204	张敬秋	英语061	52	75	89	75	
6	20061205	田文涛	英语061	63	76	89	75	
7	20061206	李相东	英语061	98	5	65	90	
8	20061207	徐光	英语061	75	69	74	75	
9	20061208	张坤	英语061	46	65	52	45	
10	20061209	代明兵	英语061	89	84	63	68	
11	20061210	刘庆	英语061	87	85	98	78	
12	20061211	崔清波	日语061	85	45	75	79	
13	20061212	张文强	日语061	84	68	89	84	
14	20061213	路斌	日语061	82	58	65	85	
15	20061214	张宏蔚	日语061	65	89	74	83	
16	20061215	孙金明	日语061	78	65	52	81	
17	20061216	李易	日语061	74	74	63	72	
18	20061217	吕龙	日语061	75	52	0	71	
19	20061218	刘振	日语061	76	63	75	73	
20	20061219	陈松	日语061	84	98	46	62	
21	20061220	李涛	俄语061	75	75	89	56	
22	20061221	王文	俄语061	76	46	87	54	
23	20061222	于少西	俄语061	0	89	75	25	
24	20061223	张明	俄语061	69	87	69	36	
25	20061224	张霞	俄语061	65	85	65	45	
26	20061225	丁元龙	俄语061	84	84	84	85	337

图 8－16　选择排序

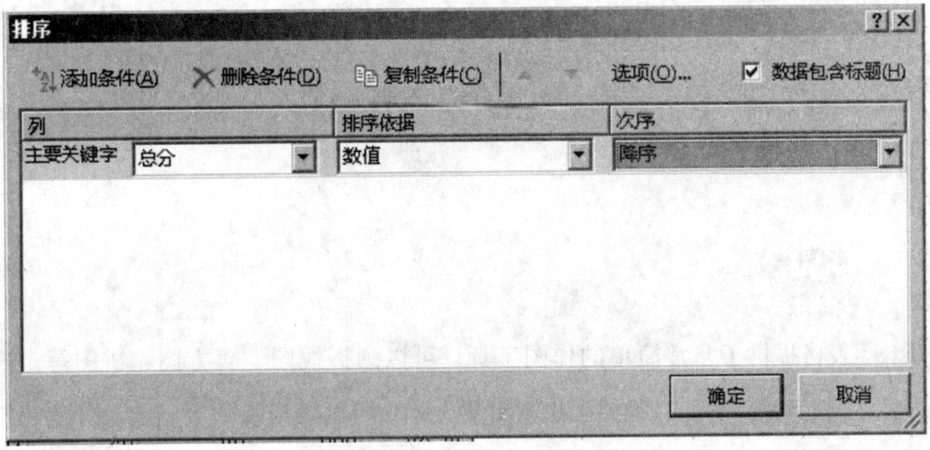

图 8－17　排序对话框

	A	B	C	D	E	F	G	H
1	学号	姓名	班级	高数	政治	英语	微机	总分
2	20061210	刘庆	英语061	87	85	98	78	348
3	20061201	李敏	英语061	99	75	85	87	346
4	20061225	丁元龙	俄语061	84	84	84	85	337
5	20061212	张文强	日语061	84	68	89	84	325
6	20061214	张宏蔚	日语061	65	89	74	83	311
7	20061209	代明兵	英语061	89	84	63	68	304
8	20061205	田文涛	英语061	63	76	89	75	303
9	20061220	李涛	俄语061	75	75	89	56	295
10	20061207	徐光	英语061	75	69	74	75	293
11	20061204	张敬秋	英语061	52	75	89	75	291
12	20061213	路斌	日语061	82	58	65	85	290
13	20061219	陈松	日语061	84	98	46	62	290
14	20061218	刘振	日语061	76	63	75	73	287
15	20061203	代秋香	英语061	74	85	68	59	286
16	20061211	崔清波	日语061	85	45	75	79	284
17	20061216	李易	日语061	74	74	63	72	283
18	20061215	孙金明	日语061	78	65	52	81	276
19	20061221	王文	俄语061	76	46	87	54	263
20	20061223	张明	俄语061	69	87	69	36	261
21	20061224	张震	俄语061	65	85	65	45	260
22	20061206	李相东	英语061	98	5	65	90	258
23	20061202	李树财	英语061	65	76	45	68	254
24	20061208	张坤	英语061	46	65	52	45	208
25	20061217	吕龙	日语061	75	52	0	71	198
26	20061222	于少西	俄语061	0	89	75	25	189

图 8－18　按总分降序排列结果

三、作图

Excel 表格提供了非常简单的作图工具，可以画折线图、直方图、饼图等。这里我们介绍一般步骤。例如，我们想绘制出图 8－10 所示表格中学生们的总分变化折线图。方法：首先选中总分那一列的数字，即 H 列从第 2 行到第 26 行的数字。然后选择菜单栏中的“插入”，在图表工具栏中选择“折线图”，并且选择子类型。最后点击“完成”，就可以产生相应的折线图了（图 8－19）。

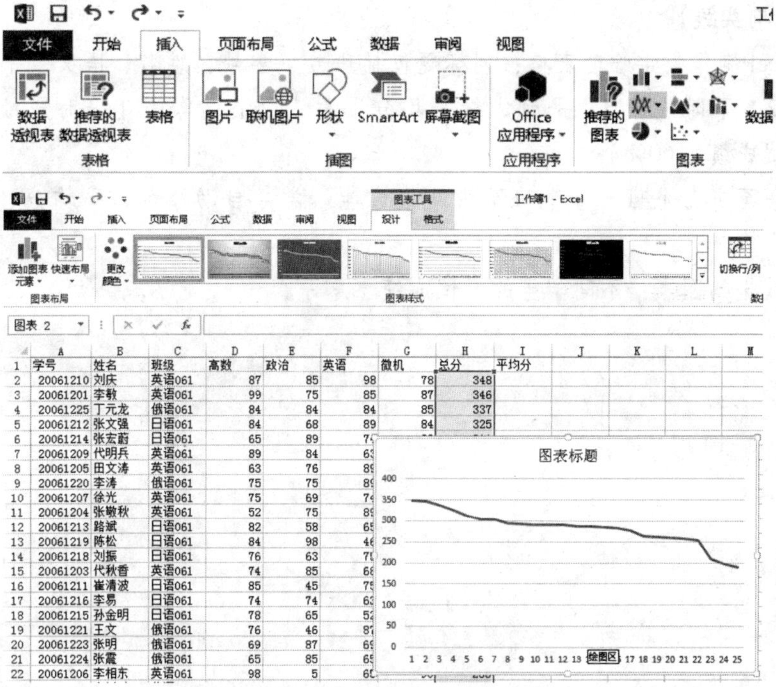

图 8－19　用图表工具作图

将鼠标移至图表区和绘图区，单击右键，可以在快捷菜单中进行相关数据的设置（图 8－20）。

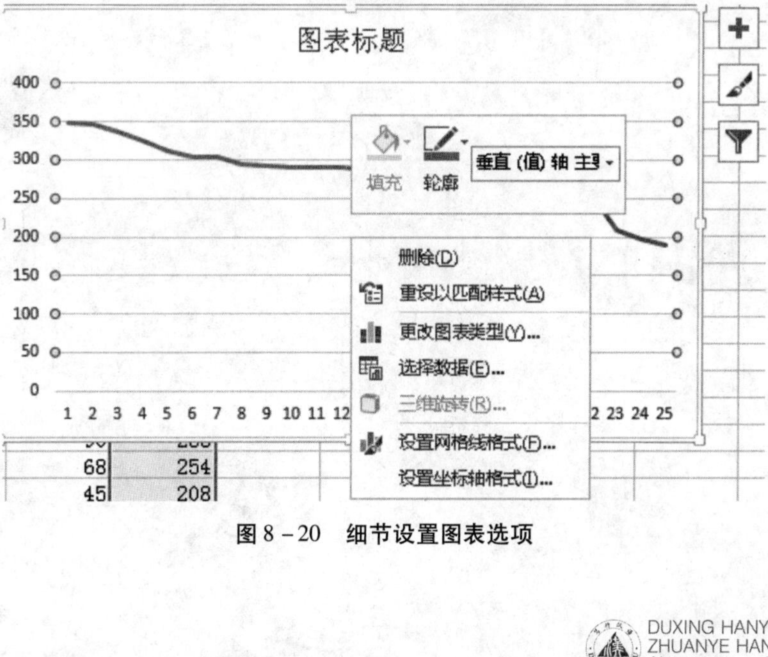

图 8－20　细节设置图表选项

【练习与实践】

用 Excel 制作教学管理表格：列标题包括班号、学号、姓名、语文、平时成绩 1、平时成绩 2、平时成绩 3、平时成绩平均分、考试成绩、总评（平时成绩平均分的 40% + 考试成绩的 60%）。

要求：至少三个班，每个班至少 4 名学生。学号自动添加，平均分、总评自动计算。

制作数据的图表：不同学生的考试成绩、总评。

资源篇

第九章　汉字资源与辅助汉字教学

【学习目标】

1. 了解汉字常用的网络资源，以及辅助汉字教学的方法。

2. 掌握汉字的字源字形、偏旁部首、笔顺笔画、朗读、拼音、字体、繁简转换、手写输入、组词、字典、字表等的使用方法，以及在辅助汉字教学中的应用。

第一节　通过字源字形辅助汉字教学

一、汉字的演变与构成方式

（一）汉字的演变过程

汉字经过了6 000多年的变化，其演变过程如下：甲骨文→金文→小篆→隶书→楷书→行书→草书（图9－1）。

图9－1

（二）汉字构成主要的三种方法（指示除外）

1. 象形法

这是形成汉字的最早方法，因此创造了最原始的文字，例：“日”写成，“月”写成，“水”写成，“牛”写成，等等。这些象形字经过演变，到后来都改变了原字的形体，变成了后来方正的字体，有的笔画减少了，有的笔画增添了，由不规则变成了有规则的字体。

2. 会意法

象形字比较容易看出造字的道理，但它们不能表达抽象的意思，古人便创造了另一种造字法——会意法。会意法就是用不同的符号或借用“象形字”加上一些符号来表达一个抽象的意思。例：“明”字写成，意为“日”和“月”带来光明；“旦”字写成，意为太阳出地平线而升起。

3. 形声法

象形字和会意字都能从字形上看出字的意义，却不能读出声音，因此，古人又创造了形声法来造字。形声法把表示声音的声旁和表示意义的形旁搭配起来，组成很多新字。例：“爸”字是表音的“巴”字和表形的“父”字的结合；“芭”字是由“巴”和“艹”搭配而成。这样文字越造越多，据统计，形声字占汉字的90%左右。汉字的形成和发展，成为人们交流思想的重要工具，满足了人类社会生活的需要。

二、通过字源字形的图片演示汉字

在线演示字源字形：http：//www. zdic. net/zd/zi/ZdicE4ZdicBAZdicBA. htm。

例如，“人”的字源字形图片（图9－2）：

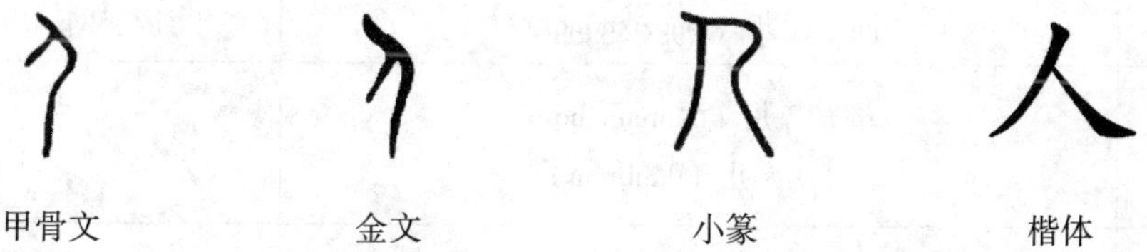

图9－2

第二节　汉字的偏旁部首

一、偏旁部首介绍

现在合体字各部位的部件统称为偏旁。如“语”字由“言字旁”和“吾”两个偏旁组成；“盆”字由“分”和“皿字底”两个偏旁组成；“问”字由“门字框”和“口”两个偏旁组成。

汉字绝大部分是形声字，由形旁和声旁组成，所以，“偏旁”主要包含形旁和声旁两类。形旁表示字的意思，声旁表示字的读音。

一般而言，部首是表义的偏旁。部首也是偏旁，但偏旁不一定是部首，偏旁与部首是整体与部分的关系。在偏旁中，部首的数量很少，常用的不过一百多个。

表 9－1　常见偏旁表

偏旁	名称	例字
冫	两点水儿（liǎngdiǎnshuǐr）	次、冷、准
冖	秃宝盖儿（tūbǎogàir）	写、军、冠
讠	言字旁儿（yánzìpángr）	计、论、识
厂	偏厂儿（piānchǎngr）	厅、历、厚
匚	三匡栏儿（sānkuānglánr） 三匡儿（sānkuāngr）	区、匠、匣
刂	立刀旁儿（lìdāopángr） 立刀儿（lìdāor）	列、别、剑
冂（⺆）	同字匡儿（tóngzìkuāngr）	冈、网、周
亻	单人旁儿（dānrénpángr） 单立人儿（dānlìrénr）	仁、位、你
勹	包字头儿（bāozìtóur）	勺、勾、旬

（续上表）

偏旁	名称	例字
厶	私字儿（sīzìr）	允、去、矣
廴	建之旁儿（jiànzhīpángr）	廷、延、建
卩	单耳旁儿（dān'ěrpángr） 单耳刀儿（dān'ěrdāor）	卫、印、却
阝	双耳旁儿（shuāng'ěrpángr） 双耳刀儿（shuāng'ěrdāor） 左耳刀儿（zuǒ'ěrdāor）（在左） 右耳刀儿（yòu'ěrdāor）（在右）	防、阻、院 邦、那、郊
氵	三点水儿（sāndiǎnshuǐr）	江、汪、活
丬（爿）	将字旁儿（jiàngzìpángr）	壮、状、将
忄	竖心旁儿（shùxīnpángr） 竖心儿（shùxīnr）	怀、快、性
宀	宝盖儿（bǎogàir）	宇、定、宾
广	广字旁儿（guǎngzìpángr）	庄、店、席
辶	走之儿（zǒuzhīr）	过、还、送
土	提土旁儿（títǔpángr） 剔土旁儿（tītǔpángr）	地、场、城
艹	草字头儿（cǎozìtóur） 草头儿（cǎotóur）	艾、花、英
廾	弄字底儿（nòngzìdǐr）	开、弁、异
尢	尤字旁儿（yóuzìpángr）	尤、龙、尥
扌	提手旁儿（tíshǒupángr） 剔手旁儿（tīshǒupángr）	扛、担、摘
囗	方匡儿（fāngkuàngr）	因、国、图
彳	双人旁儿（shuāngrénpángr） 立人儿（shuānglìrénr）	行、征、徒

（续上表）

偏旁	名称	例字
彡	三撇儿（sānpiěr）	形、参、须
夂	折文儿（zhéwénr）	冬、处、夏
犭	反犬旁儿（fǎnquǎnpángr） 犬犹儿（quǎnyóur）	狂、独、狠
饣	食字旁儿（shízìpángr）	饮、饲、饰
子	子字旁儿（zǐzìpángr）	孔、孙、孩
纟	绞丝旁儿（jiǎosīpángr） 乱绞丝儿（luànjiǎosīr）	红、约、纯
巛	三拐儿（sānguǎir）	甾、邕、巢
灬	四点儿（sìdiǎnr）	杰、点、热
火	火字旁儿（huǒzìpángr）	灯、灿、烛
礻	示字旁儿（shìzìpángr） 示补儿（shìbǔr）	礼、社、祖
王	王字旁儿（wángzìpángr） 斜玉旁儿（xiéyùpángr）	玩、珍、班
木	木字旁儿（mùzìpángr）	朴、杜、栋
牜	牛字旁儿（niúzìpángr） 剔牛儿（tīniúr）	牡、物、牲
攵	反文旁儿（fǎnwénpángr） 反文儿（fǎnwénr）	收、政、教
疒	病字旁儿（bìngzìpángr） 病旁儿（bìngpángr）	症、疼、痕
衤	衣字旁儿（yīzìpángr） 衣补儿（yībǔr）	初、袖、被
𡗗	春字头儿（chūnzìtóur）	奉、奏、秦

（续上表）

偏旁	名称	例字
罒	四字头儿（sìzìtóur）	罗、罢、罪
皿	皿字底儿（mǐnzìdǐr） 皿墩儿（mǐndūnr）	盂、益、盔
钅	金字旁儿（jīnzìpángr）	钢、钦、铃
禾	禾木旁儿（hémùpángr）	和、秋、种
癶	登字头儿（dēngzìtóur）	癸、登、凳
米	米字旁儿（mǐzìpángr）	粉、料、粮
虍	虎字头儿（hǔzìtóur）	虏、虑、虚
⺮	竹字头儿（zhúzìtóur）	笑、笔、笛
⻊	足字旁儿（zúzìpángr）	跃、距、蹄

二、汉字部首及例字卡片

为了更好地演示汉字的内部结构，形象生动地进行汉字教学，我们构建了汉字部首及例子卡片，总共有 2 000 个汉字，示例如下（图 9－3）：

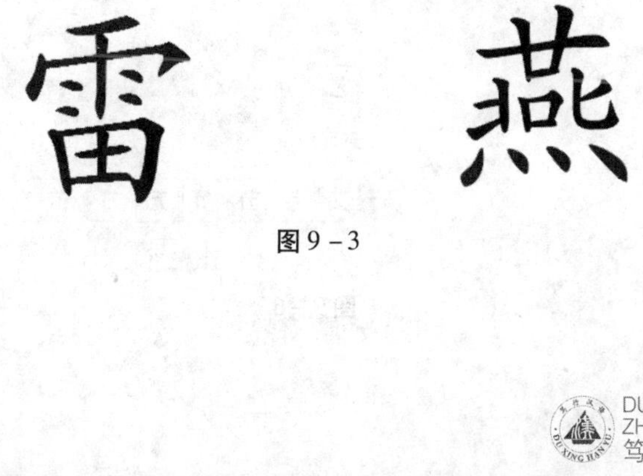

图 9－3

三、按偏旁部首检字

在线演示按偏旁部首查找汉字：http：//zd. chinesehelper. cn/bsjz. aspx（图9－4）。

图9－4

【步骤1】按部首的笔画数找到部首。如草字头是三画（图9－5）。

图9－5

【步骤2】单击草字头，超链接到草字头的汉字表（图9－6）。

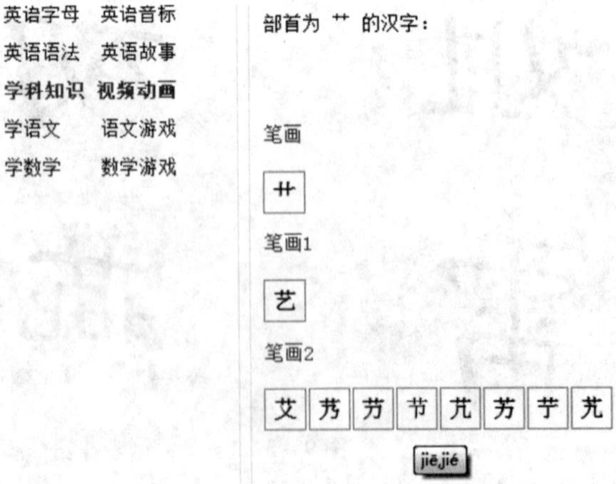

图9－6

【步骤3】按照汉字的部外笔画数找到汉字。部外笔画数是除部首外的汉字笔画数。如“节”字的部外笔画数是2。单击“节”字，超链接到“节”字在字典中的解释的网页（图9－7）。

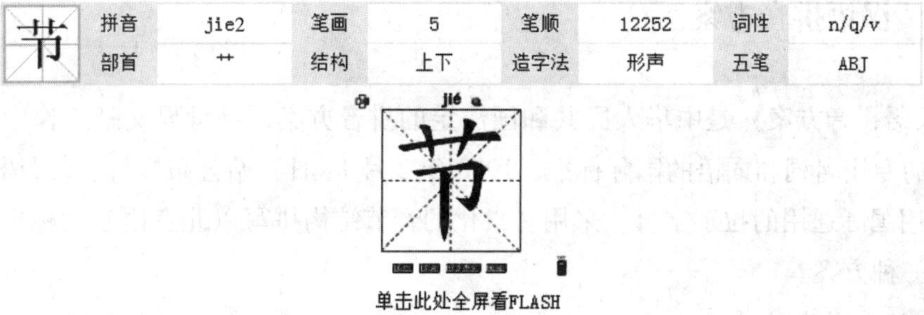

图9－7

第三节　汉字的笔顺、笔画、部首演示

笔顺是指汉字笔画的书写顺序。汉字的笔顺规则是：先横后竖（如“干”），先撇后捺（如“八”），从小到大（如“主”），从左到右（如“林”），先进后关（如“田”），先中间后两边（如“水”），从外到内（如“回”）等。如“仗”，笔顺为丿，丿丨，丿丨一，丿丨一丿，丿丨一丿㇏。笔顺是否正确，关系到书写的速度和字形的好坏。

在线演示2 000多个汉字的笔顺动画：http：//www. chinesehelper. cn/zd. aspx。

点击“笔顺”，如果再点击“连续”按钮，将连贯演示“我”字的笔顺，如果点击“分步”，将通过单击“下一步”则是一步一步演示笔顺（图9－8）。

点击“笔画”，将显示汉字的笔画数，点击“偏旁部首”将显示汉字的偏旁部首。

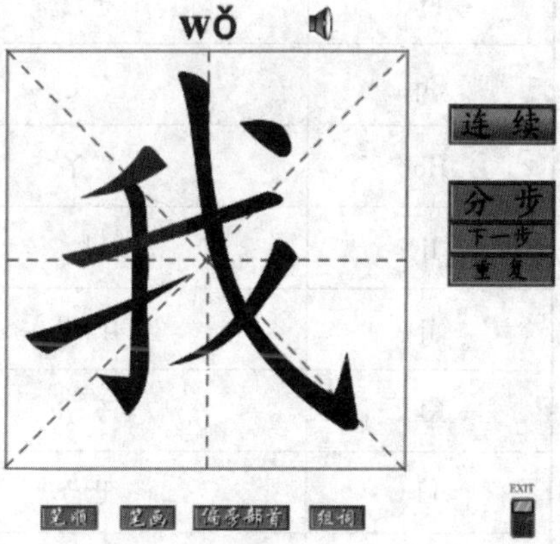

图9－8

第四节　汉字的拼音、录音

一、汉语拼音方案

《汉语拼音方案》是中华人民共和国法定的拼音方案，是世界文献工作中拼写有关中国的专用名词和词语的国际标准，1958 年 2 月 11 日开始公布推行。《汉语拼音方案》采用国际通用的拉丁字母，采用音素化的音节结构拼写以北京语音为标准音的普通话的一种方案。

（一）字母表

表 9－2　字母表

字母	名称	字母	名称
Aɑ	ㄚ	Nn	ㄋㄝ
Bb	ㄅㄝ	Oo	ㄛ
Cc	ㄘㄝ	Pp	ㄆㄝ
Dd	ㄉㄝ	Qq	ㄑㄧㄡ
Ee	ㄜ	Rr	ㄚㄦ
Ff	ㄝㄈ	Ss	ㄝㄙ
Gg	ㄍㄝ	Tt	ㄊㄝ
Hh	ㄏㄚ	Uu	ㄨ
Ii	ㄧ	Vv	ㄪㄝ
Jj	ㄐㄧㄝ	Ww	ㄨㄚ
Kk	ㄎㄝ	Xx	ㄒㄧ
Ll	ㄝㄌ	Yy	ㄧㄚ
Mm	ㄝㄇ	Zz	ㄗㄝ

（二）声母表

表9-3　声母表

b ㄅ玻	p ㄆ坡	m ㄇ摸	f ㄈ佛	d ㄉ得	t ㄊ特	n ㄋ讷	l ㄌ勒
g ㄍ哥	k ㄎ科	h ㄏ喝	j ㄐ基	q ㄑ欺	x ㄒ希		
zh ㄓ知	ch ㄔ蚩	sh ㄕ诗	r ㄖ日	z ㄗ资	c ㄘ雌	s ㄙ思	

（三）韵母表

表9-4　韵母表

	i 丨 衣	u ㄨ 乌	ü ㄩ 迂
ɑ ㄚ 啊	iɑ 丨ㄚ 呀	uɑ ㄨㄚ 蛙	
o ㄛ 喔		uo ㄨㄛ 窝	
e ㄜ 鹅	ie 丨ㄝ 耶		üe ㄩㄝ 约
ɑi ㄞ 哀		uɑi ㄨㄞ 歪	
ei ㄟ 诶		uei ㄨㄟ 威	
ɑo ㄠ 熬	iɑo 丨ㄠ 腰		
ou ㄡ 欧	iou ㄡ 忧		

（续上表）

an ㄢ 安	ian ㄧㄢ 烟	uan ㄨㄢ 弯	üan ㄩㄢ 冤
en ㄣ 恩	in ㄧㄣ 因	uen ㄨㄣ 温	ün ㄩㄣ 晕
ang ㄤ 昂	iang ㄧㄤ 央	uang ㄨㄤ 汪	
eng ㄥ 亨的韵母	ing ㄧㄥ 英	ueng ㄨㄥ 翁	
ong （ㄨㄥ）轰的韵母	iong ㄩㄥ 雍		

二、汉语拼音学习软件

汉语声母、韵母等学习软件 Flash 演示：http：//bk. chinesehelper. cn/klpy/。

图 9－9

儿童学拼音：http：//www. zdic. net/appendix/f43. htm。

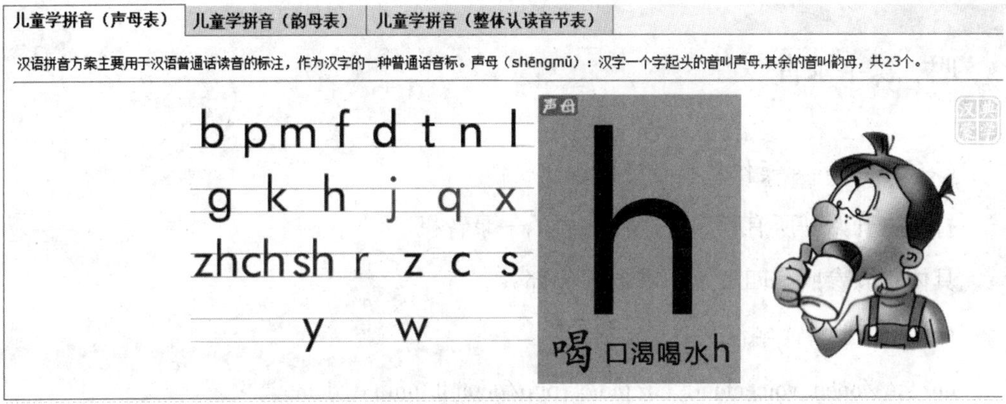

图 9 – 10

三、按拼音查找汉字

http：//zd. chinesehelper. cn/PYBH. aspx。

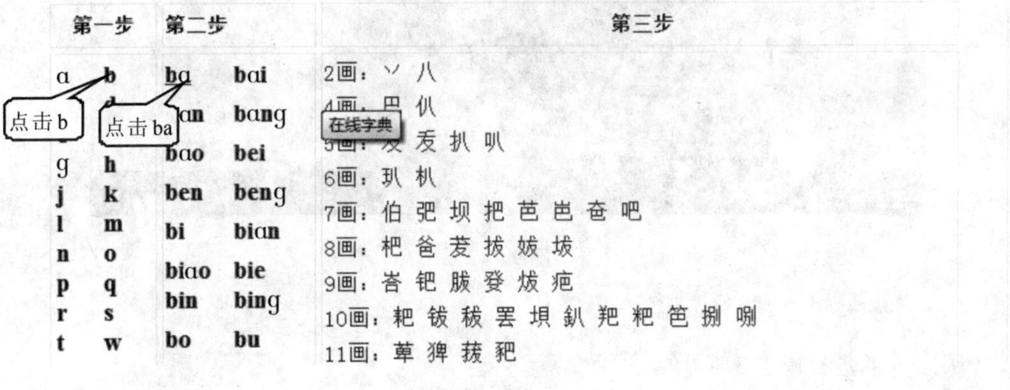

图 9 – 11

http：//zd. chinesehelper. cn。

直接输入汉字的拼音形式即可查找到汉字，“hɑo2”，最后面的数字表示声调，如果不加数字，则表示查四声的所有汉字。

四、汉字录音

（一）Windows 操作系统自带的录音软件

打开：开始—所有程序—附件—娱乐—录音机。

具体步骤参照第四章第一节的第一部分。

（二）在线朗读字词、句子

http：//open. voicecloud. cn/index. php/default/online_demo。

图 9－12

（三）中华拼读王 3. 8

http：//www. onlinedown. net/soft/6909. htm。

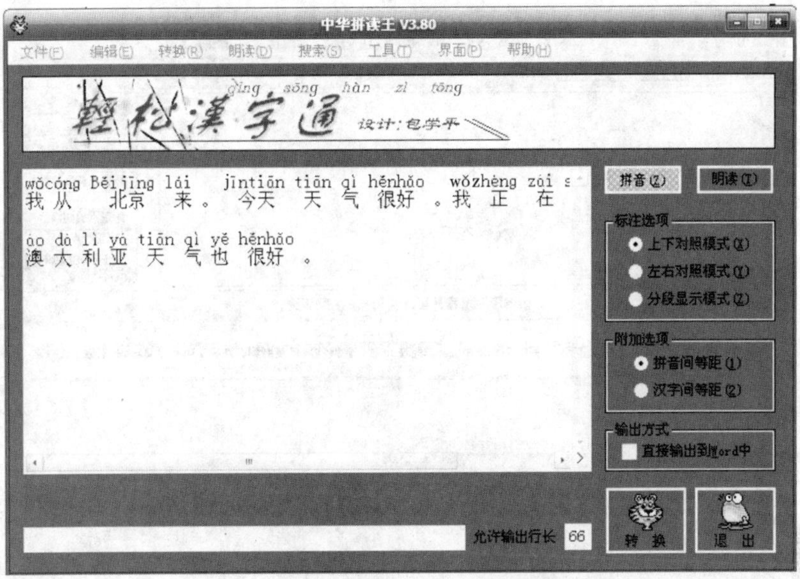

图 9－13

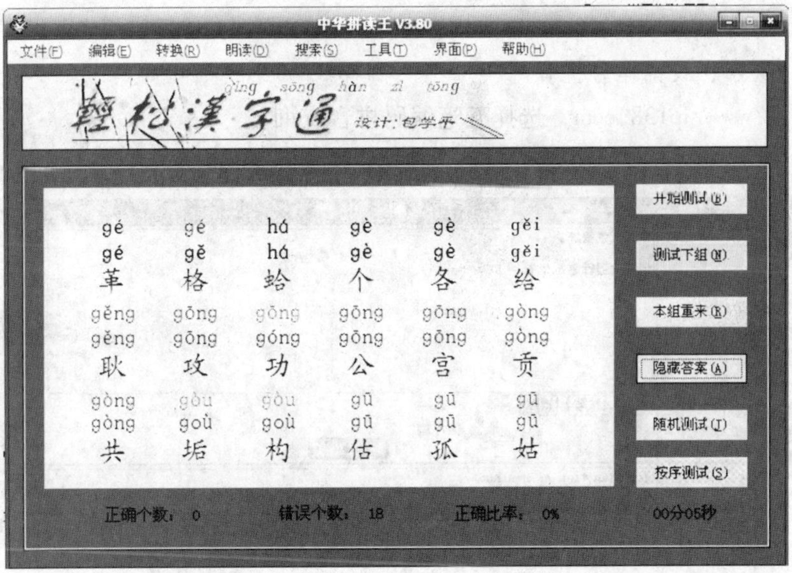

图 9－14

（四）在线汉字注音软件，汉语拼音查询标注

http：//py. kdd. cc/。

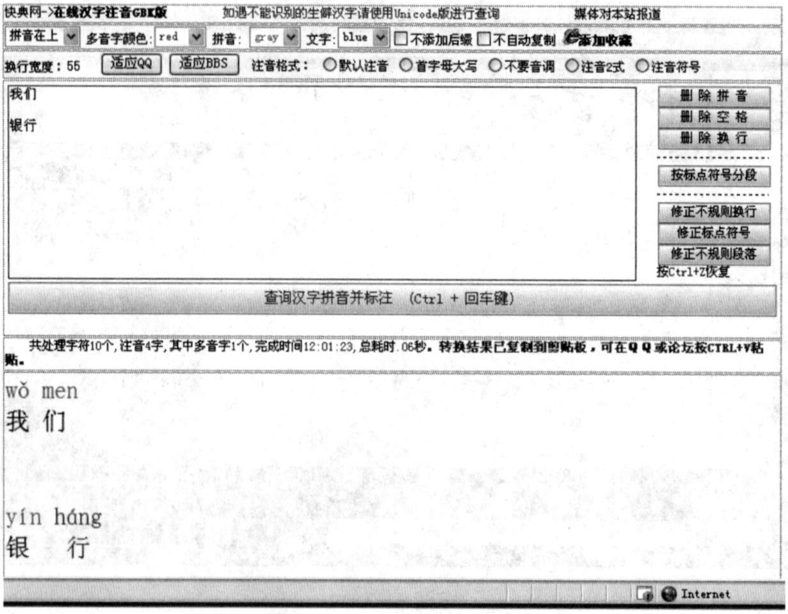

图 9－15

（五）汉字在线翻译为拼音

http：//www. ip138. com，选择五笔编码拼音查询。

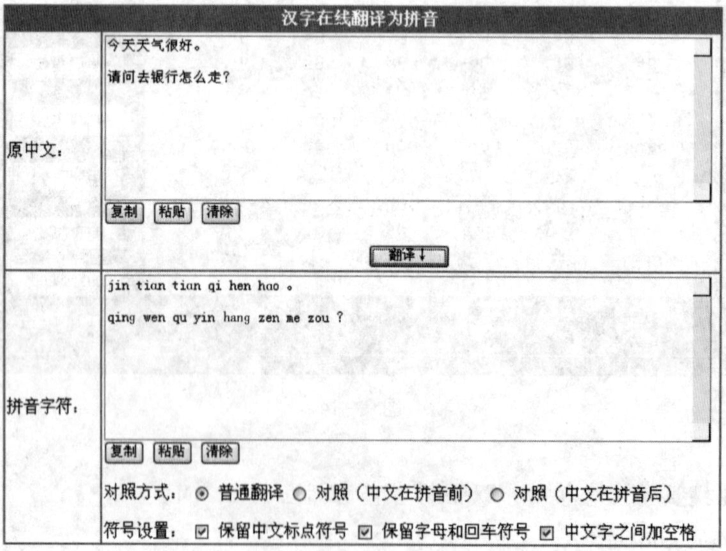

图 9－16

第五节　汉字的字体

字体，又称书体，是指文字的风格式样。如汉字手写的楷书、行书、草书。中国文字有正、草、隶、篆、行五种。每种字体中，又往往根据各种风格，以书家的姓氏来命名，如楷书中有欧（欧阳询）体、颜（真卿）体、柳（公权）体等。只有一种字体，不是以创始人的姓氏而是以朝代名来命名，这就是宋体字。

字体下载：http：//www. font. com. cn/，http：//font. itbulo. com/。

可以按照的字体品牌查找，也可以按照字体类别查找。

下载后，解压到文件夹，然后将后缀名为. ttf 的文件复制粘贴到“控制面板—字体”或者 Windows 系统的 font 目录（一般在 C 盘）中，电脑会自动安装。

第六节　繁简转换

一、利用 Word 进行繁简转换

Word 2010 不仅可以将简体字转换为繁体，还能够将繁体字转换为简体字，功能十分强大，操作起来也很简单。

在 Word 中选中需要转换的内容，然后点击“中文繁简转换”按钮旁边的三角，会弹出菜单，进行选择转换（图 9－17）。

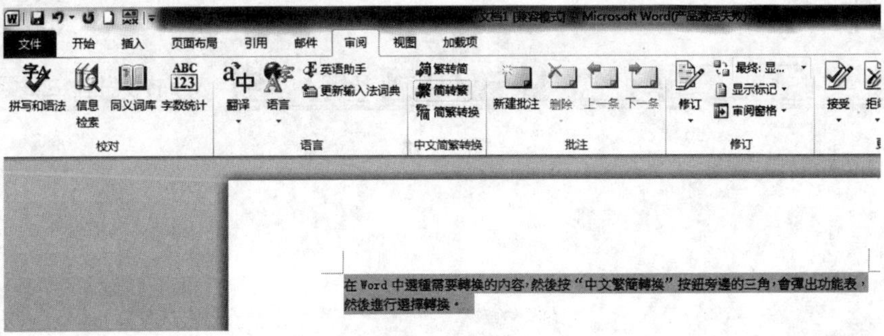

图 9－17

二、网站在线繁简转换

http：//www. aies. cn/。

http：//www. 123cha. com/chinese-converter/。

http：//ft. kdd. cc/。

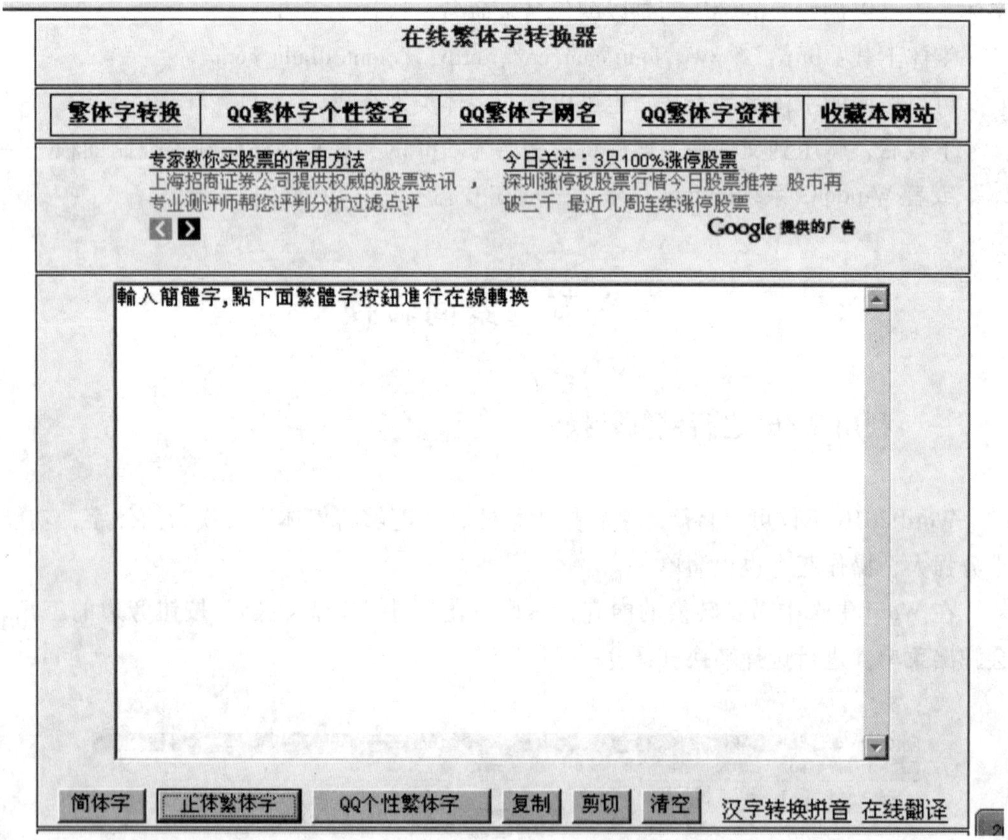

图 9－18

第七节　手写汉字识别

手写汉字识别能够使用户按照最自然、最方便的输入方式进行文字输入，易学易用，可取代键盘或者鼠标。用于手写输入的设备有许多种，如电磁感应手写板、压感式手写板、触摸屏、触控板、超声波笔等。目前，中国国内比较常用的手写汉字识别提供商是汉王科技。

在汉语教学过程中，可能会遇到既不会读又不会分析部首的汉字，我们可以通过手写汉字识别来显示。

下面我们以查字典网（http：//www. chazidian. com/）为例，来演示手写汉字识别（在写字窗口中，按住鼠标左键描字的笔画）。

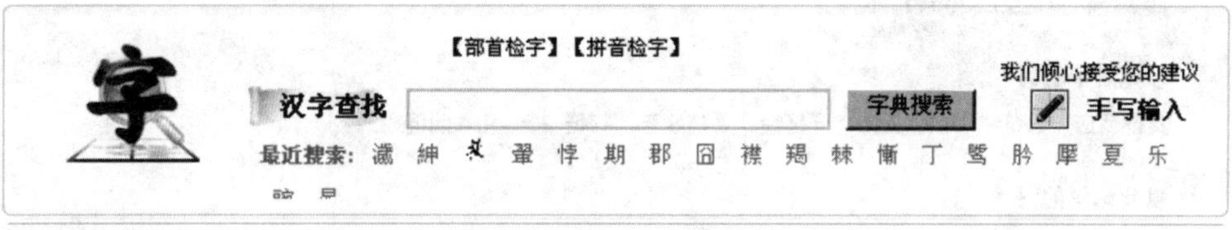

图 9－19

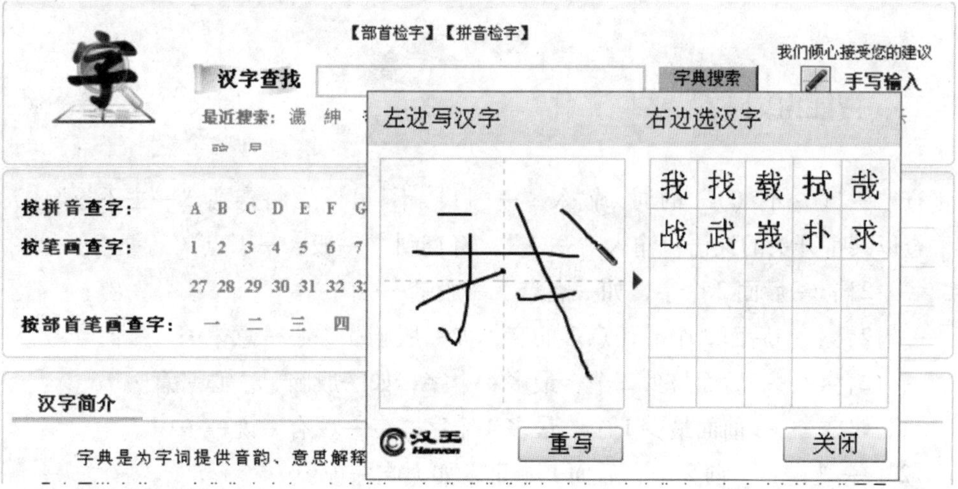

图 9－20

第八节　汉字组词

一、汉字居首、居中、居尾的组词

http：//zc. chinesehelper. cn/zc. aspx。

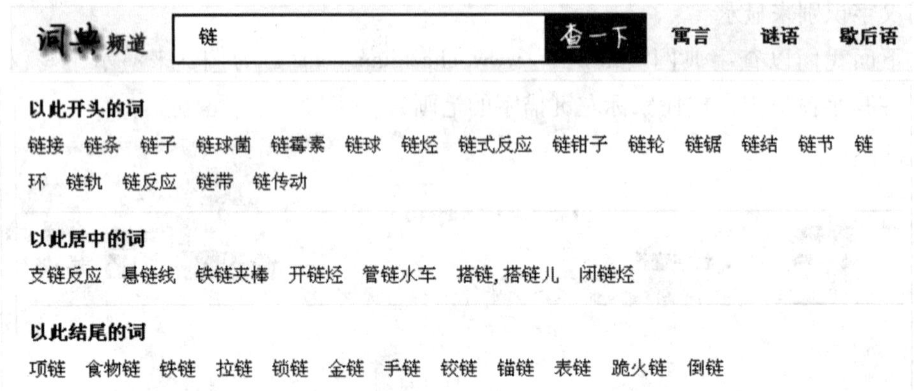

图 9－21

二、智能组词

查“一（）不（）”的词：输入“一｛1｝不｛1｝”，将查到“一去不返”。
查以某字开头的词语：输入“一＋”，将查到“一般，一丁点”。
一｛2｝：一后面 2 个字，如一点点、一股脑……
一｛2,｝：一后面 2 个或任意多的字，如一股脑、一心一意……
一｛2，4｝：一后面最少 2 个，最多 4 个字，如一股脑、一心一意……
｛1，4｝一：一前面最少 1 个，最多 4 个字，专一、有一说一……
｛2｝一｛1｝：一前 2 个，后面 1 个字，如大吃一惊……
可以将一替换为任意一个字，如：｛1｝不｛1｝，来｛1｝不｛1｝。
例如：

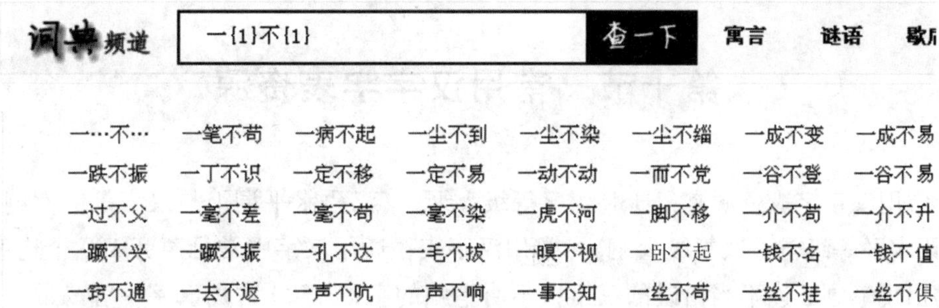

图 9－22

第九节　在线汉语字典

在线演示：http：//zd. chinesehelper. cn/。

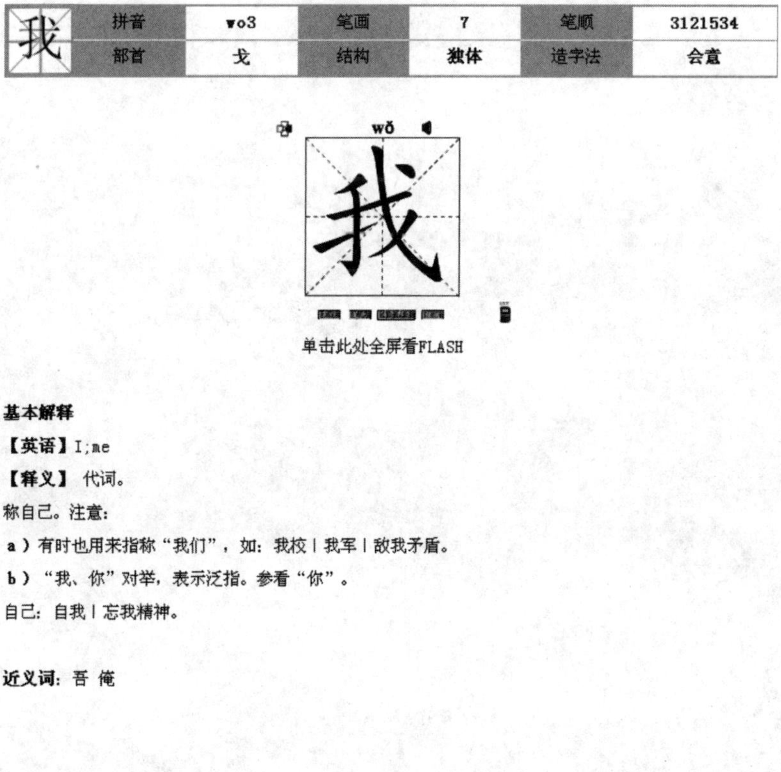

图 9－23

第十节　常用汉字字表资源

常用汉字字表资源有：HSK 汉字等级大纲；《汉语水平词汇与汉字等级大纲》和《汉语水平等级与语法等级大纲》；常用汉字表；通用汉字中常见声旁 100 个构字表；容易出现笔画断连不当错误的汉字；不明笔顺的字；3 500 常用汉字中容易混淆的组字部件辨析表；容易读错音的一些字；常用多音字表；汉字的偏旁部首。

【练习与实践】

制作一节汉字讲解课的 PPT。

要求：面向留学生，用 PPT 制作一节课，讲解一个汉字。包括汉字的拼读、朗读、图片、动画演示；汉字的使用，如组词、解释等。

第十章　网络在线学习词典
示例：中文助手

【学习目标】

1. 了解网络在线学习词典的特点以及使用方法。

2. 掌握在网络在线词典中如何快速查找词语、成语、成语接龙、组词、造句、近义反义词的技巧。

中文助手是一款基于语料库和计算语言学的在线汉语综合性学习词典，不仅包含字词典、组词搭配、造句、反义词、近义词、成语、汉语知识，而且包括古代诗词、小学生优秀作文、童话故事、儿歌童谣、格言警句、百科知识等，还包括这些资源的flash 动画视频。本章将介绍其词典查询功能。

第一节　中文助手简介

汉语词典包含37 万词条，其中常用汉语词语8 万，同义词近义词1. 5 万，反义词1 万，成语近2 万，汉字近2 万。在线词典信息丰富，含拼音、释义、英语、近义词、反义词，常用字词还包含词性、搭配、例句、权重，单字则还包含部首、结构、造字法、笔顺动画、笔画、朗读，成语还包含出处、用法等信息。

系统支持精确查找、模糊查找和例句检索，并且支持笔画索引、拼音索引和部首索引。

词语模糊检索和例句查找支持与、或、非、搭配和组合检索。

系统还能智能自动校正。输入词语未找到时会自动计算出相似度最高的候选词语，如输入“六花肉”，会推荐“六花”“五花肉”“六花阵”等；如输入“钢铁恨”，会自动补全“恨铁不成钢”。

系统支持从英语或从拼音查找汉语字词。支持从英语查汉语字词；支持用拼音查字，输入拼音的英语形式，01234 分别表示轻、一、二、三、四声，如 han 或 han4，暂不支持用拼音词语。

约 3 000 常用单字可以演示笔顺动画，并带有标准读音，真人朗读。

第二节　词语基本检索

如检索“傲慢”，可得到如图 10－1 所示页面。

【词性】 a/n/v

详细解释

自以为了不起，看不起别人：骄傲自满丨虚心使人进步，骄傲使人落后。

自豪：我们都以生活在社会主义的新中国而感到骄傲。

值得自豪的人或事物：雷锋是我们青年人的骄傲。

近义词

自满 高慢 高傲 自大

反义词

谦虚 虚心 谦逊 气馁

相关词语

骄傲 兵骄将傲

图 10－1

第三节　智能检索

如不记得词语的确切写法，输入近似字词即可。如输入“钢铁恨”，系统会提示你要查找的是否是“恨铁不成钢”（图 10－2）。

如查“一（）不（）”的词：输入“一｛1｝不｛1｝”，可查到“一去不返”。

对不起，没有这个词语，你要找的是不是：

钢铁　恨铁不成钢　钢打铁铸　铁嘴钢牙　恨恨　钢筋铁骨　钢浇铁铸

图 10－2

第四节　成语词典

直接输入拼音首字母，如“zxmd”，可查到“自相矛盾”。

如不记得确切的写法，输入近似字词即可。

查找类似“一（）不（）”的成语：输入“一｛1｝不｛1｝”，可查到“一去不返、一言不发”等。

可以将一替换为任意一个字，如“来｛1｝不｛1｝”。如果只输入汉字，则会查找到所有包含该汉字的成语。

成语故事 Flash 动画：http：//gs. chinesehelper. cn/cygss. html。

故事flash视频动画：爱屋及乌

加入收藏　下载保存　全屏观看　上一页　下一页

图 10－3

第五节　成语接龙

输入需要接龙的第一个汉字，将显示以该汉字开始的成语。

例如，输入“不”，将查到“不出所料→料事如神……”（图 10－4）

不白之冤 → 冤家对头 → 头昏目眩 →

不卑不亢 →

不成方圆 →

不成气候 →

不成体统 → 统筹兼顾 → 顾此失彼 → 彼此彼此 → 此地无银三百两 → 两败俱伤 → 伤风败俗 → 俗不可耐 → 耐人寻味 → 味同嚼蜡 →

不耻下问 → 问长问短 → 短兵相接 → 接二连三 → 三长两短 → 短小精悍 →

不出所料 → 料事如神 → 神不守舍 → 舍本逐末 →

不辞而别 → 别出心裁 →

不辞劳苦 → 苦大仇深 → 深不可测 →

不打自招 → 招兵买马 → 马不停蹄 →

不到黄河心不死 → 死不瞑目 → 目不识丁 →

图 10－4

第六节　组词搭配

输入词语还能显示该词语前后搭配的词语。如“提高”前后搭配的 2 字以上词语（图 10－5 中的 3.4 是指该词语出现次数所占的比例，呈倒序排列）：

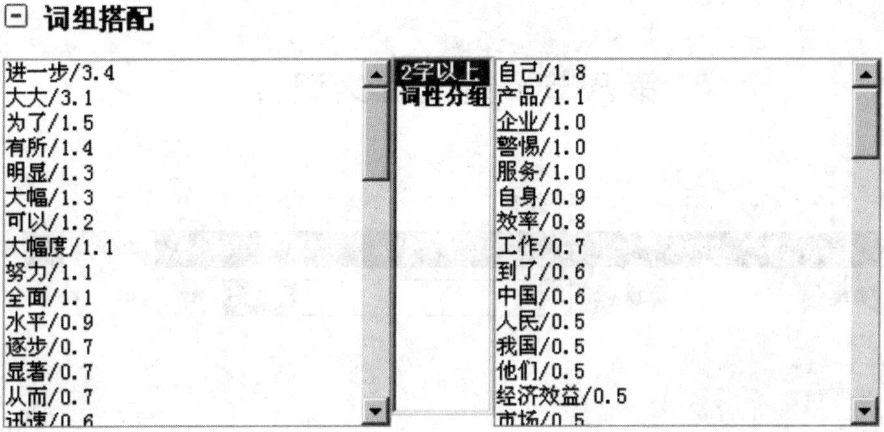

图 10－5

第七节　造句词典

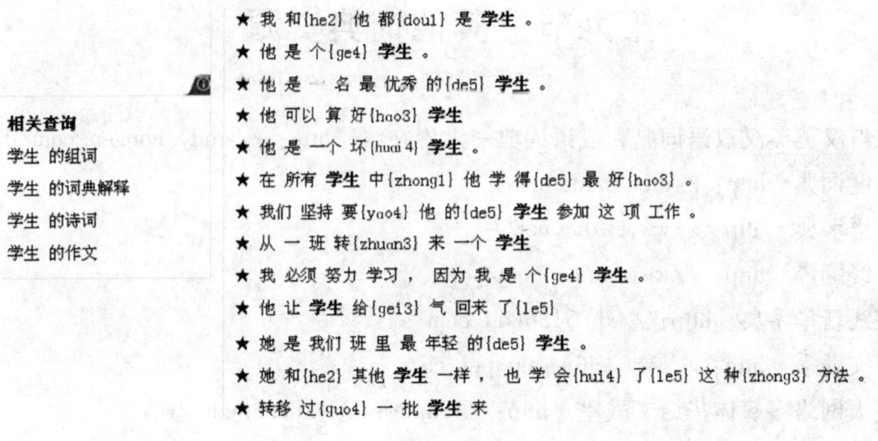

图 10－6

第八节　近义反义词典

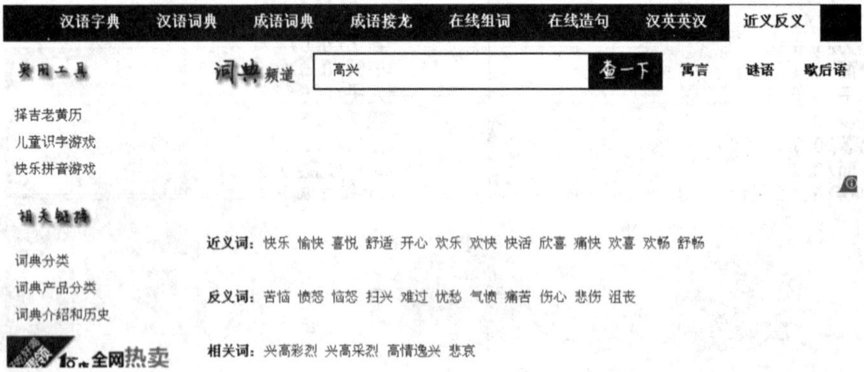

图 10－7

第九节　其他词典资源

有声汉英英汉双语词典和成语词典—洪恩在线　http：//study. hongen. com/dict/

百度词典　http：//dict. baidu. com/

汉语字典　http：//www. zdic. net/

在线翻译　http：//www. iciba. com/

在线新华字典　http：//xh. 5156edu. com/

中文助手　http：//www. chinesehelper. cn/

暨大网络多媒体华语文教室　http：//chinese. csie. ncnu. edu. tw

Chinese Characters and Culture　http：//zhongwen. com/

字典网　http：//zhongwen. com/zi. htm

台湾师范大学华语文教学研究所　http：//www. ntnu. edu. tw/tcsl/

国立教育资料馆教育多媒体随选视讯　http：//192. 192. 169. 200

中文信息处理网站　http：//tcsl. ntnu. edu. tw/computing

Kids945 学子网　http：//www. kids945. com. tw

Flash MX 互动教具研究室　http：//www. hgjh. hlc. edu. tw/ ~ drop/index. html
四川成都棠湖中学　http：//www. tanghu. net/file/all
游戏学堂　http：//www. uc520. com
123 台语教学网　http：//www. taiwanese-oki. idv. tw
闽南语会话教学网站　http：//www. uijin. idv. tw/class/index. htm
南加州大学东亚系中文组网页　http：//www. usc. edu/dept/ealc/chinese
123 课件站　http：//www. 123xz. net/flash/

【练习与实践】

试用中文助手及其他网络词典的各项功能，针对辅助汉语教学的目的，提出自己的建议和修改意见。

第十一章　网络多媒体课程示例：《中文》

【学习目标】

了解网络在线汉语学习课程的特点与使用方法。

第一节　总体介绍

一、教材概况

《中文》是中华人民共和国国务院侨务办公室委托暨南大学华文学院为海外华侨、华人子弟学习中文而编写的教材，由贾益民教授主编。全套教材共 48 本，其中课本 12 册，每册课本都配有教师教学参考书和家庭练习册。为方便教师教学和学生在家复习，《中文》教材配有一套光盘。光盘融合了课文、课堂练习和家庭练习的内容，容量大，知识丰富，有教师直观的教学，有录音，还配有生动有趣的动画和悦耳动听的音乐，给教师教学、学生自学以及家长辅导孩子带来了方便，是一种集知识性、趣味性、直观性、科学性于一体的辅助教材。

本教材的教学目的是使学生经过 12 册中文教材的学习与训练，具备汉语普通话听、说、读、写的基本能力，了解中华文化的基本常识，为进一步学习中国语言文化打下良好的基础。

《中文》教材根据海外华文教育的目标和要求，从教学对象的年龄、生活环境和心理特点出发，以中国国家对外汉语教学领导小组办公室编写的《汉语水平等级标准与语法等级大纲》、《汉语水平词汇与汉字等级大纲》和国家语言文字工作委员会、国家教育部公布的《现代汉语常用字表》等作为参考，合理地安排这套教材的字、词、句、篇章等内容，由浅入深、循序渐进地设置家庭练习，调动学生学习热情，启发学生积极思考，提高学生实际运用中文的能力。同时，《中文》教材还参考和借鉴了海外现有教材的有益经验，使教与练、学与用达到统一，并在图文编排、题型设计等方面有所创新。

目前，该套教材在美国、澳大利亚、新西兰、日本等国家均受到欢迎。

二、《中文》教学要点

针对海外中文教学的特点，《中文》教材每册安排 14 课，四个单元，第一、三单元的课文为四篇，第二、四单元的课文为三篇。每个单元后设一份综合练习。教学安排一般为每周一课，一学期学完一册。有特殊情况视具体情况具体安排。

1. 语音

为方便教学，本套教材另配有现代汉语拼音教程，故本教材不含现代汉语拼音教学内容，但从第 5 册开始，适当增加了部分拼音练习。本教材第 1 ~ 4 册的主课文、阅读课文、课堂练习的标准均加注现代汉语拼音。从第 5 册开始，只为生字注音。

2. 汉字

本教材按汉字出现的频率和汉字等级大纲安排每课的生字，每课学习 12 个左右生字。第 1 ~ 12 册中，汉字等级大纲中的甲级字已全部出现。新出现的笔画或部首均在课文生字栏下列出，但识字课只列笔画，不列部首。第 1 ~ 4 册课堂练习中的“描一描，写一写”，凡新出现的部首、部件以及生字均按笔顺逐一将笔画列出，第二次出现的部首或部件就不再一一列出笔画。从第 5 册开始，课堂练习的生字不再按笔顺列出笔画。

3. 课文

课文的选编避开敏感的政治术语，尽量选取东西方共同和相通的生活内容，如保护动物、重视环保等，同时选取了古今中外的名胜古迹、文化风俗、名人逸事等内容。具体的教学可参考教师手册，也可根据学生的具体情况灵活安排。

4. 课堂练习

为复习巩固所学内容，每课后安排有课堂练习，包括字、词、课文的复习。“写一写”主要复习生字；“读一读”主要是把新学的生字进行组词，既能扩大学生的词汇量，又能复习已学的生字；“对话”主要是根据课文内容编排的，目的是让学生进一步理解课文，一般要求在课堂上完成。此外，每一册分为四个单元，除了内容方面的考虑以外，还照顾了复习的需要。因此，第一、三单元的课文为四篇，第二、四单元的课文为三篇，每单元安排一个综合练习，以巩固每一单元的学习内容。

5. 阅读课文

主要是配合主课文，进一步复习主课文里出现的字、词，以及重点句型和相关语法。阅读课文的教学可灵活掌握，一般不要求在课堂上教，只是作为课外读物，让学生自己阅读。

三、辅助教材

1. 教师手册

教师手册是给讲授《中文》教材的教师使用的参考书，主要包括每课的教学目的、教学要求、教学方法、参考资料等内容。具体到每一课的字、词、句、语法、课文等各个方面的教学，还有每一课所涉及的名人轶事、名家名句、名胜古迹等知识介绍，是教师教学《中文》的助手。

2. 家庭练习

家庭练习分为 A、B 两册，A 册为每一册课本的第一、三、五、七、九、十一、十三课的练习，B 册则为每一册的第二、四、六、八、十、十二、十四课的练习。老师每周上完一课，就可以给学生发一本家庭练习，让学生带回去做；下一周则让学生把另一本家庭练习带回家去做。

第二节　《中文》网络版演示

一、进入网站

《中文》网络版的演示网址为 http://www.hwjyw.com/textbook/dzjc/huawen.htm，可在目录中选取所要进入的册数（图 11－1）。

图 11－1

如选择“第 1 册”，出现如图 11－2 所示界面：

图 11－2

二、常用表

单击网站的“常用表”，首先出现的是“汉字笔画名称表”（图 11－3）。

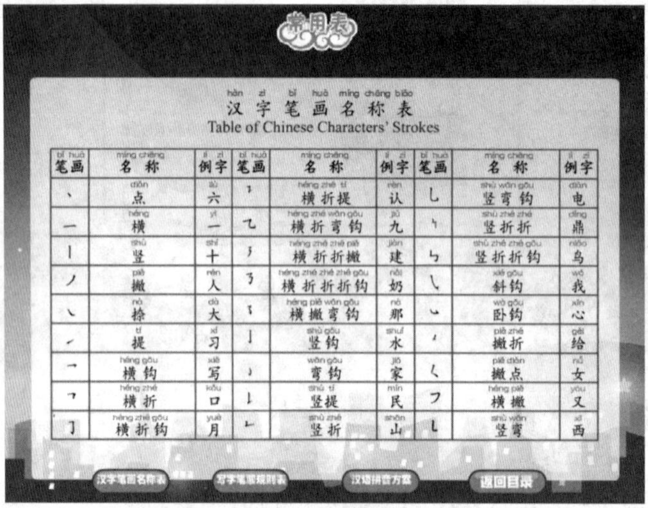

笔画	名称	例字	笔画	名称	例字	笔画	名称	例字
㇔	点	六	㇊	横折提	认	㇟	竖弯钩	电
㇐	横	一	㇈	横折弯钩	九	㇞	竖折折	鼎
㇑	竖	十	㇋	横折折撇	建	㇉	竖折折钩	鸟
㇒	撇	人	㇡	横折折折钩	奶	㇂	斜钩	我
㇏	捺	大	㇌	横撇弯钩	那	㇃	卧钩	心
㇀	提	习	㇚	竖钩	水	㇜	撇折	给
㇖	横钩	写	㇁	弯钩	家	㇛	撇点	女
㇕	横折	口	㇙	竖提	民	㇇	横撇	又
㇆	横折钩	月	㇗	竖折	山	㇄	竖弯	西

图 11－3

点击“写字笔顺规格表”，出现如图 11－4 所示界面：

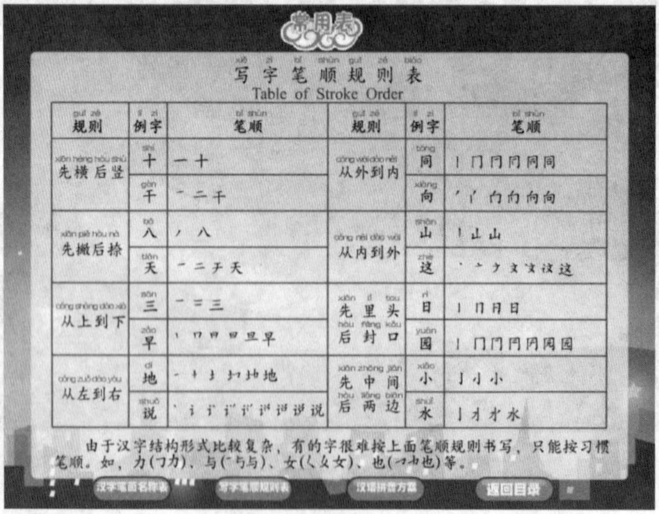

规则	例字	笔顺	规则	例字	笔顺
先横后竖	十	一 十	从外到内	同	丨 冂 冂 円 同 同
	干	一 二 干		向	′ 丿 白 向 向 向
先撇后捺	八	丿 八	从内到外	山	丨 山 山
	天	一 二 チ 天		这	丶 亠 ナ 文 文 汶 这
从上到下	三	一 二 三	先里头后封口	日	丨 冂 月 日
	早	丨 冂 日 日 旦 早		园	丨 冂 冂 冃 冃 冈 园
从左到右	地	一 十 土 扌 址 地	先中间后两边	小	亅 小 小
	说	丶 讠 讠 讠 讠 讠 讵 说 说		水	亅 才 才 水

由于汉字结构形式比较复杂，有的字很难按上面笔顺规则书写，只能按习惯笔顺。如，力(フ力)、与(一与与)、女(㇛女女)、也(㇆乜也)等。

图 11－4

点击“汉语拼音方案”，出现如图 11 －5 所示界面:

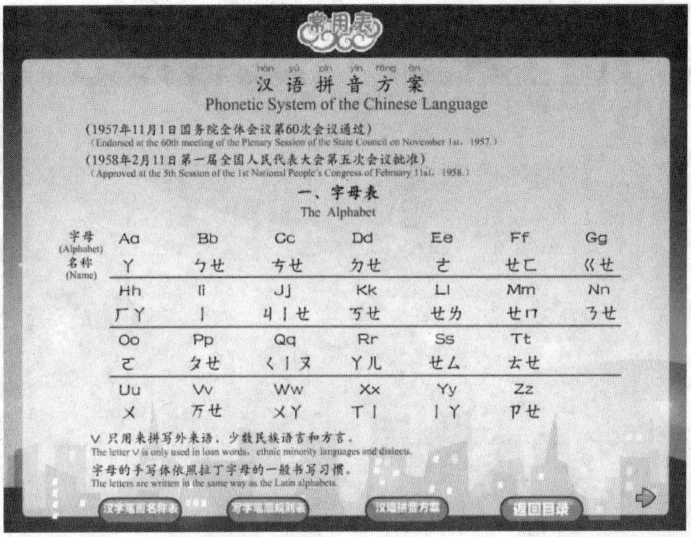

图 11 －5

三、资源库

返回课文目录，点击“资源库”，出现如图 11 －6 所示界面:

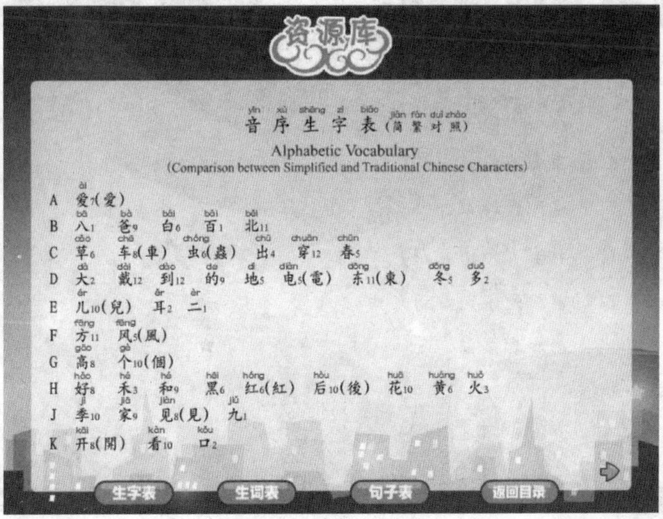

图 11 －6

点击“生词表”，出现如图 11 －7 所示界面：

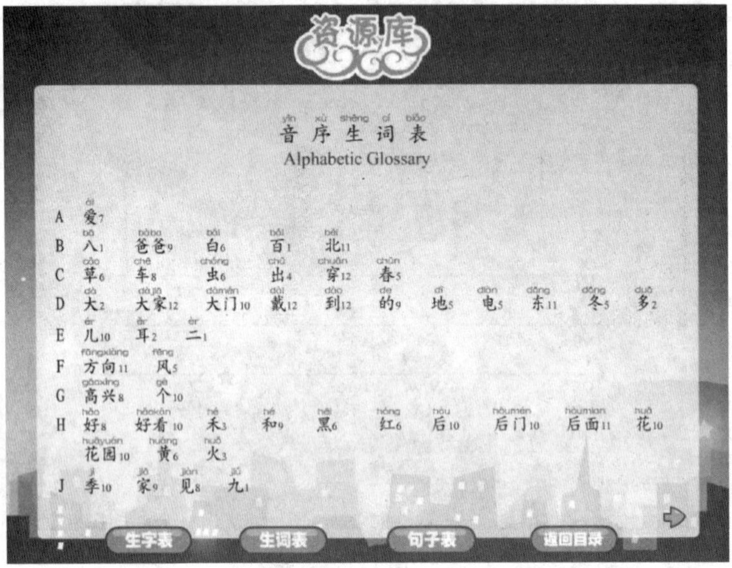

图 11 －7

点击“句子表”，出现如图 11 －8 所示界面：

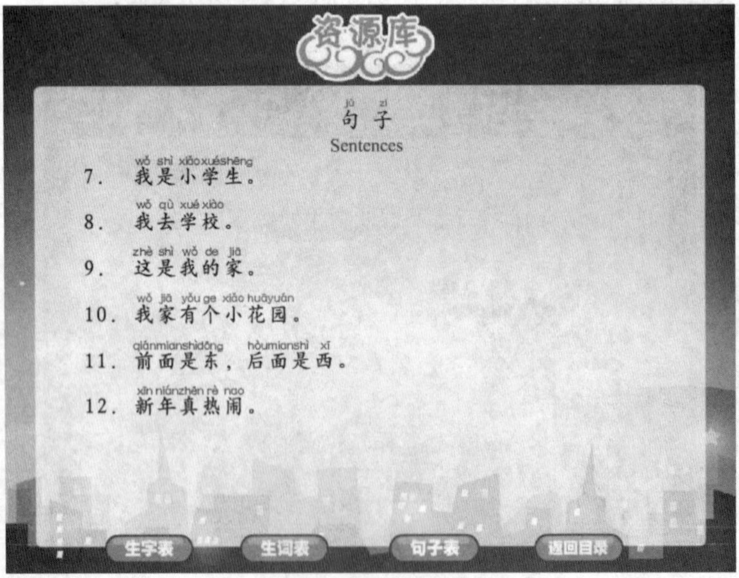

图 11 －8

四、课文演示

（1）在课程页面选择所要进入的单元，如“第一单元”（图11－9）：

图11－9

（2）进入第一课（图11－10）：

图11－10

（3）点击“课文”，进入课文界面（图 11－11，图 11－12）：

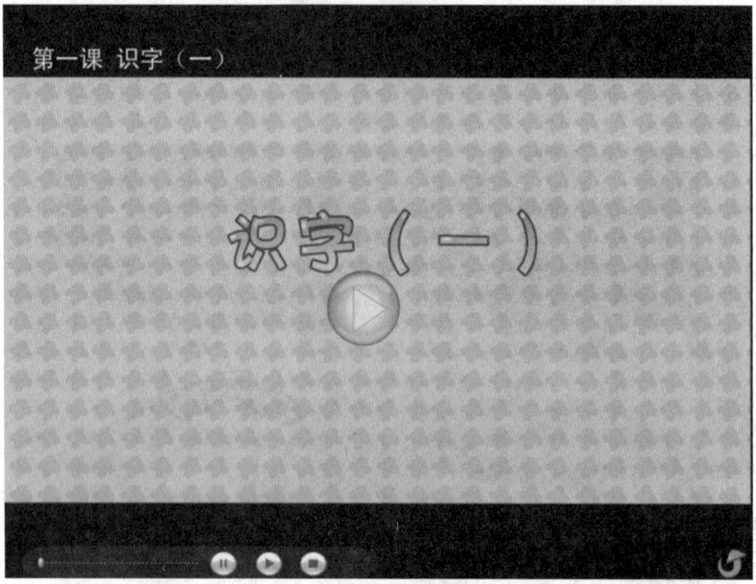

图 11－11

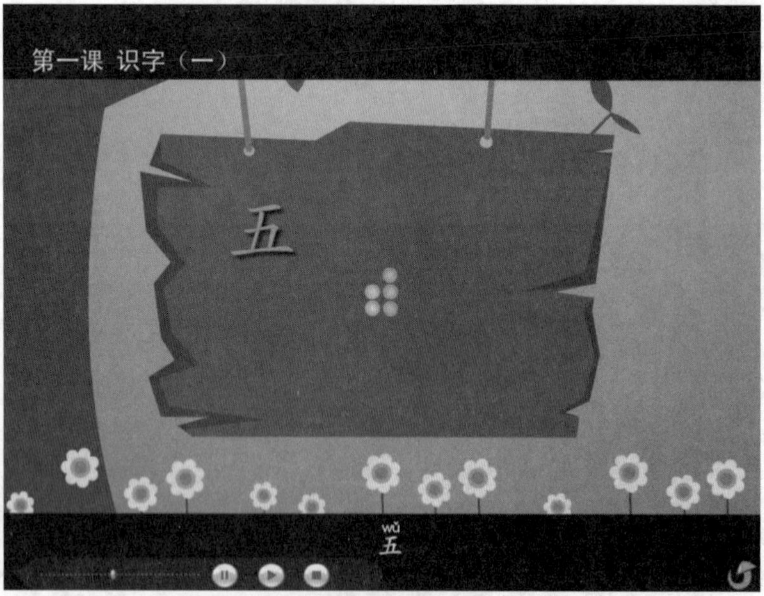

图 11－12

返回“第一课”课文界面，点击“翻译”，出现如图 11 – 13 所示界面：

图 11 – 13

返回“第一课”课文界面，点击“知识窗”，出现如图 11 – 14 所示界面：

图 11 – 14

（4）返回“第一课”课文界面，在左边导航条选择“生字”，出现如图 11－15 所示界面：

图 11－15

选择其中的生字，进入生字界面后点击“拼音”，出现生字的拼音界面（图 11－16）：

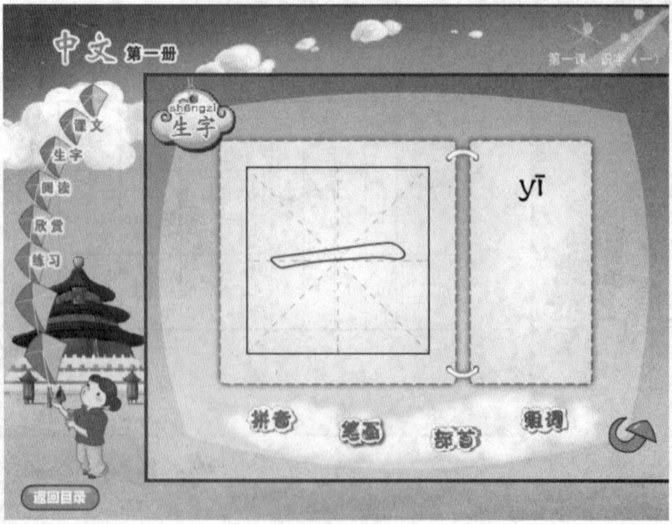

图 11－16

点击“笔画”，出现如图 11 – 17 所示界面，可选择“笔顺”显示汉字的笔画顺序，选择“描红”进行笔画顺序的练习，选择“橡皮”进行擦除：

图 11 – 17

点击“部首”，出现如图 11 – 18 所示界面：

图 11 – 18

点击“组词”，出现如图 11－19 所示界面：

图 11－19

（5）返回“第一课”课文界面，在左边导航条选择“阅读”，进入如图 11－20 所示界面：

图 11－20

点击“读课文”，出现如图 11－21 所示界面：

图 11－21

返回课文阅读界面，点击“生字”，出现如图 11－22 所示界面：

图 11－22

（6）在左边导航条选择“练习”，进入如图 11－23 所示界面：

图 11－23

点击“打蚊子”，出现如图 11－24 所示界面：

图 11－24

返回“练习”界面，点击“小鸡过河”，出现如图 11－25 所示界面：

图 11－25

返回“练习”界面，点击“选一选”，出现如图 11－26 所示界面：

图 11－26

返回“练习”界面，点击“灭害虫”，出现如图 11－27 所示界面：

图 11－27

返回“练习”界面，点击“找鸡蛋”，出现如图 11－28 所示界面：

图 11－28

返回“练习”界面，点击“母鸡回窝”，出现如图 11－29 所示界面：

图 11－29

返回“练习”界面，点击“煎鸡蛋”，出现如图 11－30 所示界面：

图 11－30

（7）回到课程首页，点击“总练习”，进入总练习界面（图 11－31）：

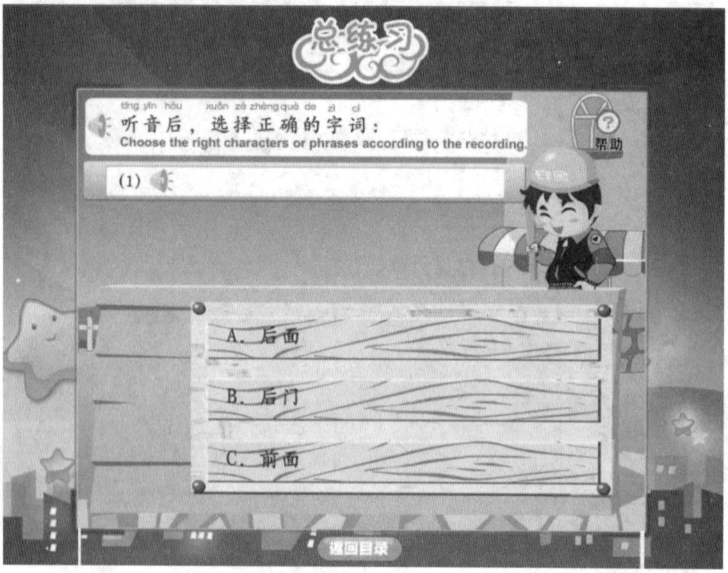

图 11－31

【练习与实践】

登录《中文》网络在线课程，试用其各种功能。

第十二章 其他网络多媒体资源与辅助汉语教学

【学习目标】

1. 了解绕口令与辅助语音训练的方法、网络资源。
2. 了解儿歌童谣与辅助汉语教学的方法、网络资源。
3. 了解童话故事与辅助汉语教学的方法、网络资源。
4. 了解国学经典与辅助汉语教学的方法、网络资源。

第一节 绕口令与辅助语音训练

绕口令，是利用声母、韵母或声调等方面容易混淆的字、词编成的，由于存在大量的读音相近的字词，说快了，读音就容易发生错误，因此，也叫拗口令。

绕口令在语言教学中常常被用来训练发音的准确性、流利性以及发音器官的灵活性。由于绕口令是利用声、韵、调容易混淆的字、词编成的，所以在训练区分相似读音的能力方面很有针对性，而且，利用绕口令进行语音训练比单纯的拼音练习更富有趣味性。

http：//eg. chinesehelper. cn/rkl/。

导航页：

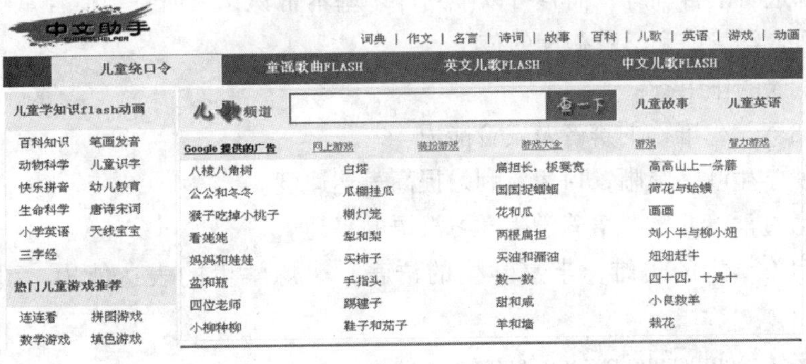

图 12－1

内容页：

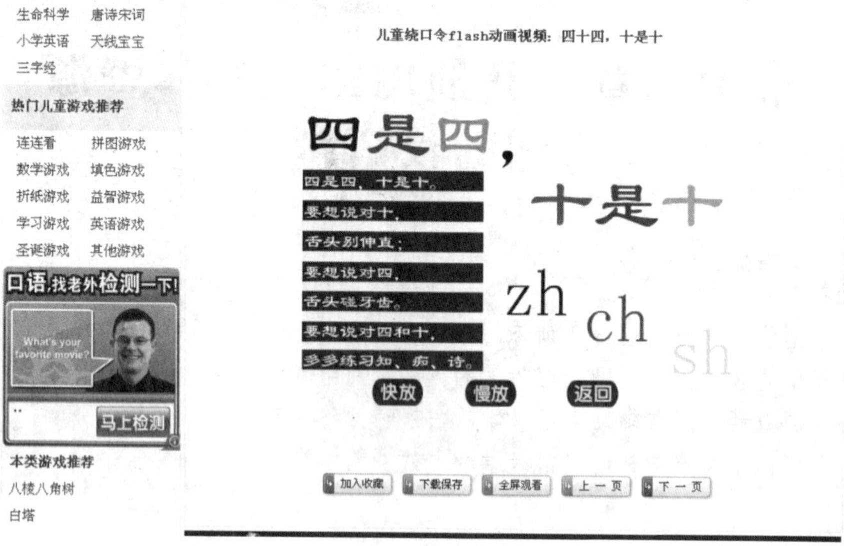

图 12－2

视频可以选择不同语速进行快放或慢放。

第二节　儿歌童谣与辅助汉语教学

儿歌童谣是以低幼龄儿童为主要接受对象的简短诗歌，语言精练、句子短小，有韵律、有节奏，容易记忆。

由于儿歌童谣内容丰富多彩，富有趣味性、知识性，在诵读儿歌的过程中，孩子们不仅可以进行语言训练，而且可以学到许多基本常识，因而特别适合童年阶段的孩子，尤其适合学龄前和学龄初期的孩子。

儿歌童谣的作用有：

（1）培养学生准确的辨音及发音能力。

（2）使学生吐字清晰，口齿流利，提高表达速度。

（3）通过诵读儿歌，培养学生学习汉语的兴趣。

（4）启发学生的思维，丰富学生的语言，锻炼学生的表达能力，引导学生的想象。

http：//eg. chinesehelper. cn/egty/。

图 12－3

第三节　童话故事与辅助汉语教学

一、童话故事与汉语教学

童话故事是大多数孩子的最爱，孩子们总是能在童话中找到属于自己的那份快乐。在汉语教学中，如果适时将童话故事与教学内容相结合，往往能取得事半功倍的教学效果。

汉语教师首先要了解这些汉语故事，了解故事的时代背景和故事所涉及的风俗习惯等，对其中的语言要耳熟能详，并能将复杂的语言简洁化。同时，汉语教师需要具备较强的亲和力。孩子们渴望和老师一起进行游戏，进行表演。童话故事内容丰富，想象力很强。要将故事生动地介绍给学生，教师首先要能扮演主人公的角色。同时，教师要具备创新精神，设计出学生喜爱的活动、游戏，运用学生感兴趣的道具辅助课堂教学，活跃课堂。

二、儿童故事有声读物

http：//gs. chinesehelper. cn/ys. html。

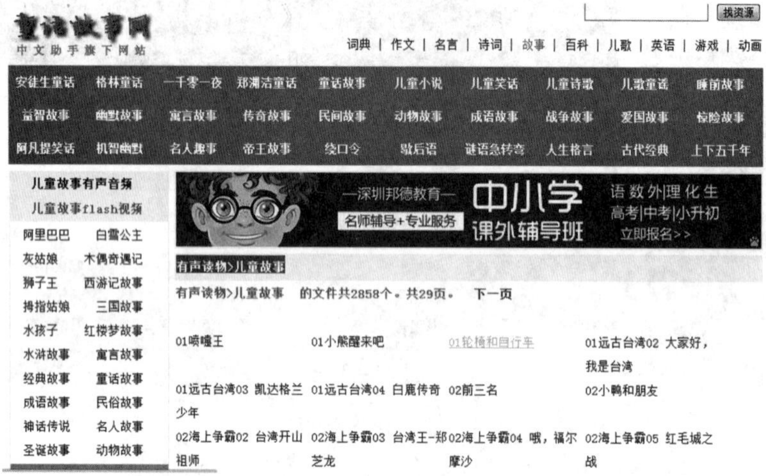

图 12 – 4

三、童话故事 Flash 视频

http：//gs. chinesehelper. cn。

图 12 – 5

第四节　国学经典与辅助汉语教学

中国古代启蒙读本如《三字经》《千字文》《弟子规》，中国古代优秀的诗词歌赋，以及中国古代儒家道家一些比较先进的思想如《大学》《道德经》等，无不蕴藏着中国悠久灿烂的文化历史，是人文教育和语言文字学习的丰富资源，是现阶段国学教学的重要内容。

一、国学经典有声读物

国学经典有声读物有：

百家姓	三字经	三字经	弟子规
弟子规	弟子规 原文与解说	弟子规 原文与解说	弟子规 原文与解说
弟子规 原文与解说	弟子规 原文与解说	弟子规 原文与解说	朱子治家格言
格言联璧	格言联璧	大学	大学
中庸	中庸	中庸	中庸
中庸	中庸	中庸	我们为什么要学《弟子规》
提倡儿童读经原由	千字文全文	笠翁对韵（上）	笠翁对韵（上）
笠翁对韵（上）	笠翁对韵（上）	笠翁对韵（下）	笠翁对韵（下）
笠翁对韵（下）	笠翁对韵（下）	弟子规-英文版	弟子规-英文版
弟子规-英文版	弟子规-英文版	弟子规-英文版	弟子规-英文版
弟子规-英文版	弟子规（英文版）	弟子规（英文版）	弟子规（英文版）
弟子规（英文版）	弟子规（英文版）	弟子规（英文版）	弟子规（英文版）
弟子规英汉互解	弟子规英汉互解	弟子规英汉互解	弟子规英汉互解
弟子规英汉互解	弟子规英汉互解	弟子规英汉互解	三字经英文版（参考）
三字经英文版（参考）	三字经英文版（参考）	三字经英文版（参考）	三字经英文版（参考）
三字经英文版（参考）	三字经英文版（参考）		

图 12－6

二、国学经典 Flash 视频

国学经典 Flash 视频有:《三字经》、成语故事、中华故事、唐诗宋词、寓言故事、神话传说、《三国演义》、《红楼梦》等。

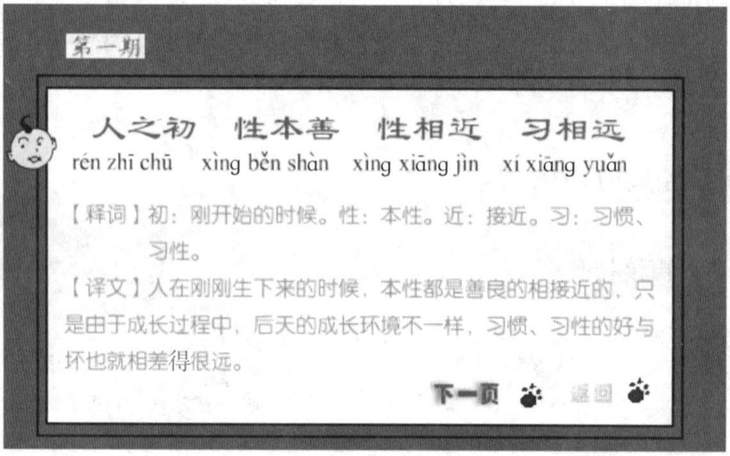

图 12-7

图 12-8

图 12－9

【练习与实践】

1. 试用绕口令、儿歌童谣、童话故事、国学经典网络资源。
2. 思考如何将绕口令、儿歌童谣、童话故事、国学经典用于辅助汉语教学。

【实训题】

1. 使用 Word 文档制作一份电子教案和试卷。
2. 用 PPT 制作一课时的多媒体动画教案。
3. 完成一个学生电子档案，并输入成绩，进行成绩分析。
4. 在多媒体实验室综合运用多媒体和网络手段进行现场教学。
5. 上网收集“乌鸦喝水”的教学资源，并用于教学。

附录　国内外华语教学资源

中文助手　http：//www. chinesehelper. cn/

暨大网络多媒体华语文教室　http：//chinese. csie. ncnu. edu. tw

Chinese Characters and Culture　http：//zhongwen. com/

字典网　http：//zhongwen. com/zi. htm

台湾师范大学华语文教学研究所　http：//www. ntnu. edu. tw/tcsl/

国立教育资料馆教育多媒体随选视讯　http：//192. 192. 169. 200

中文信息处理网站　http：//tcsl. ntnu. edu. tw/computing

Kids945 学子网　http：//www. kids945. com. tw

Flash MX 互动教具研究室　http：//www. hgjh. hlc. edu. tw/ ~ drop/index. html

四川成都棠湖中学　http：//www. tanghu. net/file/all

游戏学堂　http：//www. uc520. com

123 台语教学网　http：//www. taiwanese-oki. idv. tw

闽南语会话教学网站　http：//www. uijin. idv. tw/class/index. htm

南加州大学东亚系中文组网页　http：//www. usc. edu/dept/ealc/chinese

参考文献

[1] 何克抗，李文光. 教育技术学. 北京：北京师范大学出版社，2002.

[2] 黄荣怀. 计算机辅助教学课件案例精选. 北京：高等教育出版社，2002.

[3] 张靖永. 计算机文化基础. 北京：中国水利水电出版社，2004.

[4] 郑艳群. 对外汉语计算机辅助教学的理论研究. 北京：商务印书馆，2006.

[5] 任训学. 现代教育技术概论. 武汉：湖北人民出版社，2006.

[6] 曾毅平. 海外华文师资培训教程. 北京：北京师范大学出版社，2009.